渤海

海

濟水

臨淄

山

東

黃

淮水

海

江

蘇

吳

吳 (蘇州)

太湖

徽

会稽山

越

江

浙

東

揚子江

莊子關係地圖

KB199457

장자와 문명

김갑수金甲秀

　　1961년생으로 성균관대학교 유학과 및 같은 학교 대학원 동양철학과를 졸업하고 철학박사 학위를 취득하였다. 중국 산동사범대학山東師範大學 초빙교수로 2년간 재직하였고 국민대학교 강사를 역임하였다. 현재 한국철학사상연구회 전임연구원으로 있으며 성균관대학교, 경기대학교 등에서 강의하고 있다. 저서로는『인간의 조건과 실천철학』(공저·한양대학교출판원),『동양철학의 자연과 인간』(공저·아세아문화사) 등이 있고,『천인관계론』(신지서원),『주역-유가의 사상인가 도가의 사상인가』(공역·예문서원),『중국고대철학의 세계』(공역·한울아카데미),『현대중국의 모색』(공역·동녘) 등의 번역서가 있으며,「장자의 욕망론」(시대와철학),「학파명으로서의 '도가'의 기원과 의미에 관하여」(도가철학),「黃老學與道家」(管子學刊·中國哲學) 외 다수의 논문이 있다.

장자와 문명

　지은이 | 김갑수
　초판 1쇄 인쇄 | 2004년 3월 5일
　초판 1쇄 발행 | 2004년 3월 15일
　펴낸곳 | 논형
　펴낸이 | 소재두
　편집 | 박서연
　표지디자인 | 디자인공 이명림
　등록번호 | 제2004-000019호
　등록일자 | 2003년 3월 5일
　주소 | 서울시 관악구 봉천2동 7-78 한림토이프라자 6층
　전화 | 02-887-3561
　팩스 | 02-886-4600

　ISBN 89-90618-34-7　93150
　값 17,000원

장자와 문명

김갑수 지음

서 문—나의 『장자』 읽기

    내가 처음 『장자』를 읽은 것은 1970년대 후반쯤이다. 동서문화사의 '그레이트북스' 시리즈로 출판된 책이 아마 내가 맨 처음 읽었던 『장자』일 것이다. 송지영이 초역抄譯한 그 책은 부피도 적당했고, 중간중간에 가끔씩 삽화가 들어 있어서 읽기에 그리 딱딱하거나 부담스럽지 않았다. 당시에 내가 읽은 이 『장자』는 신기하고 황당하고 또 엉뚱한 이야기로 가득한 우화집이었다. 대부분의 이야기들은 현실과는 동떨어져 있는 듯 했고, 오히려 현실에서 저만큼 비켜서서 현실을 비웃고 있는 듯 했다. 이전에 읽었던 『논어』의 단아하고 엄숙한 분위기와는 전혀 달랐고 『도덕경』을 읽을 때와도 사뭇 다른 느낌이었다. 나는 그 『장자』에서 왠지 가벼운 듯 하면서도 그렇다고 쉽게 무시해버릴 수도 없는 어떤 중요한 느낌을 받았는데, 사람들은 그것을 자유분방함이라고 불렀다. 악의 없는 유치함이 때로 유쾌한 웃음을 유발하듯이 기발한 비유의 허황된 이야기가 경쾌하고 시원한 해방감을 느끼게 해주었다. 그리고 우리의 상식을 뒤집는 주장을 천연덕스럽게 늘어놓는 그 뻔뻔스러운 입담에 때로는 멍해지기도 했다. 그러나 그뿐이었다. 그때까지 장자는 현실이 아니라 환상 속에 있었고, 역사가 아니라 상상 속에만 존재하는 몽상적 시인이었다. 그는 지독히도 낙천적이고 적당히 게으른 그런 사람이었다. 장자에 대한 나의 첫인상은 대충 이런 식이었다.

장자를 역사 속의 한 인물로 보기 시작한 것은 석사학위 논문을 준비하면서부터였다. 나는 이때부터 철학자로서의 장자를 '연구'하기 시작했다. 석사학위 논문을 준비하던 그 해 나는 『장자』를 통독할 결심을 세우고, 갖가지 주석서와 우리말 번역서를 대조해 가면서 읽어 내려갔다. 일본 부산방富山房에서 출간한 한문대계본 『장자』를 복사하여 기본 텍스트로 펼쳐놓고 난외의 여백에 필요한 주석과 내 생각을 옮겨 적으면서 읽었다. 그 해 한여름은 장자와 함께한 시간이었다. 그 무성하고 광활한 문자의 숲 속에서 용케도 길을 잃지 않고 나름대로 제방향을 찾아갈 수 있도록 하는 데 송영배 교수의 안내가 가장 큰 도움이 되었다. 낭경소郞擎霄의 『장자학안』을 교재로 한 석사과정 수업에서 송영배 교수는 장자를 살아 있는 역사적 인물로 보는 안목을 길러주었고, 당시에는 구하기 힘든 중국 쪽 자료를 제공해 주었다. 그후 박사학위 논문을 준비하면서 『장자』를 다시 읽기 시작했다. 마침 나의 지도교수였던 안병주 교수가 박사과정생들을 대상으로 장기간에 걸친 『장자』 통독프로그램을 이끌어가고 있었다. 나는 이 프로그램에서 『장자』 읽기의 또 다른 방법을 몸에 익혔다. 그것은 바로 낱낱의 글자에 대한 다양한 해석에서부터 끊어읽기에 이르기까지 치밀한 고증적 방법으로 『장자』를 읽는 것이다. 사실 이런 고증적 방법은 그다지 새로운 것이라고까지 말할 것은 없지만, 그 유서 깊은 방법이야말로 『장자』 읽기의 든든한 주춧돌이 되었고, 글자와 구두의 차이에 따른 다양한 해석들은 열린 마음으로 『장자』를 보는 태도를 길러 주었다. 석사과정 때는 숲을 보는 방법을 터득했다면, 박사과정 때는 나무를 보는 방법을 익힌 것이다. 그리고 나는 어느 새 장자를 다시 해석하고 있었다. 현실에서 저만큼 비켜 서 있던 장자는 춘추 전국이라는 사회·경제적 변동과 제자백가로 불리는 갖가지 주장과 이념이 속출하는 현실 속으로 걸어 들어가 있었다. 장자는 누구보다도 치열하게 현실을 고민한 실천적 지식인으로 해석된 것이다. 나에게 『장자』는 이렇게 사회와 문명에 대한 강력한 비판의 책으로 다가왔다. 박사학위 논문에서 나는 『장자』 전체를 관통하는 정신 혹은 구조를 드러내 보이고 싶었고 그것을 장자가 경험했던 구체적 고민과 연결하여 설명하고 싶었다. 내가 발견한 것은 장자철학은 무위無爲와 유위有爲라는 서로 대립하는 개념을 인간과 세상을 이해하는 틀로 삼고 있다는 것이다. 무위는 자연을 대표하는 말이지만, 유위는 인간의 의식과 그로부터 파생된, 즉 인간이 만들어낸 유형무형의 모든 성취를 가리키는 말이다. 따라서 무위와 유위는 각각 자연과 문명에 해당된다. 그런데 장자에 있어 문제가 되는 것은 항상 '문명' 쪽이지 '자연' 쪽은 아니다. 이 때문에 이 책의 제목을 '장자와 문명'이라고 정한 것이다.

이 책은 나의 박사학위 논문을 고쳐 쓴 것이다. 전체적인 뼈대는 대부분 그대로이지만 전문 연구자만이 아니라 비전공자에게도 읽힐 수 있도록 대대적으로 외형을 고치는 성형수술을 감행했다. 물론 뼈대를 고친 부분도 더러 있다. 논문투의 딱딱한 형식을 피하고, 오늘의 상황에 맞지 않는 표현이나 용어를 바꾸었다. 이 책은 일부러 어렵게 쓴 것도 아니지만, 수준을 낮추어가면서까지 쉽게 쓴 것도 아니다. 말하자면 쉬운 것만 추구하면서 스스로 생각해보고 이해해보려는 노력마저 포기한 사람까지 독자로 생각하고 쓴 책이 아니라는 뜻이다. 하지만 전문가들끼리나 통하는 어려운 용어나 유행하는 용어를 나열한다든가, 특정 이론을 가져다가 장자를 그에 꿰어 맞추거나 하지는 않았다. 그런 것은 내가 능한 바도 아니고 좋아하는 것도 아니기 때문이다.

내가 박사학위 논문을 쓴지 올해로 꼭 10년이 된다. 그 동안 우리 사회는 많은 변화를 겪었고, 우리 학계도 많은 발전과 함께 적지 않은 성과를 거두었다. 나의 개인적 삶의 환경도 그렇고 생각도 역시 이전과는 많이 달라졌다. 이 책에서는 이러한 변화와 성과들을 온전히 다 반영할 수는 없었지만, 전체적인 틀을 건드리지 않는 범위 내에서 주관적·객관적 변화를 반영하려고 하였다. 장자 혹은 『장자』는 여러 얼굴을 가지고 있다. 그리고 장자를 보는 나의 생각도 계속 바뀌어 가고 있다. 이 책은 이런 나의 『장자』 읽기의 한 결과물이다. 그러므로 이 책의 관점을 남에게는 물론이고 나 자신에게도 강요하지 않는다. 왜냐하면 나의 『장자』 읽기는 계속될 것이기 때문이다. 내가 좋아하는 『장자』의 한 구절을 인용하면서 서문을 끝맺는다.

뱁새는 깊은 숲에 둥지를 틀더라도 나뭇가지 하나만 차지할 뿐이고, 생쥐는 황하의 물을 마시더라도 제 배를 채우는 데 그친다.
鷦鷯巢於深林, 不過一枝, 偃鼠飮河, 不過滿腹

2004년 1월에
김갑수 씀

차례

우리는『장자』에서 여러 가지 철학적 문제와 마주친다. 그것들을 오늘날의 용어로 정리해 보면 대략 다음과 같다. 인간의 앎에 대한 상대성의 문제, 만물의 운동과 변화의 문제, 시간과 공간의 문제, 절대적 진리에 대한 문제, 진리의 인식 가능성에 대한 문제, 언어와 존재에 대한 문제, 자유와 평등의 문제, 만물을 구성하는 근원적 존재에 대한 문제, 삶과 죽음의 문제, 경쟁 사회와 마음의 평화에 대한 문제, 아름다움에 대한 문제, 사회 윤리의 성립 근거에 대한 문제, 자연 파괴와 환경의 문제, 지식과 문명의 파괴적 속성에 대한 문제……등등. 이것들은 2300여 년 전에 장자가 제기한 문제들이다. 이러한 여러 가지 문제들은 당시 사상계에서 자주 거론되던 것도 있고『장자』에서만 독특하게 보이는 것도 있지만, 아무튼『장자』이전에 그만큼 다양하게 이러한 문제들로 고민한 책은 찾아볼 수 없고 그 이후로도 역시 마찬가지다.

장자가 제기하고 있는 여러 가지 철학적 문제들은 오늘날에도 철학 및 기타 과학에서 해결하려고 하는 것들이 대부분인데, 그에 대한 장자 나름의 해답 속에는 항상 '천이불인天而不人'—인간의 질서가 아니라 자연의 질서에 따라야 한다—의 원칙이 일관되고 있다. 오늘날 우리의 관점에서 볼 때 그것이 올바른 대답인가 하는 것은 접어 두더라도 장자철학은 문제 제기 그 자체만으로도 큰 의미를 갖는다. 왜냐하면 장자의 이러한 문제 제기는 그 후의 중국철학사의 방향 결정에 많은 영향을 끼쳤고 역대의 많은 철학 사상가들에게 철학적 문제의식을 던져 주었기 때문이다. 진고응陳鼓應의 "장자 사상의 내용은 매우 풍부하다. 장자가 제기하고 사용한 개념들과 범주들은 형이상학, 인식론, 방법론, 인생철학 등의 분야에 매우 중요한 영향을 끼쳤다. 장자철학 속의 풍부한 개념과 범주는 선진先秦의 다른 제자諸子들과는 비교가 안 된다. 중국철학사에서 중요한 논제나 기본 개념은 대부분 장자에서 나온 것들이다"[1]라는 지적은 바로 장자가 제기한 많은 문제의식이 중국철학사에서 차지하는 의미를 잘 설명해 주고 있다.

우리는 위에서 열거한 다양한 문제의식들을 통해 전국시대라는 전대미문의 격동기를 살면서 장자가 고민한 것이 구체적으로 무엇이었는가를 보다 객관적으로 설명해야 할 필요를 느낀다. 어떤 사상이나 이론도 그것이 발생하게 된 사회·경제적 배경과 함께 이해되지 않으면 안 된다는 점은 이론의 여지가 없는데, 이점은 장자철학에서도 예외는 아니다. 특히 장자가 사용하고 있는 용어가 다분히 관념적이고 사변적인 경향을 띠고 있기 때문에 역설적으로 그러한 필요성은 더욱 절실해진다. 즉 사변적·관념적 언어 속에 숨기고 있는 그의 고민과 지향이 무엇인가를 구체적으로 밝히기 위해서는 장자가 살았던, 혹은 장자학파가 공통적으로 처했던 사회·경제적 배경에 대한 이해와 함께 설명되어야 할 것이다.

『사기史記』에서는 장자의 학문적 경향에 대하여, "장자의 학문은 탐구하지 않은 분야가 없었지만 중심 사상은 노자老子에 근거한다. 그러므로 10여만 자로 이룩된 그의 저서는 대체로 우화의 형식을 띠고 있다. 그는 「어부편」, 「도척편」, 「거협편」 등을 써서 공자孔子의 추종자들을 공격하면서 노자의 학술을 밝혔다"[2]라고 기록하고 있는데, 이것은 장자철학의 연원이 노자라는 것,[3] 그리고 장자철학의 중심 주제 가운데 하나가 공자 등의 유가儒家 비판이라는 것을 말해 주고 있다. 노자철학의 핵심은 무위·자연에 있는데, 장자는 노자의 무위자연적 천도관天道觀, 소국과민小國寡民의 이상 등을 계승하면서 보다 체계적이고 풍부하게 도가철학을 발전시켰다. 그는 특히 무위자연의 입장을 견지하면서 유가나 묵가墨家 등 당시의 여러 학파에 대하여 구체적으로 비판한다. 『사기』는 계속하여 다음과 같이 기록하고 있다. "「외루허편畏累虛篇」과 「항상자편亢桑子篇」[4] 등과 같은 글들은 공허한 이야기로서 사실과 관계없다. 그러나 그는 여러 가지 사실들을 연관지어 글을 잘 썼으며, 허황된 이야기를 가져다가 사실과 비슷하게 설명하는 방법으로 유가와 묵가의 학설을 비판하였다. 비록 당대의 석학이라 할지라도 그의 비판을 피할 수 없었다. 그는 호탕하고 도도한 말투로 자신의 견해를 표현하였기 때문에 왕공대인王公大人(왕족과 귀족 등 지배층)이라 하더라도 그를 부릴 수 없었다."[5] 이것은 장자철학이 유가와 묵가 및 당시의 사회를 총체적으로 비판하고 있음을 설명하는 것이다. 당시의 대표적인 모든 학파와 문화 전반에 대한 장자의 비판·부정은 바로 인간을 속박하고 강제하는 일체의 제도와 권위에 대한 비판과 부정을 의미하는 것이다.

이점에 대하여 좀 더 구체적으로 살펴보면, 장자는 유가나 묵가뿐만 아니라 당시에 제기된 여러 가지 중요한 정치적·철학적 논쟁들, 예를 들면 예치禮治와 법치法治, 천명天命과 반천명反天命, 친친親親과 상현尙賢, 성선性善과 성악性惡……[6] 등 대부분 유가적 노선과 법가적 노선 사이의 대립을 중심으로 하는 이들 논쟁의 어느 편에도 동의하지 않고 오히려 양쪽의 주장 모두에 대하여 대체로 비판하고 부정한다. 이러한 그의 사상적 경향은 그가 사회적으로 어떤 입장에 서 있는가로부터 설명이 가능하다. 그는 피지배 하층민의 입장에서 이러한 논쟁들이 자신이 추구하는 '온전한 삶'에 대한 욕구를 저해하는 것으로 이해하고 있다. 즉 그는 이러한 논쟁들은 거기에 참여하고 있는 자들의 집단적 편견, 그리고 서로 다른 이념과 실천적 노선에 기인하는 것이라고 생각하면서 그는 그것을 '공허한 이념적인 명분투쟁'[7]이라고 간주하고 있으며, 거기서 얻어지는 모든 결론은 결국 피지배 하층민에게 있어서는 질곡桎梏으로 작용한다고 이해한다. 이처럼 장자는 당시 학계와 정치권에서 벌어진 주된 논쟁의 대부분에 대하여 양비론兩非論적 입장을 취하지만, 천명과 반천명에 대한 논의에 있어서는 예외적으로 반천명을 강력하게 주장한다. 천명론이란 자연의 배후에 인격이나 의지를 가진 '어떤 것'을 상정하고 그로부터 인간 사회의 질서를 해명하고자 하는 관념의 한 유형을 말한다. 다시 말하면 천명사상은 자연의 힘에 대한 숭배 의식에서 나온 것인데, 이 사상에 따르면 자연—의인화된 자연—은 인류에 대해 행운과 재앙을 가져올 수 있는 힘이며, 인간의 개별적 또는 공동적 운명을 지배하는 신비적이고 강력한, 따라서 두려움을 갖고 복종해야 하는 인격신과 유사한 것이다. 이러한 강력한 신神의 절대적 권위는 지배체제 발생 이후에는 지배자의 권위로 옮겨졌다.[8] 장자는 자연이나 자연의 질서에서 모든 인격적·의지적 요소를 제거하고자 노력한다. 따라서 장자의 자연 인식의 주된 특징은 신비적이고 종교적인 천天에 대한 철저한 부정에 있다. 장자에 따르면 자연이 운동·변화하는 특징은 무위로 규정된다. 자연 인식에 있어서 장자의 반천명적 경향, 즉 신비주의적 세계관에 대한 회의와 거부는 기계론적 세계관에 수반된 숙명론적 경향이 있다고 하더라도 일정 정도 진보적인 의미를 동시에 가지고 있음은 부정할 수 없다. 즉 장자의 의인화 혹은 인격화된 천에 대한 부정은 차등적 질서를 합리화하는 모든 이념과 논의에 대한 비판·부정이라는 점에서는 상당히 진보적인 사상이라고 평가할 수 있다. 특히 그가 자연의 운동 성격을 무위로 규정함으로써 천명론을 반대한 것은 신비주의적 세계관을 거부하고 있다는 의미 외에 그것(無爲)이 자유와 평등의 보증자로 이해되고 있다는 사실에 주목해야 할 것이다. 즉 차별적 질서를 정당화해 주고 정치적 지배자에게 권위를 부여해 주는 천명에 대한 부정과 무차별 평등의 지향으로서의 장자철학은 자연을 무위로 규정하는 그의 자연 인식의 특징으로부터 연역적으로 설명된 것이다.

전국시대에는 인간의 본성에 대한 토론이 매우 활발하게 전개되었다. 춘추시대의 사상가 공자도 인간의 본성에 대하여 몇 가지 측면에서 언급하기는 하였지만 그것을 선악과 연관지어 설명하지는 않았다. 인간 본성의 선악에 대한 논의는 B.C.4세기 맹자孟子 무렵부터 시작되었다는 것이 학자들의 일반적인 견해이지만,[9] 맹자의 성선론이 양주楊朱나 묵자의 공리적 인간관, 개인주의적 인간관을 극복하려는 의도에서 나온 것이라는 점을 상기해 볼 때 이러한 견해는 수정되어야 할 것이다. 아무튼 이 시기에는 맹자를 대표로 하는 성선론과 인간의 본성은 선하지도 악하지도 않다는 고자告子의 성무선무악론性無善無惡論, 한 사람의 본성에 선의 요소도 있고 악의 요소도 있다는 세석世碩의 성유선유악론性有善有惡論, 태어날 때부터 본성이 선한 사람과 악한 사람이 있다는 유성선유성불선론有性善有性不善論 등 네 가지의 주장이 있고[10] 전국 후기에 주장된 순자荀子의 성악론性惡論까지 합하면 전국시대에 있어 인간 본성의 선악을 둘러싼 견해는 모두 다섯 가지가 된다. 전국시대에 촉발된 인간의 본성에 대한 논의는 이후의 중국철학사에서 끊임없는 쟁점의 하나가 되었다. 그런데 왜 그처럼 인간 본성의 선악 여부에 관심이 집중되었는가 하는 의문이 제기되기도 하는데, 그것은 아마도 인간 경영의 문제와 관련이 있지 않을까 하는 것이 나의 생각이다.[11] 즉 인간의 자연적 본성을 어떻게 규정하는가 하는 문제는 인간의 행동을 객관적·합리적으로 설명하기 위한 심리학적 동기에서 출발한 것이 아니라 노동력의 효율적 이용과 사회 통제를 위한 모색의 결과로서 나온 것, 다시 말하면 그것은 정치·경제적 동기에서 나온 것이라고 풀이된다.

장자는 당시에 활발하게 진행된 인성에 대한 토론에 부정적 의견을 가지고 있다. 위에 열거한 다섯 가지 주장들 가운데서 굳이 하나를 선택해야 할 경우라면 장자의 견해는 고자의 성무선무불선론性無善無不善論에 가장 가깝다고 할 수 있다. 장자는 선이니, 악이니 하는 '사회적' 기준으로 인간의 '자연적' 본성을 규정할 수 없다고 생각하는데, 이것은 그의 자연과 인간에 대한 개념과 관련이 있으며, 나아가 이러한 그의 생각의 이면에는 백성을 정치적 지배의 수단으로 삼지 말아야 한다든가, 인의仁義나 법률法律 등 어떠한 외적 강제력으로도 백성을 통제해서는 안 된다는 신념 등이 작용하고 있기 때문이라고 생각된다. 장자의 인간론에 있어 중요한 것은 인간의 본성이 선한가, 악한가에 있는 것이 아니라 유가 등에서 주장하는 인의仁義 등이 인간의 자연적 본성이 아니라는 점을 폭로하는 데 있다. 따라서 장자철학에서의 인간의 본성 문제는 자연적 본성과 사회적 의식—유가에서 인간의 타고난 본성이라고 지칭하는 부분—으로 나누어 검토되어야 한다.

장자철학은 흔히 자유와 평등을 요구하고 있는 것으로 설명되면서도 그것이 개인의 정신적, 혹은 관념적 자유와 평등의 범위를 넘어서지 못하는 것으로 이해되고 있다. 그러나 장자에 있어 자유에 이르는 길은 두 가지 측면에서 제시되고 있다는 점에 주목하여야 한다. 장자는 인간의 무의식적, 무차별적 삶을 이상적으로 생각한다. 즉 그가 말하는 무의식적이고 무차별적인 삶이란 바로 자유와 평등의 삶을 의미하는데, 그는 그 모델을 원시의 씨족사회, 혹은 모계사회에서 발견한다. 이것은 역으로 그가 현실 속의 인간을 차별적·의식적 존재로 파악하고 있음을 말해 준다. 장자는 타고난 자연적 본성을 손상 받지 않고 자유롭게 살 수 있는 방법을 개인적 측면과 사회적 측면 등 두 가지 면에서 고려하고 있다. 장자가 법률의 제정과 군자君子와 소인小人 등 계급적 차별을 반대하지만, 그가 백성의 입장에서 출발한 것도 아니고 따라서 그것이 혁명적이지 않다는 양영국楊榮國의 비판[12]은 이러한 두 가지 측면 가운데 한 가지, 즉 개인적 측면만 고려한 데서 나온 것이다.

　무위는 노자뿐만 아니라 장자철학에서도 중심 개념의 하나이다. 『도덕경道德經』에서 무無는 대부분 '있다'[有]에 반대되는 의미의 '없다'라는 술어로 쓰이지만, 제2장과 제11장 등에서는 '있음'[有]에 반대되는, 즉 '없음'을 뜻하는 명사로 쓰이며,[13] 또 제40장에서는 '있음'의 상대어가 아닌 절대적 의미로 쓰인다.[14] 다시 말하면 여기서는 모든 존재의 근원이라는 의미로 무無가 사용되고 있다. 그런데 『장자』에서는 "태초에 무가 있었다. 유도 없었고 이름도 없었다. 무엇인가 하나가 발생하였는데, 그 하나는 존재하기는 했지만 형체는 없었다"[15]와 같이 '무'가 모든 존재의 근원인 것처럼 묘사되고 있는 곳이 아주 없는 것은 아니지만, 『장자』 전체에서 볼 때 대부분의 '무無'라는 글자는 부정과 금지를 뜻하는 술어로 사용되고 있다. 이것은 장자가 무로부터 만물이 발생하였다는 노자 식의 설명 방식을 그다지 중시하지 않음을 말해주는 것이다. 즉 장자에 있어서는 유무有無의 상대성을 초월한 이른바 '절대적 무'라는 것이 큰 의미를 갖지 않는다. 우리는 장자의 이러한 노자 해석을 통해 과연 노자철학에서 '절대적 무'가 오늘날 연구자들의 설명처럼 그렇게 중요한 의미를 갖는가 하는 점에 의문을 제기한다. 실제로 『도덕경』에서 '절대적 무'를 직접 설명하고 있는 부분은 위의 한 곳 밖에 없는 반면, 무위無爲를 강조하고 있는 부분은 많다.[16] 노자에서의 무위는 첫째, 자연의 운동·변화의 특성을 드러내는 말,[17] 둘째, 개인적 수양의 방법,[18] 셋째, 바람직한 정치의 방법[19] 등의 측면에서 설명되고 있다.

　『도덕경』에 대한 최초의 전문적 해설서로 『한비자』「해로편解老篇」

과 「유로편喩老篇」을 들 수 있다. 이는 한비자가 『도덕경』에 많은 애착을 가지고 있었음을 보여주는 것이다. 한비자는 노자의 '무위'를 대부분 군주의 통치술[術]의 측면에서 해석한다. 「해로편」의 다음 구절은 『도덕경』의 무위에 대한 한비자의 해설 중 가장 자세한 것이다. "아무 것도 하지 않고 아무 생각도 하지 않고 마음을 비운다는 것은 의식이 아무런 구속도 받지 않음을 뜻한다. 별다른 통치술이 없는 자는 일부러 아무것도 하지 않으려 하고 아무 생각도 하지 않으려 하고 마음을 비우려 한다. 일부러 아무것도 하지 않으려 하고 아무 생각도 하지 않으려 하고 마음을 비우려 하는 자는 마음을 비워야 한다는 것을 항상 잊지 않고 의식한다. 이것은 마음을 비워야 한다는 의식의 구속을 받는 것이다. 비운다는 것은 의식이 아무런 구속도 받지 않는 것을 뜻한다. 그런데 만약 마음을 비워야 한다는 의식의 구속을 받는다면 이것은 비우는 것이 아니다. 마음을 비운 자는 아무것도 하지 않을 때 아무 것도 하지 않아야 한다는 것을 원칙으로 정해놓지 않는다. 아무것도 하지 않아야 한다는 것을 원칙으로 정해놓지 않으면 마음을 비울 수 있다. 마음이 비면 덕이 가득 차고, 덕이 가득 차는 것을 최고의 덕이라고 한다. 그러므로 '최고의 덕은 아무것도 하지 않으면서도 하지 않는 것이 없다'고 말하는 것이다."[20] 한비자는 여기서 '아무것도 하지 않음' [無爲]·'아무 생각도 하지 않음'[無思]·'마음을 비움'[爲虛] 등은 외부의 그 어떤 것에도 구속받지 않는 상태라고 설명한다. 그의 이 설명은 무위 등이 군주가 사용할 수 있는 최고의 통치술이라는 것을 전제로 하고 있다. 즉 한비자는 무제약적·무구속적인 군주 권력을 근본에 두고 『도덕경』을 해석한 것이다.[21] 장순휘張舜徽는 『주진도론발미周秦道論發微』에서 한비자의 이러한 견해를 전면적으로 계승하면서 노자의 무위를 오로지 '인군남면지술人君南面之術'—제왕의 신하에 대한 통제술—로 풀이하고 있다. 이러한 점에서 볼 때 노자의 무위와 앞으로 설명될 장자의 무위에는 상당한 거리가 있다. 그런데 복영광사福永光司는 노자와 장자의 차이점 가운데 무위의 문제를 거론하면서 노자의 그것은 밖[정치적 측면]을 중시하지만, 장자에서는 내적인 마음, 즉 무심無心으로 바뀌고 있다고 설명하고, 장자의 무위가 노자의 그것을 계승·발전시킨 것이라고 주장하고 있다.[22] 나는 노자와 장자의 무위를 각각 외적인 측면과 내적인 측면으로 나누어 해석하는 복영광사의 주장에는 찬성할 수 없지만, 장자의 무위가 노자의 그것을 계승한 것이라는 점에 대해서는 동의한다. 그리고 나는 노자의 무위에 대한 한비자나 장순휘의 해석은 그들의 해석일 뿐 노자의 생각을 대변하는 것이라고 생각하지 않는다.

장자의 경우도 무위를 통하여 자연, 인간, 사회 등을 일관되게 설명하고 있다. 다시 말하면 장자의 자연 인식, 인간론, 사회사상 등에서 무위無爲와 유위有爲의 대립은 가장 기본적인 분석틀로 사용되고 있다. 장자에 있어 자연과 인간 그리고 사회의 본래 모습, 바람직한 상태는 유위가 아니라 무위이다. 그는 이러한 인식에 기초하여 유위를 지양하고 무위를 실현할 것을 요구한다. 우선 장자는 자연을 끊임없이 운동·변화하는 것으로 파악하면서, 다른 한편으로는 그것이 의지와 목적을 가진 인격적 존재라는 이해에 기초한 모든 주장들에 반대한다. 특히 그는 차별적 등급질서를 옹호하는 천명론적 세계관에 명백하게 반대하면서, 오히려 자연의 질서를 무차별적이고 무목적적인 기계적 운동으로 설명한다. 이것은 무위를 자연법칙의 가장 중심에 놓고 파악하고 있기 때문에 가능한 것이다. 장자는 이처럼 무위로 규정된 자연으로부터 인간과 사회의 이상을 도출한다. '불완전한' 인간은 '완전한' 자연으로 복귀해야 한다는 것이 장자가 말하는 '천이불인天而不人'의 원칙이다.

장자에 있어서 자연[天], 혹은 자연의 질서[道]는 무위이지만, 인간[人]은 유위이다. "무엇을 도道라고 하는가? 자연의 도가 있고 인간의 도가 있다. 무위하면서도 존중되는 것이 천도天道 즉 자연의 길이고 유위하면서도 번거로운 것이 인도人道 즉 인간의 길이다. 주도적인 것은 천도이고 종속적인 것은 인도이다. 천도와 인도는 서로가 멀리 떨어져 있다"23)라는 장자의 설명에서도 잘 드러나듯이 자연의 질서와 인간[사회]의 질서는 주종관계와 같이 대립된다. 말하자면 그것들은 각각 무위와 유위라는 형식을 갖는 것으로서 서로 모순·대립의 관계에 있다. 개인적 측면에서 볼 때 유위는 의식과 그로부터 파생된 모든 행위를 가리킨다. 그러므로 장자가 이상적 인격으로 내세우는 지인至人·진인眞人은 개인적으로 모든 유위를 제거한 사람에 다름 아니다. 즉 지인이나 진인은 아무런 의식이 없는 상태를 유지할 수 있는 사람을 가리키며, 모든 정신적 번거로움으로부터 자유로울 뿐만 아니라 아무런 목적의식이나 사회적 욕망이 없는 사람을 가리킨다고 할 수 있다. 그는 지인, 혹은 진인의 경지에 도달하는 방법으로 심재心齋·좌망坐忘·안명安命 등을 제시하고 있는데, 이것들에 대한 분석을 통해서도 이점을 확인할 수 있다. 즉 심재·좌망·안명에서 강조하고 있는 것은 모든 의식의 버림과 자연의 질서를 그대로 받아들이는 것이다. 즉 "육체의 욕망을 버리고 눈이나 귀 등의 감각의 작용을 없애며 이 육체를 떠나고 지식을 버려서"24) 무념무상無念無想의 상태에 도달하는 것이 바로 심재·좌망·안명에서 의도하는 것인데, 이는 바로 '갓난아이'[嬰兒]와 같이 아무런 욕망도 의식도 없는 상태를 뜻한다. 이처럼 모든 의식과 욕망이 제거된 상태를 가리키는 말로 『장자』에서는 자주 '꺼진 재'[死灰]라는 표현을 사용한다. 이는 바로 장자가 개인의 무의식적 상태를 매우 중시하고 있음을 말해주는 한 예이다. 이상적 인격의 의식(마음)을 '꺼진 재'로 표현하고 있는 문장은 다음과 같이 내편이나 외편 혹은 잡편 등에서 고루 발견된다.

> 남곽자기가 탁자에 기대어 앉아 있었다.……몸은 정말 마른 나무 같았고, 마음은 마치 꺼진 재와 같았다
> 南郭子綦隱几而坐,……形固可使如槁木, 心固可使如死灰乎.(「齊物論篇」)

> 피의는 매우 기뻐서 '몸은 마치 마른 뼈 같고, 마음은 마치 꺼진 재 같구나'라고 노래를 부르면서 그의 곁을 떠나 걸어나왔다.
> 被衣大悅, 行歌而去之, 曰, 形若槁骸, 心若死灰.(「知北遊篇」)

> 어린이는 움직이더라도 무엇을 하는지 알지 못하고, 걸어가더라도 어디로 가는지 알지 못한다. 몸은 마른 나무 가지 같고 마음은 꺼진 재와 같다.
> 兒子動不知所爲, 行不知所之. 身槁木之枝, 而心若死灰.(「庚桑楚篇」)

> 남백자기가 탁자에 기대어 앉아 하늘을 우러러보면서 '허' 하고 숨을 내쉬었다. 안성자유가 들어가 보고서는 말했다. "선생님처럼 출중하신 분이 몸은 정말 마른 뼈 같고 마음은 정말 꺼진 재 와 같이 되시다니요?"
> 南伯子綦隱几而坐. 仰天而噓. 顔成子入見曰, 夫子物之尤也, 形固可使若槁骸, 心固可使若死灰乎.(「徐無鬼篇」)

장자의 무위는 이처럼 개인의 의식이나 욕망 등과 관련된 가장 중요 개념이다. 그러나 장자의 무위는 여기서 그치는 것이 아니다. 장자는 무위를 사회의 영역에까지 적용한다.

그것으로 끝난다면 그가 주장한 자유나 평등은 개인의 정신적, 혹은 관념적 자유와 평등의 범위를 넘어서지 못하는 것이라는 비판이 설득

력을 갖는 것으로 받아들여질 수 있다. 그러나 장자는 무위를 사회의 영역에까지 적용한다.

사회에서의 무위와 유위의 대립은 바로 원시공동체적 사회와 문명 사회의 대립을 말한다. 장자는 원시공동체 사회를 모든 사람의 자유롭고 평등한 삶이 보장되는 유일한 사회로 규정한다. 그가 지덕지세至德之世라고 부르고 있는 원시공동체 사회는 모든 사람이 무위·무욕無欲하는 사회이며, 모든 사회적 차별과 수탈, 그리고 인의仁義나 법률·제도 등과 같은 모든 외적 강제나 질곡으로부터 자유로운 사회, 즉 인간이 자연으로부터 타고난 온전한 삶을 그대로 누릴 수 있는 사회이다. 그는 모든 문명적 요소의 부정(絶聖棄知)과 자유방임(無爲政治)을 통해 이러한 사회에 도달할 수 있다고 주장한다. 여기서 심재나 좌망, 안명 등을 통해서 마음의 평화와 정신의 자유에 도달할 수 있다는 주장과, 절성기지絶聖棄知와 무위정치無爲政治를 통해서 지덕지세 즉 원시공동체 사회를 이룰 수 있다는 주장 등을 통해 장자적 자유론의 이중구조를 파악할 수 있다.

이처럼 장자에 있어 자연과 인간(人爲)은 무위와 유위를 가장 큰 특징으로 하고 있으며, 무위와 유위는 바로 자연[天]과 인간[人]을 대표하는 개념으로 사용되고 있다. 뿐만 아니라 그는 무위와 유위의 대립 구조에 의해 자연·인간·사회 등을 일관되게 설명하고 있다. 말하자면 그는 이러한 체계를 통하여 한편으로 제가諸家의 주장이 갖는 일면성·상대성을 비판하고 그것을 문명비판과 연계시키면서, 다른 한편으로는 자유와 평등의 이론을 이끌어 내고 있는 것이다. 따라서 이 책은 자연과 인간을 특징적으로 규정하는 장자의 무위와 유위에 대한 연구일 뿐만 아니라 그것을 통한 그의 자연관과 인간론에 대한 연구이기도 한 것이다.

이제까지의 연구에서 단편적으로나마 무위의 의미가 설명되고, 또 그것의 중요성이 강조되기는 하였지만, 장자철학에서 중심적 체계를 이루는 무위와 유위의 대립 구조에 주목한다든가 장자철학 전반을 이러한 체계로써 설명한 학자가 아직까지 없었다는 점에서 나는 이 연구를 기존의 성과와 구별하고자 한다.

우리의 일차적 목적은 위에서 설명한 것과 같이 장자철학은 자연·인간·사회 등 모든 영역에서 '자연적 요소'(無爲)를 가장 본질적인 것으로 파악하고 있으며, 그에 대립하는 '인간적 요소'(有爲)를 부정하고 있다는 점을 체계적으로 밝히는 데 있다. 말하자면 서로 모순관계에 있는 무위와 유위를 통해 자연과 인간 그리고 사회를 일관되게 설명하려는 것이 장자철학의 핵심이며, 자연의 운동·변화의 속성으로부터 도출된 무위가 개인에게 있어서는 정신의 자유 혹은 마음의 평정을, 사회에 있어서는 인류의 평등과 자유를 보장해 줄 수 있는 유일한 원칙으로 이해되고 있음을 밝히는 것이 이 연구의 주요 목적이다. 그리고 이 책에서는 장자가 사용하고 있는 여러 가지 추상적 언어를 구체적 언어로 번역하면서 장자철학의 실체에의 접근을 시도하는 것을 연구의 방법이면서 동시에 부차적 목적으로 삼고 있다. 이러한 연구를 통하여 장자철학에 대한 퇴영적이고 소극적이며 개인 중심적이라는 기존의 부정적 인식을 어느 정도 수정함으로써 중국철학사에서 장자철학이 차지하는 의미를 재평가하는데 기여할 수 있을 것이다.

1. 격변의 시대와 장자

『사기』에서는 장자의 출신지와 그의 생존 연대를 다음과 같이 개략적으로 설명한다. "장자는 몽蒙지방 사람이고 이름은 주周이다. 그는 일찍이 칠원리漆園吏—옻나무밭을 관리하는 하급 관리—를 지냈으며, 양梁 나라 혜왕惠王, 제齊 나라 선왕宣王 등과 같은 시대를 살았다."[1] 여기서 사마천司馬遷은 몽이 어느 나라인가에 대하여 언급하지 않고 있기 때문에 장자가 어느 나라 사람인가에 대해서는 다른 문헌 자료를 참고할 수밖에 없다. 역대로『사기』의 기록 가운데 몽이라는 지명을 어떻게 해석하느냐에 따라 장자의 출신 국에 대한 의견이 다양하게 제기되었다. 즉 장자의 출신 국에 대하여 송宋 나라, 양梁 나라, 초楚 나라, 제齊 나라, 노魯 나라 등 여러 가지 학설이 있다. 유향劉向·고유高誘·반고班固·장형張衡 등은 장자를 송宋 나라 사람이라고 주장하였으며, 당대唐代의 학자들은『한서』「지리지」의 "양 나라는 큰 현이 여덟 개였는데, 그 중 세 번째 것이 바로 몽이다"[2]라는 기록에 의거하여 장자를 양梁 나라 사람이라고 주장했다. 예를 들면『수서隋書』「경적지經籍志」와『경전석문經典釋文』「장자서록莊子序錄」,『사기회주고증史記會注考證』등에서는 장자를 양 나라의 몽현蒙縣 사람이라고 설명하고 있다.[3] 이 밖에 송대宋代의 악사樂史 (『太平寰宇記』), 주희朱熹(『朱子語類』) 등은 장자를 초 나라 사람이라 주장하였고, 석지장釋智匠의『고금악록古今樂錄』에서는 장자를 제 나라 사람이라고 하며, 마숙馬驌, 염약거閻若璩 등은 석지장의 주장에 반대하면서 노 나라 사람이라고 하였다. 특히 근대의 왕수영王樹榮은 「장자즉자막설莊周卽子莫說」(『古史辨』第四冊)이라는 논문에서『맹자』의 "자막은 중中을 지켰다"[子莫執中]라는 기록의 자막子莫은 바로 장자를 가리키는 것이라고 하면서 자막은 노 나라 사람이며, 노 나라에 몽이라는 지방이

있다고 주장하였다.[4]

　그러나 이상의 여러 가지 학설 가운데 장자가 송 나라, 혹은 양 나라 사람이라는 주장 외에 초 나라, 제 나라, 노 나라 등의 주장들은 근거가 부족하다. 다만 송과 양은 같은 나라이거나 동일한 지역에 대한 다른 명칭일 수 있는데,[5] 양향규楊向奎는『사기』의 "문후 2년에……송 나라의 도읍인 팽성을 치고 송 나라 임금을 붙잡았다"[6]라는 기록을 인용하면서 송 나라가 한韓 나라의 침략으로 인해 천도한 뒤 몽 부근 상구商丘 일대가 양 나라의 침략을 받았을 것이며, 따라서 장자가 태어난 시기에는 송 나라가 이미 멸망하였을 것으로 추정하였다.[7] 그러나 몽이 양 나라의 땅으로 귀속되었을 가능성은 배제할 수 없다 하더라도『장자』에서 송 나라와 장자를 연계시키고 있는 기록이 발견되는 점으로 미루어 볼 때[8] 오히려 장자가 송 나라의 멸망을 직접 목격했을 것이라는 방극方克의 주장이 더 타당성을 갖고 있는 것으로 보인다.[9] 장자의 생졸 연대에 대해서는『사기』의 "양 나라 혜왕이나 제 나라 선왕과 같은 시대"라는 기록과 기타의 문헌에 의해 개략적으로 추론할 수 있을 뿐 정확한 연대의 고증은 불가능하다. 임계유任繼愈의 정리에 따르면 장자의 생졸 연대에 대해서는 대개 다섯 가지 주장이 있는데,[10] 그에 따르면 장자의 활동 연대는 아무리 소급하더라도 상한선이 기원전 375년(聞一多)을 넘지 않으며 하한선은 275년(呂振羽)을 벗어나지 않는다. 따라서 장자의 생존 시기를 이 100년 사이로 잡는 것이 무난할 것으로 보인다.

　이미 널리 알려진 바와 같이『장자』라는 책은 장자莊周 한 사람의 손에 의해 완성된 것이 아니라 그와 그의 후계자들의 공동저작 성격을 지닌다는 데 반론을 제기하는 사람은 없다.[11] 또 이 책은 단시간 내에 이루어진 것이 아니라 오랜 시간에 걸쳐 성립되었기 때문에 같은 책 안에서도 약간의 상충되는 진술이 발견되기도 한다. 이점은 중국 고대 철학의 저작, 특히 선진先秦시기 대부분의 저작에서 일반적으로 발견되는 특징이다. 나는 이러한 여러 가지 사정을 감안하면서도『장자』전편全篇이 대체로 일관된 세계관 속에서 집필되었다는 점도 무시하지 않는다. 따라서 서로 모순되지 않는 범위 내에서 내·외·잡편이나 각 편의 구분 없이 장자의 사상을 반영한 것으로 간주하여 자료로서의 가치를 인정할 것이다. 최근의 연구에서 유소감劉笑敢은『장자』내편內篇은 외·잡편外雜篇에 앞서 성립된 것으로 대체로 장자 자신에 의해 쓰여졌다는 것, 외·잡편은 성립 연대가 내편에 뒤지지만 전국戰國 말기 이전의 작품이라는 것 등을 고증학적 방법에 의해 정밀하게 논증하고 있다.[12] 사상적 경향에서 볼 때 외·잡편은 내편의 사상을 계승·발전시키면서 때로는 내편의 사상적 테두리를 벗어나기도 한다. 그러나 이 연구의 가장 큰 목적이 내·외·잡편을 일관하고 있는 통일적 체계를 밝혀 내는 데 있기 때문에 내·외·잡편의 구별에 큰 비중을 두지는 않을 것이다. 즉 이 책에서는 내편과 외·잡편을 동등하게 취급하거나 혹은 내편의 사상을 이해하는 보조 자료로서 외·잡편을 이용할 것이다. 특히 각 편의 저자를 알 수 없기 때문에 모든 것을 '장자'라는 이름으로 대신한다. 따라서 이 책에서 '장자'라는 것은 장자 개인이라고 할 수도 있지만, '장자학파' 전체를 가리킨다고 보는 편이 더 정확할 것이다.

전국시대는 전제주의적 중앙집권 국가의 건설과 전 중국의 통일이 역사적 과제로 등장하였는데, 이러한 목적의 수행을 위해 나타난 구체적 사회 변혁의 형태가 겸병전쟁兼倂戰爭과 변법운동變法運動이며, 그것을 담당할 세력이 바로 법가 집단이었던 것이다.

전쟁은 춘추시대에도 빈번하게 발생하였지만, 전국시대의 그것은
규모나 방법, 수단, 빈도 등에서 현저한 차이를 보인다는 것이 일반적
인 견해이다. 예를 들면 춘추시대에는 전차戰車 중심으로 귀족들에 의
해 수행되던 전쟁이 전국시대에 이르러서는 보병步兵 중심의 공성전
攻城戰으로 바뀌었다. 따라서 동원되는 병력의 수에 있어서도 춘추시
대에는 기껏해야 10만 이하였지만 전국시대에는 60만 이상이 한 번의
전투에 투입되었다. 또 춘추시대에는 대개 하루나 이틀, 기껏해야 열흘
만에 전쟁의 승부가 결정되었지만, 전국시대에 이르러서는 보통 3년에
서 5년이 소요되기도 하였다. 이것은 바로 전쟁의 규모가 확대되었음
을 말해 주는 것이다.13)

이 시기에 각 국에서는 보편적으로 군현제郡縣制와 징병제徵兵制
를 실시하였기 때문에 농민을 광범위하게 징발하여 군대에 편입시켰
으며, 동시에 철제 병기와 사정거리가 향상된 노弩의 발명 등에 힘입
어 전투의 방식도 변하지 않을 수 없었다. 즉 철제 병기는 살상력을
높였으며, 노弩의 발명은 원거리 사격이 가능했기 때문에 가지런한 밀
집대형을 이루어 수행되던 차전車戰으로는 감당할 수가 없게 되었던
것이다.14) 특히 전쟁의 방법에 있어서 춘추시대에는 차진車陣과 정면
충돌 방식이 주류를 이루었지만, 대규모의 전차·보병·기병의 혼합전
이었으며, 포위·우회·기습·매복 등 여러 가지 전술이 구사되었고 전쟁
의 효율적 수행을 위하여 손빈孫臏·백기白起·염파廉頗·이목李牧 등
과 같은 전문 무장武將들이 출현하였다.15)

이 시기의 전쟁은 단순한 보복이나 명분의 차원을 넘어 "만승지국萬
乘之國의 존망存亡을 결정짓는"16) 중대한 정치적 수단이었다. 전쟁의
목적에 있어서도 춘추시대에서와 같이 패전국에 조공朝貢의 의무를
부과하기 위한 것이 아니라 성읍城邑과 토지土地를 빼앗는 데 있었으

며, 분열로부터 통일을 지향하는 데 있었다.[17] 즉 전쟁의 목적은 중원의 패권을 차지하는 데 있었다. 춘추시대의 전쟁은 '존왕양이尊王攘夷'라는 기치 아래 천자天子의 이름으로 수행되었다. "주周 왕조의 덕德이 비록 쇠약해지기는 하였지만, 천명天命은 아직 바뀌지 않았다"[18]라는 주 나라 대부大夫 왕손만王孫滿의 말에서도 알 수 있듯이 주 왕실이 적어도 명목상으로는 천하의 공주共主로서 정치적 영향력을 가지고 있었으며, 따라서 열국列國의 패주覇主들은 아직 천하의 통일이라는 주관적·객관적 조건을 가지고 있지 못하였다. 그러나 전국시대에 이르면 주는 일개 소국小國으로 전락하여 제후들을 소집할 정치적 역량을 상실하게 되며, 패주정치覇主政治는 더 이상 시의時宜에 맞지 않게 된다. 천하의 앞날에 대하여 묻는 양 나라의 양왕襄王에게 "하나로 통일될 것"[定於一]이라고 예언한 맹자의 대답은 당시에 치열하게 진행된 전쟁은 바로 전 중국의 통일이라는 목적지를 향하여 치닫고 있었음을 알려 준다.[19] 이런 점에서 볼 때 '하나의' 관료적 절대주의 국가에 의한 '다수' 제후국의 멸망과 그로 인한 중국 고대사회 미증유의 '새로운 천하통일'의 실현은 당시에 필연적인 역사적 흐름이었음을 알 수 있다.[20]

춘추시대 말기의 노자는 "군대가 주둔한 곳은 가시덤불만 자라고 전쟁이 휩쓸고 간 뒤에는 흉년이 덮쳐 온다"[21]라고 지적하는 데 그쳤지만, 전국시대의 맹자는 "토지를 빼앗기 위한 전쟁에서는 사람을 죽여 들판을 가득 채우고, 성을 빼앗기 위한 전쟁에서는 사람을 죽여 성을 가득 메우고 있다. 이러한 행위는 토지에게 인육을 먹이는 짓으로서 죽어도 용서받지 못할 것이다"[22]라고 전쟁의 해악을 경고하고 있다. 이것은 바로 대규모의 빈번한 전쟁이 백성의 생명과 재산을 크게 침해하고 있음을 말하는 것이다. 진秦 나라의 경우만 보더라도 백기白

起는 B.C.283년 이궐伊闕의 전투에서 한위韓魏 연합군을 격파하면서 24만 명의 목을 베었고, B.C.279년 언鄢의 전투에서는 도성에 물을 끌어들여 초 나라 병사와 백성 수십만을 익사케 하였다. 또 B.C.273년 화양華陽 전투에서는 조위趙魏 연합군을 격파하면서 15만 명의 목을 베었고 B.C.260년 장평長平 전투에서는 조 나라 주력군 45만 명을 땅에 묻어 죽였다. 위의 4대 전투에서 백기가 죽인 삼진三晉과 초 나라 사병은 100만 이상에 이르며, 그 밖의 소규모 전투와 일반 백성들의 피해까지 치면 그 수는 상상을 초월할 것이다.[23] 초 나라의 황헐黃歇이 진秦 나라 소왕昭王을 설득할 때 진 나라의 침입을 받은 한韓 나라와 위魏 나라의 참혹한 상황을 다음과 같이 묘사하고 있다. "한 나라와 위 나라의 부자 형제가 진 나라에서 죽어 넘어진 지가 몇 세대 흘렀다. 한 나라와 위 나라 본국은 파멸의 지경에 이르렀으며 사직은 파괴되었고 종묘는 무너졌다. 배가 갈라지거나 턱이 부러지거나 머리가 몸통에서 떨어져 나간 시체의 뼈가 풀숲과 늪에 흩어져 있는 모습이나 머리뼈가 땅바닥에 나뒹구는 모습 등은 국경 지역에 즐비하다.……백성들은 삶의 의욕을 잃었으며, 가족이 흩어졌거나 떠돌다가 노예가 된 자들이 세상에 가득하다."[24] 황헐의 이 말은 한 나라나 위 나라 백성을 동정해서 나온 말이 아니라 초 나라에 대한 공격을 중지하고 한·위의 이와 같이 처참한 상황을 침략을 위한 절호의 기회로 삼아 이 두 나라를 멸망시켜야 한다는 취지에서 나온 발언의 일부라는 점에서 전국시대의 냉엄한 현실을 알 수 있게 해준다. 그러나 "남의 나라 병사와 백성을 죽이고 남의 나라 토지를 병탄하여 나의 육체와 정신을 살찌게 한다면, 전쟁은 훌륭하게 치렀을는지 모르겠지만 승리의 의미가 어디에 있는가?"[25]라는 장자의 지적은 백성의 생명과 생활을 참혹하게 파괴하는 전쟁의 부정적인 한 측면을 백성의 입장에서 비판하고 있다는 점에 의미가 있다.

전국 초기까지만 해도 서쪽 변방의 한 후진국에 지나지 않던 진 나라가 중원의 여러 강대국들을 멸망시키고 천하를 제패할 수 있었던 것은 변법變法을 성공적으로 이끌어 군사 대국으로 성장할 수 있었기 때문이라는 것이 후세 사가史家들의 공통된 지적이다.

중국 전역에서 시행된 변법운동은 주로 신흥 지주의 이익과 요구를 대표한 법가에 의해 진행되었다. 이들은 부국강병을 표방하고 실정법의 제정과 시행을 강력하게 추진하였다.[26] 신흥 지주를 중심으로 추진된 변법운동은 구귀족이 누리고 있던 기득권에 대한 심각한 위협으로 작용하였으며, 나아가 구귀족 사회의 전면적 해체를 촉진하는 것이었다. 그 때문에 변법을 추진하는 세력과 반변법 세력 사이에 치열한 권력다툼과 이념 논쟁이 벌어졌다. 이점에 주목하여 이 시기의 권력다툼과 이념적 논쟁을 '유법투쟁儒法鬪爭'이라고 규정하기도 한다. 그러나 '유법투쟁'은 전국시대에 전개된 모든 철학적·정치적 논쟁을 포괄적으로 설명하는 용어로는 불충분한 면이 있다. 즉 그것을 '유법투쟁'이라고 한정할 경우 유가적 주장이나 법가적 주장 가운데서 선택적으로 찬성하거나 부정하는, 혹은 양자의 견해 모두를 부정하는 묵가나 도가의 입장이 배제되기 때문이다. 이는 이 시기에 대두된 여러 가지 대립을 단순히 구 노예주와 신흥 지주간의 대립으로만 한정하는 데서 기인한 것이다. 그러나 변법세력과 반변법세력 사이의 대립과 반목은 이 시대를 이해하는 중요한 열쇠가 된다는 점을 부인하기는 어렵다. 왜냐하면 이 시기에 있어서 변법운동은 모든 나라에서 예외 없이 진행되었고 그것은 사회의 체제를 전환하는 중대한 의미를 가지고 있기 때문이다.

변법의 목적은 부국강병에 있으며, 그것은 내적으로 신흥지주 중심의 전제 정권을 공고히 하고 외적으로 봉건 겸병전쟁을 승리로 이끄는 데 있었다. 그러한 목적의 실현을 위하여 법가 중심의 변법 주도 세력들은 지주들의 이익을 보장하기 위한 법률 및 제도의 제정·반포에 착수하였다.[27] 그것은 바로 구 귀족의 정치적·경제적 기반이라 할 수 있는 종법제도宗法制度와 정전제井田制의 파괴를 의미하는 것이며, 구 귀족의 정치적·경제적 특권인 세습체제, 즉 세경세록世卿世祿의 종식을 의미하는 것이다. 이러한 성격을 가진 변법운동은 B.C.445년 위魏 나라 문후文侯에 의해 처음 실시된 것을 기점으로 중국 전역에 확대되었다. 즉 B.C.390년에 초 나라 도왕悼王이 오기吳起를 등용하여 변법을 단행하였으며, 이어 진秦 나라에서는 효공孝公 때인 B.C.359년에 상앙商鞅이, 한 나라에서는 소후昭侯 때인 B.C.355년에 신불해申不害가, 제齊 나라에서는 위왕魏王 때인 B.C.348년에 추기鄒忌가, 연燕 나라에서는 소왕昭王 때인 B.C.311년에 악의樂毅가 각각 변법을 실행하였으며, 위魏 나라에서는 혜왕惠王 때인 B.C.350년을 전후하여, 조趙 나라는 무령왕武靈王 때인 B.C.307년에 각각 정치 개혁을 단행하였다.[28] 이처럼 전국시대 모든 나라에서 예외 없이 실행된 변법운동의 이면을 자세히 들여다보면, 그것은 생산력의 발전에 따른 생산관계의 변화를 요구하고 있는 것임을 알 수 있다. 이것은 각 국에서 시행된 변법의 구체적 내용 속에 극명하게 드러나 있다.

각 국에서 실시된 변법의 구체적 내용은 첫째, 중앙집권화, 둘째, 관료제의 시행, 셋째, 황무지 개간과 조세 수입의 확대, 넷째, 인재등용과 군공작제軍功爵制 실시, 다섯째, 법치의 실현 등이다. 이들 여러 가지 구체적 내용에서 가장 기본이 되는 원칙은 군주권의 강화이다. 즉 중앙집권, 구 귀족의 세습적 특권의 제한이나 철폐, 세수의 확대를 통한 국가 재정의 확대, 신진 지식인 중심의 관료제 확립, 예치禮治의 부정과 성문법의 제정·공포·시행 등은 모두 군주권 강화의 원칙에 부응하는 것이며, 그것은 다른 한편으로는 세습 귀족 세력의 약화를 의미하는 것이다. 이 때문에 변법운동은 항상 반변법 세력의 거센 저항을 피할 수 없었다. 예를 들면 초 나라에서 오기가 변법을 시행할 때 굴의구屈宜臼로 대표되는 구 귀족 세력은 그의 개혁 정책에 위협을 느끼고 변법을 강력하게 반대하였으며, 오기의 변법을 지지한 도왕이 죽자 귀족 세력은 오기를 살해하였다. 또 진 나라에서는 두지杜摯, 감룡甘龍, 공자건公子虔 등 귀족 세력들은 상앙의 변법에 반대하였다. 그들은 "성인은 백성을 바꾸지 않고 교화하며, 지혜로운 자는 법을 바꾸지 않고 나라를 다스린다"29), "이로울 가능성이 백퍼센트가 되지 않으면 변법을 하지 말아야 하고, 성과가 백퍼센트 보장되지 않으면 제도를 바꾸어서는 안 된다.……옛 제도를 본받는 것은 잘못이 아니고, 예禮를 따르는 것은 죄악이 아니다"30)라는 논리로 변법을 반대하였다. 그러나 상앙은 이러한 논리에 대항하여 "이전 시대(夏殷周 三代)에는 각기 교화의 방식이 달랐는데(그 가운데) 어떤 '옛것'을 본받겠으며, 제왕들[五霸]의 예법에는 공통점이 없는데(그 가운데) 어떤 예禮를 따른다는 말이냐?……(복희나 신농에서부터 문왕·무왕에 이르기까지) 각각의 시대적 상황에 부응하여 법이 만들어졌으며, 각각의 실정에 맞추어 예가 제정되었다.……세상을 다스리는 데는 단 하나의 방법만 있는 것이 아니다. 나라를 편안하게 하려면 옛 제도를 답습해서는 안 된다"31)라고 굽히지 않고 변법의 필요성을 주장하였다.32)

변법이란 한마디로 국가의 지배 체제를 바꾸는 것, 즉 기존의 예치를 법치로 바꾸는 것인데, 예禮와 법法이 담보하는 사회적 성격과 내용이 각기 달랐기 때문에 변법의 과정에서 치열한 대립과 반목이 생겨났던 것이다. 예란 원래 원시사회 말기 씨족사회의 풍속과 습관이었는

데,[33] 희씨姬氏를 중심으로 한 종족지배가 발전하면서 그것은 서주西
周의 지배 계층 내에서 행동규범, 즉 지배 체제의 공고화를 강하게 뒷
받침하는 사회질서의 기능을 하게 되었다.[34] 말하자면 그것은 종법제
도와 군권君權·족권族權·부권夫權·신권神權을 보호하고, 또 종족 귀
족제적 수탈 방식과 세습제 및 등급제를 옹호하기 위한 수단이었다.
따라서 변법가들에게는 구귀족의 정치적·경제적 기반인 종법 등급제
와 분봉제 등을 정당화해 주는 예치를 폐기하고, 지주들의 이익을 철
저하게 보장해 줄 수 있는 새로운 법의 제정이 필수적 과제였다.[35] 종
법사회의 세습 귀족들은 이 새로운 법의 시행을 저지하려고 온갖 노력
을 기울였지만, 결국 허사였고 드디어 그 종법 질서의 해체와 함께 몰
락했다.[36]

위에서 살펴본 전국시대의 이러한 사회적 대변혁, 즉 겸병전쟁과 변
법운동은 철제 농기구의 보급과 우경의 확산, 그리고 대대적인 수리·
관개사업 등에 의해 생산력이 급격하게 발전한 데서 그 경제적 원인을
찾을 수 있다.

2. 자연관의 변화

장자는 천명天命 사상이 지배적이던 당시의 지적 풍토 속에서 그것
과의 대결을 통하여 무신론적·기계적 자연관을 제기함으로써 중국 고
대철학의 발전에 일정 정도 기여하고 있는데, 이점은 중국철학사에서
간과할 수 없는 중요한 문제이다. 따라서 이 책에서는 그의 자연 인식
가운데 무신론적·무목적적 성격이 중국 고대철학에서 갖는 의미를 부
각시키고 장자 자연 인식의 사상사적 배경의 이해를 위해 장자 이전의
자연관의 전통을 간략하게나마 검토할 필요성을 느낀다. 자연에 대한

종교적·목적론적 해석과 무신론적·기계론적 해석 사이의 분명한 대립은 장자 이전이나 이후의 철학사에서 무시할 수 없는 중대한 논의의 하나로 받아들여졌으며, 또 그러한 논의의 과정 속에서 자연에 대한 이해가 보다 심화되고 철저화 되었다는 점에서 이러한 검토의 필요성은 배가된다.

생산력이 저급한 단계에 머물러 있는 원시사회에 있어서는 여러 가지 자연현상이나 자연력에 대하여 정확한 해석이나 극복이 불가능하였다. 따라서 원시 사회인들은 이러한 자연의 여러 가지 현상, 혹은 현상들간의 연관을 유치한 단계의 종교적 관념을 빌어 해석하였다. 즉 이들은 계절과 기후의 변화나 바람, 구름, 천둥, 번개 등의 변화를 신비적으로 해석하여 그것들을 신의 의지의 표현으로 받아들였다.

은殷 왕조의 역사를 알려주는 갑골문甲骨文에는 제사에 대한 기록이 많이 나타난다. 그에 따르면 당시의 제사는 크게 두 가지로 분류된다. 하나는 선왕先王을 대상으로 하는 지배 계층의 조상숭배이고, 다른 하나는 제帝 혹은 상제上帝[37]를 대상으로 하는 종교적 신에 대한 숭배이다. 이 양자는 서로 다른 이질적인 것이 아니라 전자가 후자에 종속되는 것으로 간주된다.[38] 따라서 은대殷代에는 제 혹은 상제가 구극자였다. 제 또는 상제는 은 부족의 조상신으로 부족 연합 국가의 성격이 강했던 은 나라에서 여러 부족들에 대한 은 부족의 지배를 지탱시켜주는 존재였다. 따라서 제 또는 상제는 부족의 수호신인 동시에 여러 부족들의 서로 다른 조상신들 가운데 최고의 권위를 지닌 존재로 인식되었다.[39] 은대에 보편적 최고신으로서 최고신[至上神]의 관념이 존재하였는가에 대해서는 논란이 있다. 곽말약郭沫若의 고증에 따르면 이 시기에 이미 최고신이라는 관념이 성립되어 제라고 불리었으며, 은대 말기에 이르러 상제라고 불리었다. 그들이 말하는 최고신은 의지를 가진 인격신으로서 인간에게 명령을 내릴 수 있고, 좋아한다거나 싫어하는 감정을 가지고 있으며, 모든 자연적인 변화나 사회적인 변화를 주재하는 신을 뜻한다.[40] 그러나 중국인의 조상숭배 관념은 "신은 자기 종족이 아니면 흠향하지 않고, 백성은 자기 조상이 아니면 제사하지 않는다"[神不歆非類, 民不祀非族]는 원칙에 기초한 것이다. 따라서 보편적 최고신의 관념의 성립이 불가능했을 것[41]이라는 점을 고려할 때 은대의 최고신은 은 왕족 내부에 한정된 것으로서 주대의 천에 비해 보편성이 희박하였을 것으로 추정된다.

은대인들은 자연 현상뿐만 아니라 사회 현상도 최고의 절대적 권위를 지닌 제 혹은 상제의 주재를 받는 것이라고 믿었다. 은대의 통치자들은 "상제께서 그의 딸을 세워 상商 나라의 조상이 태어나도록 하셨다.……상제의 명령命이(계속) 어김이 없으시어 탕왕湯王에 이르러 왕업을 이루었다. 탕왕이 때맞추어 태어나시자 성스러움과 공경을 겸비한 그의 덕이 날로 하늘에 알려졌다. 신령이 오랫동안 강림하시고 오직 상제만을 공경하시어 상제의 명령이 구주九州(天下)에 널리 퍼지게 하셨도다"[42]라고 노래하였는데, 이는 은상殷商의 통치자가 자신들을 상제의 자손이라고 선전함으로써 자신의 권위를 상제에게서 빌려 오고자 하는 의도를 보여준다. 따라서 이러한 최고의 제는 자연력의 굴절된 반영일 뿐만 아니라 지배 계층의 의지가 집중적으로 표현된 것이라는 해석이 일반적이다.[43]

은대의 제를 대신하는 것이 주대의 천天이다.[44] 원래 주 나라 초기에는 제가 천과 함께 권위 있는 것이라 생각되었다. 따라서 주대周代에도 천 혹은 상제는 여전히 인간 세계에 대하여 계시자·심판자·통치자로서의 지위를 가지고 있었다. 사회적 생산력의 제고와 은 왕조를 무너뜨린 주의 혁명 등은 제 혹은 상제의 권위를 상실하게 하는 주된 원인으로 작용하였다. 제나 천에 대한 주대인들의 태도는 은대인들의 신앙 형태와는 달랐다. 곽말약郭沫若에 의하면 주대에는 한편으로는 천에 대하여 회의적인 태도를 취하고, 다른 한편으로는 은대의 종교적 태도를 답습하였다. 즉 주가 은 왕조의 속국으로 있을 때 표면적으로는 천을 극단적으로 숭배하였지만, 주 나라 내부에서는 회의적인 태도를 가졌다. 이는 주 왕조가 은 왕조의 종교적인 태도를 정책상에서만 계승하면서 종교 사상을 우민정책의 일환으로 간주하였음을 말해준다.45) 그런데, "천은 믿을 수가 없다"46)라든가 "(한번 내린) 천의 명령은 영구적인 것이 아니다"47)라는 단적인 표현에서도 알 수 있듯이 주대인들의 천에 대한 회의는 종교적인 대상으로서의 제나 천에 대한 회의라기보다는 은 민족에만 한정된 민족신적인 성격을 부정한 것이다. 이 점은 특히 천에 대한 주대인들의 회의가 자연에 대한 과학적 사고로 이어지지 않았다는 점에서도 확인된다. 『시경』이나 『서경』 중 주 나라 초기의 작품이나, 혹은 주 나라 초기의 상황을 말해주는 자료 가운데서 천은 여전히 인격을 가진 의인화된 신으로 묘사되고 있다. 주 나라 초기의 문헌으로 보이는 『서경』의 오고편五誥篇에서 천은 사람과 완전히 단절된 절대자로서 사람에게 명령을 내리고 상벌을 내리며 국가 및 백성의 운명을 좌우하는 인격적 성격을 가진 것으로 묘사되어 있다. 이는 자연이 합리적으로 이해되지 않았음을 시사한다. 곽말약은 『시경』, 『서경』의 자료와 복사卜辭, 이명彛銘 등의 자료를 통해 주대인들이 천에 대한 신앙을 통치수단(우민정책을 위한 수단)으로 이용했을 뿐 객관적인 천의 존재 자체에 대해서는 의심했다고 주장하였다.48) 그러나 "천명은 영구적인 것이 아니다"[天命靡常, 혹은 天命不于常]라든가 "하늘은 믿을 수 없다"[天不可信]…… 등은 천의 존재 자체를 의심한 것이라기보다는 천을 은 민족에 국한된 민족신으로 해석한 것을 반대함으로써 주 왕조의 정통성을 강조하기 위한 수단으로 삼았던 것으로 해석하는 편이 정당할 것이다. 왜냐하면 주대의 천은 민족신적인 성격을 극복하고 있으며,『서경』「대고편大誥篇」·「소고편召誥篇」……등 소위 오고편에 나타나는 천에 관한 많은 자료를 통해볼 때 천은 주 왕실을 돕는다든가 실덕자失德者에게 재앙을 내린다든가 하는 관념이 대부분을 차지하고 있기 때문이다.

주 나라 초기의 천에 대한 태도 중 주목되는 것은 덕 관념의 도입이다.[49] 은 왕조에서 주 왕조로의 변화는 신권정체神權政體에서 덕치정체德治政體로의 변화로 설명되기도 하는데,[50] 주초周初의 혁명 세력들은 혁명의 정당성을 주장하기 위하여 천명의 항상성에 대한 부정과 함께 덕의 관념을 도입하였다.

> 천으로부터 명령이 내렸다. 주 왕조의 서울에 계신 문왕에게 천명이 내리셨다.……하늘이 도우시어 강대국 은 왕조를 치도록 명령을 내리셨도다.
> 有命自天, 命此文王, 于周于京,……保右命爾, 爕伐大商.(『詩經』大雅「大明」)

> 옛 하夏 왕조의 선군先君을 회고해 보면, 하늘은 그들을 보호해 주었다. (그러나 하나라 말기에 걸왕이) 하늘의 뜻을 거슬러 오늘날 천명을 상실하고 없다. 이제 다시 은 왕조의 선군을 회고해 보면 하늘은 그 나라를 보호하고 도움을 내려 주었다. (그러나 은 왕조 말기에 주왕紂王이) 하늘의 뜻을 어겨서 오늘날 이미 그 명을 상실하고 없다.
> 相古先民有夏, 天迪從子保, 面稽天若, 今時旣墜厥命. 今相有殷, 天迪格保, 面稽天若, 今時旣墜厥命.(『書經』「召誥」)[51]

여기서 주목되는 점은 은 왕조에 의한 하 왕조의 멸망이나, 주 왕조에 의한 은 왕조의 멸망은 모두 천명에 의한 것이었다고 설명된 점이다. 즉 천은 덕이 있는 왕이 다스리는 나라에 대해서는 계속 보호해 주지만 덕을 상실한 왕이 다스리는 나라에 대해서는 천명을 거둔다는 것이다.[52] 그러한 예의 하나로 다음과 같은 것을 들 수 있다. 즉 소공昭 公은 하 왕조와 은 왕조가 처음에는 선정善政을 하여 천명을 받았지만 말기에 이르러서는 걸桀과 주紂 등 폭군이 출현하여 실정失政을 한 결과 천명을 상실하였다고 지적하면서 "덕을 공경하지 않았기 때문에 천명을 상실하였다"[53]고 결론지은 것이 그것이다. 이러한 관념에 따르 면 천명의 상실은 바로 왕조의 몰락을 의미한다.

이러한 천사상은 유가에게 계승되어 천은 인격적 색채를 띤 존재로 서, 인간사회에 영향력을 가진 구극자로서 드러난다. 은대나 주대의 그것에 비해 많은 점에서 인격적인 색채가 어느 정도 사상되기는 하 지만, 천을 의지적인 어떤 존재로 파악하여 자연계는 이미 결정된 목적 과 결부되어 생성 변화하고 있다는 주장이 공자 및 맹자 학설의 기본 적인 관점이다.[54] 즉 천은 의지를 가진 인격신으로서 인간의 길흉·화 복·생사·운명 등을 주재한다고 여겨졌다.

천사상의 발전은 인문주의의 대두와 관련을 가지고 있다. 공자는 은·주의 자연에 대한 종교적 해석을 비판적으로 계승하면서 천天에 대한 인간의 위치를 확보하는 데 일정 정도 기여하고 있다. 이 점과 관련하여 안병주 교수는, "중국고대민족의 전통적 천신앙은 공자에서 도 그대로 조술祖述되기는 하였지만, 그 공통적 성격을 초월하여 집 단체의지集團體意志에서 독립하여 천과 직접적으로 연결되는 개인 주체의 윤리를 확립한 것은 확실히 사상의 비약적인 발전"이라고 설 명하면서 이것을 하나의 사상적 '전회轉回'라고 강조한다.[55]

『논어』에 보이는 천에 대한 공자의 언급 속에는 합리적 해석과 함께 종교적 색채가 드러난다. "공자가 병이 깊었을 때 자로子路가 제자 가

운데서 사람을 뽑아 가신家臣을 삼고 (그에게) 초상 치를 준비를 하도
록 시켰다. 그후 공자의 병이 조금 차도를 보이자, '오래 되었구나 자로
의 거짓 행위여. 내가 가신이 없는데 거짓으로 가신을 두었으니 내가
누구를 속일 것인가? 하늘을 속일 것인가?"56) "하늘에 죄를 지으면 빌
곳이 없다"57), "하늘이 이 문화를 버리지 않았으니 광匡 지방의 사람들
이 나를 어찌하겠는가?"58), "내게 잘못이 있다면 하늘이 나를 미워할
것이다. 하늘이 나를 미워할 것이다"59) 등의 진술들은 모두 공자가 말
한 것으로 기록된 문장들이다. 여기서 천은 인격을 가진, 그리고 동시
에 절대적 권위를 가진 인격신으로 묘사되고 있다. 그러나 공자가 천
을 반드시 의인화된 인격신으로만 생각하고 있지 않음을 반증할 만한
자료로 원용될 소지가 있는 문장이 『논어』에서 발견되기도 한다. 『논
어』속에 천에 대한 언급이 포함된 문장은 17개(天地·天子 제외)가 있
다. 그 가운데 공자의 말로 기록된 것은 10개인데, 이 10개의 문장은
모두 종교적·인격적 의미로 사용된 것이라고 해석될 수 있다. 그러나
비인격적인 의미로도 해석될 수 있는 것이 3~4가지이다. 그 대표적인
것이 "하늘이 무슨 말을 하더냐? 사시는 운행되고 온갖 사물들이 태어
나는데 하늘이 무슨 말을 하더냐?"60)라는 구절이다. 또 귀신에 대한
공자의 견해를 알 수 있는 것으로는 "계로가 귀신 섬기는 것에 대해
묻자 공자는 '사람도 다 섬길 수 없는데 어떻게 귀신을 섬길 수 있겠느
냐?'라고 대답했다. 다시 '감히 죽음에 대해 묻습니다'라고 하자, 공자는
'삶도 모르는데 어찌 죽음을 알겠느냐?'라고 대답했다"61)나, "귀신을
공경하되 멀리하라"62) 라는 등의 기록이 있다. 이상의 기록들은 공자
를 무신론자로 단정하는 근거로써 제시되는 것들이다. 그러나 이들 기
록에서 공자가 적극적으로 '귀신'의 존재를 부정한 것은 하나도 없다.
다만 그것을 적극적으로 긍정하지 않고 있을 뿐이다. 따라서 이상의

단편적인 기록을 통해 천에 대한 공자의 진의를 파악하는 데는 무리가 따른다. 학자마다 의견이 다른 것은 이러한 데서 연유된 바 크다. 내 생각으로는 이상의 것들은 그의 현실중심주의적 경향을 말해주는 자료로 삼을 수는 있지만 그의 무신론적 경향을 설명하는 논거로써는 부족하다.

공자가 천을 절대적 권위를 가진 인격신으로서 숭배의 대상으로 간주하는 데는 적극적이지 않은 것은 사실이지만, 그것이 천으로부터 인격성을 제거하는 논리로 발전되지 않은 것도 사실이다. 우리는 오히려 그가 자기의 도덕적 확신을 의인화하고 신격화하는 데 적극적이었음을 발견할 수 있다.

천에 대한 공자의 사상 가운데 주목해야 할 것은 그것이 도덕의 원천으로 이해되었다는 점이다. 천 혹은 천명과 덕의 연계는 이미 주대 초기에 나타나지만 그것이 인간의 본성을 도덕적으로 해석하는 근거로 사용된 것은 공자에 이르러서이다. 공자는 인간의 도덕적 근거를 천에서 찾고 있으며,[63] 그것은 인간에게 천명의 형태로 드러난다고 생각하지만,[64] 그러한 천명을 알 수 있는 자는 군자라고 하는 지배 계층에 한정된다. 즉 공자는 피지배 하층민인 소인은 천명을 알 수 없으며 천명을 알지 못하는 자는 진정한 군자가 될 수 없다고 주장한다.[65] 공자의 천명은 사명使命과 운명運命의 이중적 의미로 해석되는데,[66] 그 가운데 사명이란 구체적으로 서주西周 문화의 부흥을 의미한다. 즉 공자는 서주 문화의 부흥을 위한 여러 가지 정치적 도덕적 작업이 바로 자신이 천으로부터 받은 사명이라고 인식한 것이다. 광匡이라는 곳에서 생명의 위협을 느낄 만큼 심각한 위험에 처한 공자가 했다는 말, 즉 "문왕께서 이미 돌아가셨지만 그 문물은 여기 나에게 남아 있다. 하늘이 만약 이 문물을 없애려 했다면 나중에 죽는 자(공자 자신)는

(애초부터) 이 문물에 간여하도록 하지 않았을 것이다. 하늘이 이 문물을 없애려 하지 않는데 광의 사람들이 나를 어떻게 하겠느냐?"[67]라는 유명한 말은 문왕으로 대표되는 서주 문화의 부흥이 바로 자신이 하늘로 부터 부여받은 사명으로 생각하고 있었음을 보여주는 가장 분명한 예이다.

따라서 그가 주대적 최고신으로서의 인격적 색채를 띤 천 관념과 완전한 결별을 선언할 수 없었던 것은 바로 그것이 그가 주장하는 예악의 부흥과 깊은 연관을 가지고 있는 데 주된 원인이 있었던 것으로 보인다. 주대적 천 관념의 연장선상에서 새롭게 해석된 공자의 관념, 즉 인간의 도덕적 근거로서의 천에 대한 그의 관념은 맹자에 이르러 보다 심화되고 구체화된다. 맹자의 성선론性善論과 사단론四端論은 천에 대한 도덕적 자각을 기초로 하고 있다. "자기의 마음을 끝까지 탐구한 자는 자기의 본성을 알 수 있고, 본성을 알면 천을 알 수 있다. 자기의 마음을 보존하고 본성을 육성하는 것이 천을 섬기는 방법이다"[68]는 유명한 명제가 이를 단적으로 증명해 준다.

사회경제의 발전과 과학의 발달, 춘추오패春秋五霸의 등장과 주 왕실의 붕괴 등과 보조를 맞추어 종교적 천에 대한 회의와 부정적 사고가 나타난다. 이것은 자연에 대한 신비적 해석에서 탈피하여 합리적이고 과학적인 견지에서 자연을 이해하려는 움직임의 하나이다. 이러한 경향은 춘추전국이라는 사회의 대변혁 시기에 구시대의 지배 이념이었던 천명사상과 그에 수반된 덕치나 예의 질서를 반대한 것으로서 주로 새로운 지주에 속한 사상가나 비교적 진보적 사상가들에 의해 수행된 것이다.[69]

종교적 자연 해석에 대한 회의는 이미 서주 시대의 민간시(『시경』)

에서부터 나타나기 시작한다. 『시경』에서는 "아래 백성들의 재앙은 하늘로부터 내려지는 것이 아니다. 서로 모여 떠들고 미워하는 무리들이 빚어내는 장난이다"[70]라고 노래한다. 백성에게 재앙을 내리는 것은 천이 아니라는 것이다. 즉 인간 세계의 길흉과 화복은 오직 인간 자신의 노력에 기인한다는 것이다.[71] 자연에 대한 종교적·신비적 태도를 극복하려는 노력은 음양·오행 사상으로 드러나기도 한다. 음양과 오행을 통해 자연 현상을 해석하려는 초보적 형태의 사례는 『춘추좌씨전』과 『국어』에 단편적으로 나타난다.

음양의 관념은 서주 말기에 기氣 개념과 결합됨으로써 비로소 철학적인 개념이 된다.[72] 유왕幽王 2년(B.C 780)에 호경鎬京에 대지진이 일어나 경수涇水·위수渭水·낙수洛水 등 세 강이 말라 버리고 기산岐山이 붕괴한 사건이 일어났다. 이에 대해 주 나라의 대부인 백양보伯陽父는 "양기가 잠복하여 나오려고 해도 나올 수 없고, 음기가 압박을 받아 올라가려 해도 올라갈 수 없을 때 지진이 발생한다"[73]라고 해석하였다. 즉 자연의 특이한 현상을 음양의 개념을 통해 설명한 것이다. 백양보는 여기서 지진이 음기와 양기의 부조화에서 생긴 것임을 설명하면서 자연의 이상 현상에 대한 종교적 해석을 거부하고 있다. 물론 그의 이러한 주장은 면밀한 과학적 관찰과 추론에 의해 얻은 결론은 아니라 할지라도 비교적 합리적 견해임에는 틀림없다. 그러나 백양보는 자연의 이상 현상을 음양으로 설명하고 그것을 통해 서주의 몰락을 예언함으로써 신비주의적 세계관에서 완전히 탈피하지는 못하였다. 이 때문에 그는 당대唐代의 유물주의적 사상가 유종원柳宗元에 의해 비판받는다.[74]

B.C 644년에는 송宋 나라에 다섯 개의 운성이 떨어지고, 익鷁이라는 여섯 마리의 물새가 바람에 거꾸로 날려 송 나라 수도를 지나자 사람

들은 이를 재앙이 내릴 조짐이라고 해석한다. 그러나 주 나라의 내사
內史인 숙흥叔興은 "이것은 음양과 관계된 일이다. 그로 말미암아 길
흉이 발생하지는 않을 것이다. 길흉이란 인간에 의해 일어난다"라고
설명하여 자연 현상과 인간 사회의 길흉과 화복은 아무런 직접적 관련
이 없음을 주장하고 있다.[75] 음양에 대한 이상의 단편적인 기록들은
주로 자연의 이상 현상을 설명하는 도구로써 사용되고 있지만, 그것이
구체적으로 어떤 성질을 지닌 것인가에 대해서는 아무런 해명이 없다.
음양의 성격에 대한 규정은 전국시대 월越 나라의 지식인이자 거부巨
富였던 범려范蠡의 설명 속에서 비로소 드러난다. 그는 음양과 천지
자연에는 정해진 법칙이 있다고 전제하고,[76] 음양의 성질에 대하여 다
음과 같이 설명하고 있다.

> 천도天道는 밝고 밝기 때문에 해와 달로써 그것을 상징한다. (천도는)
> 해와 달이 밝을 때는 그것을 본받고 빛이 없을 때는 숨어 버린다. 양이
> 극에 이르면 음이 되고 음이 극에 이르면 양이 된다. 해는 지면 다시 돌
> 아오고 달은 차면 다시 이지러진다.
> 天道皇皇, 日月以爲常, 明者以爲法, 微者則是行. 陽至而陰, 陰至而陽,
> 日困而還, 月盈而匡.(『國語』「越語下」)

범려는 음과 양이 상호 전화하는 관계에 있으며, 그것은 마치 태양
의 반복 운행이나 달의 성쇠와 같은 것이라고 생각하고 있다. 이것은
당시의 발달된 자연과학적 성과를 충실히 반영한 것이며 새로 형성되
어 가던 진보적 지주 계층의 세계관의 전범을 보여주는 것으로 평가되
는데, 음양의 운동 형식에 대한 그의 이러한 주장은 이후 음양에 대한
전형적인 설명 방식으로 채택된다.
오행의 관념은 은·주 교체기에 발생한다. 오행에 관한 최초의 문헌
적 기록은 『서경』「홍범편洪範篇」이다. 「홍범편」에서는 천지 만물을

'아홉 가지 범주'[九疇]로 분류하고 있는데, 오행은 그 중 첫 번째 범주에 속한다. 「홍범편」에 나타난 오행의 관념은 세계의 물질적 구성 요소로서의 5원소를 뜻한다기보다는 천지 만물간의 보편적 연관에 대하여 최초로 분류를 시도하였다는 점에 철학적 의미가 있다.[77] 오행이 만물을 구성하는 다섯 가지 원소라는 의미로 쓰인 것은 『국어』 「정어鄭語」에 보이는 사백史伯의 다음과 같은 주장에서 비롯한다.

> 그러므로 선왕先王은 토와 금·목·수·화를 섞어서 백물百物을 이루었다. 이를 기초로 하여 오미五味를 조화시켜 입맛을 정하고, 사지를 굳세게 하여 신체를 지키고 육률六律을 조화시켜 귀를 밝게 하고……
> 故先王以土與金木水火雜, 以成百物. 是以和五味以調口, 剛四肢以衛體, 和六律以聰耳……(『國語』 「鄭語」)

여기서 '오행'이라는 말은 보이지 않지만 그 구체적인 원소가 되는 금·목·수·화·토가 직접 제시되고 있다. 사백의 이 주장에서 관심을 끄는 것은 천지 만물은 금·목·수·화·토 등 다섯 가지 원소가 서로 결합됨으로써 발생할 수 있다는 점이다. 이러한 오행설은 서주 시대 후기로 내려갈수록 점점 더 복잡한 양상을 띠게 되는데, 오행에 속하는 다섯 가지 원소가 서로 제약·대립한다든가, 혹은 발생 관계에 있다는 이론이 그것이다.[78]

음양사상과 오행사상은 음기와 양기 등 두 가지 상반된 기나 금·목·수·화·토 등 서로 다른 다섯 가지 물질적 원소로써 자연의 구조와 변화를 설명하고자 하는 것으로 당시로서는 진보적 의미를 갖는다. 음양과 오행으로써 자연의 물질적 구조와 변화 현상을 설명하고자 한 진보적 사상가들은 종교적 신비주의나 천명사상과 대립하고 있다. 그러나 이때의 종교적 천에 대한 회의는 매우 초보적인 상태에 머물러 있어서 이론적 체계를 갖지 못한다. 이에 비해 노자는 체계적

이론으로써 신비주의적인 자연 해석을 반박한다.

노자의 "천지는 편애하지 않는다. 만물을 추구芻狗로 생각한다"[79]라는 유명한 구절은 자연의 배후에 의지를 가진 어떤 인격적 존재도 상정하지 말 것을 암시한 것이다. 이것은 당시의 종교적 자연관에서 주장하듯이 자연의 객관적 질서는 도덕의 원천으로 받아들일 수 없다는 것을 명백히 한 명제이다. 노자의 이 명제에 대한 왕필王弼의 다음과 같은 주석은 주목된다.

> 천지는 사물들을 저절로 그러도록 내버려두고, 무언가를 하는 것도 없고 만드는 것도 없지만 만물은 저절로 질서를 이루어 나가기 때문에 편애하지 않는다는 것이다.……땅은 짐승을 위해 풀을 만든 것은 아니지만 짐승은 그 풀을 먹고, 사람을 위해 개를 만든 것은 아니지만 사람은 개를 잡아먹듯이 만물에 대해서도 자연은 아무것도 하지 않지만 만물은 각기 그 용도를 만나면 각자의 기능이 충분히 발휘되지 않을 수 없다.
> 天地任自然, 無爲無造, 萬物自相治理, 故不仁也.……地不爲獸生芻, 而獸食芻, 不爲人生狗, 而人食狗. 無爲於萬物, 而萬物各適其用, 則莫不贍矣.(『道德經』 제5장의 王弼注)

여기서 『도덕경』 제5장의 명제는 풀은 짐승에게 먹히기 위해, 짐승은 사람에게 먹히기 위해 존재하는 것이라는 자연에 대한 목적론적 해석을 분명히 거부한 것으로 설명되고 있는데, 노자철학에 대한 왕필의 이러한 설명은 『도덕경』의 전체적인 문맥에서 볼 때 매우 타당하다. 왕필의 이 설명은 노자의 '자연'과 '무위'라는 개념을 보다 구체적이고 명확하게 설명하기 위한 것이다. '자연'과 '무위'는 노자의 자연관에서 핵심적 용어로 제시된 개념이다. 노자는 자연Nature을 저절로 그러한[自然], 따라서 '무위'한 존재로 이해하고 있다.[80] 그는 특히 우주의 모든 존재는 비인격적 도의 무목적적 작용에 의해 발생한다고 주장하면서 그 과정을 다음과 같이 추론한다.

> 도는 하나를 낳고, 하나는 둘을 낳고, 둘은 셋을 낳고, 셋은 만물을 낳
> 는다.
> 道生一, 一生二, 二生三, 三生萬物.(『道德經』 제42장)

하나[一], 둘[二], 셋[三]이 구체적으로 무엇을 뜻하는가에 대해서는
여러 가지 해석이 있지만, 노자는 여기서 객관적 실재가 간단한 것에
서 복잡한 것으로 분화·발전되었을 것이라는 추론을 통해 만물의 발
생 과정을 설명한다. 즉 도에 의해 하나의 통일적인 어떤 존재가 발생
하고 그 통일적인 한 존재는 대립적인 성질을 가진 두 가지 존재로
분화되고 그로부터 제3의 새로운 존재가 발생하며 제3의 새로운 존재
로부터 모든 구체적 사물이 발생한다는 것이다.[81] 그는 이 과정을 간단
하게 "세계의 모든 사물은 유有에서 생겨나고 유는 무無에서 생겨난
다"[82]라고도 설명한다. 여기서 유란 위 문장의 하나, 둘, 셋에 해당되고
무란 도의 성격을 설명하는 것으로 이해된다. 즉 모든 존재는 도의 무
의지적 작용에 의해 발생한다는 것이다. 이러한 주장을 확인시켜 주는
것으로서 『도덕경』 제5장의 다음과 같은 비유는 매우 적절하다고 생각
된다. 즉 "천지 사이는 마치 풀무와 같은 것이 아닌가? 비었으면서도
무너지지 않고 움직일수록 더욱 (많은 사물들이) 생겨난다."[83] 이것은
위에서 인용한 "천지는 편애하지 않는다. 만물을 추구로 생각한다"에
이어지는 문장인데, 여기서는 도라는 말은 보이지 않는다. 그러나 도를
자연의 질서라고 할 경우 천지 사이의 모든 존재는 이 자연적 질서의
지배하에 놓여 있는 것으로서 그것은 풀무의 운동에 비유될 수 있다.
따라서 노자는 도의 규칙적인 운동 형태가 마치 풀무와 같이 기계적인
것이라고 생각하고 있음을 추론할 수 있다. 노자가 도의 운동 형태를

풀무라는 기계의 운동과 같은 것이라고 설명한 것은 그것이 어떠한 의지나 목적도 갖지 않으면서 동시에 규칙적으로 운동하고 있음을 나타내기 위한 의도를 담고 있기 때문인 것으로 이해된다. 그는 도의 이러한 성격을 강조하여 무, 혹은 무위라고 한다.

노자는 만물의 존재 근원으로서의 도의 성격을 무(무위)라고 규정하고 있을 뿐만 아니라, 동시에 그것을 끊임없이 반복 운동하는[84] 미분화된 그 무엇이라고 설명한다.[85] 그는 세계 속의 구체적 사물들도 음양 이기二氣를 동시에 포괄하고 있기 때문에 그 음양의 법칙에 따라 상대적 독자성을 유지하면서 대립·발전한다고 본 것이다.[86] 그는 또 다음과 같이 말한다.

> 있음과 없음이 서로를 낳고, 어려운 것과 쉬운 것이 서로를 성립시키고, 긴 것과 짧은 것이 서로를 드러나게 하고, 높은 것과 낮은 것이 서로를 차이 나게 하고, 모음[音]과 자음[聲]이 서로 어울리고 앞과 뒤가 서로 붙어 다닌다.[87]

있음[有]과 없음[無], 어려움과 쉬움, 긴 것과 짧은 것, 음과 성, 앞과 뒤 등 상반된 성질을 가진 것이 서로 매개됨으로써 존재하고 발전해 나가는 것이라고 주장한다. 뿐만 아니라 그는 인간 사회의 선악善惡이나 화복禍福 등도 고정불변의 형태로 존재하는 것이 아니라 한쪽에서 다른 한쪽으로 바뀌어가는 것이라고 주장한다.[88] 이러한 그의 견해는 당시 사회의 지배적 세계관으로 기능하던 천명론과 정면으로 대립하는 것이다. 그는 천명, 혹은 명命에 대해서는 거의 언급하지 않지만,[89] 그 명의 근거가 되는 천, 혹은 자연에서 인격성·의지성을 사상捨象함으로써 그러한 사고의 존재 근거를 허물어 버린다. 그리고 노자의 이러한 자연 해석의 진보적 경향은 그의 사상적 후계자인 장자에게 깊은 영향을 끼친다.

장자는 인간 사회의 물질적 토대를 이루는 외적 자연에 대한 객관적 관찰과 합리적 사색을 통하여 인간 세계의 배후에는 어떠한 의지나 목적을 가진 존재도 있을 수 없다는 결론에 도달한다. 우선 그는 다음과 같이 문제를 제기한다.

하늘은 움직이고 있으며, 땅은 멈추어 있는가? 해와 달은 서로 자리 다툼을 하고 있는가? 누가 이 천지를 통솔하고 있으며, 누가 이 천지에 질서를 부여하고 있는가? 누가 아무 일도 하지 않으면서 이 천지를 밀고 가는가? 아니면 어떤 기계적인 장치에 의해 어쩔 수 없이 움직이고 있는가? 아니면 저절로 움직여 스스로는 멈출 수가 없는 것인가? 구름이 비가 되는가, 비가 구름이 되는가? 누가 구름을 일으키고 비를 내리게 하는가? 누가 아무 일도 하지 않고 즐기면서 이런 일들을 일으키는가? 바람은 북쪽에서 일어 서쪽으로도 가고 또 동쪽으로도 가며 상공에서 이리저리 불기도 한다. 누가 이것을 내쉬고 들이쉬고 하는 것인가? 누가 아무 일도 하지 않으면서 이 바람을 일으키는가?

天其運乎, 地其處乎, 日月其爭於所乎. 孰主張是, 孰維綱是, 孰居無事, 而推行是. 意者其有機緘而不得已邪. 意者其運轉而不能自止邪. 雲者爲雨乎, 雨者爲雲乎. 孰隆施是, 孰居無事, 淫樂而勸是. 風起北方, 一西一東, 有上彷徨. 孰噓吸是, 孰居無事, 而披拂是.(「天運篇」)

여기서 그는 천체 현상과 기후 등의 변화가 어떤 원인에 의해 야기되는가에 대해 의문을 제기한다. 이러한 그의 기본적인 의문의 배후에는 이미 상제나 천에 의해 이 세계가 지배된다는 생각, 말하자면 자연을 인격화하고 그것을 유위적有爲的 존재로 파악하는 모든 관념에 대한 비판과 부정이 예비되어 있다. 즉 위의 문장에서 장자는 여러 가지 현상의 배후에 대한 의문을 제기하면서 "아무 일도 하지 않으면서"[無事] 그러한 현상이 일어나도록 하는 어떤 것을 상정한다. 무사無事란 무위의 다른 표현으로서 그것은 도, 즉 자연의 운행 질서에 대한 무의

지성·무목적성을 형용하는 말이다. 장자의 다음과 같은 설명은 위의
물음에 대한 적절한 대답으로 간주하여도 좋을 것이다.

봄기운이 피어나 온갖 풀들의 싹이 나고 가을이 되어서야 모든 열매
가 익는다. 이 봄과 가을은 아무런 까닭 없이 (봄과 가을이) 되는가? 그
속에 자연의 도가 이미 작용되었기 때문이다.
夫春氣發, 而百草生, 正得秋而萬實成. 夫春與秋, 豈無得而然哉. 大道
已行矣.(「庚桑楚篇」)

나무와 나무를 마찰하면 불이 붙고 금속과 불을 함께 두면 금속이 녹
아 흐른다. 음양이 뒤섞여서 작용하면 천지는 큰 변동을 일으킨다. 즉
여기서 천둥과 번개가 생기고 빗속에서 불이 일어나 큰 회나무를 태운
다.
木與木相摩則然, 金與火相守則流. 陰陽錯行, 則天地大絯. 於是乎有雷
有霆, 水中有火, 乃焚大槐.(「外物篇」)

자연의 여러 가지 현상을 과학적으로 해명하고자 하는 장자의 이러
한 진술 속에서 더 이상 자연의 배후에 어떠한 초월적이고 신비로운
존재를 상정한 흔적이라고는 찾아볼 수 없다. 장자는 모든 객관적 실
재나 현상의 변화를 도道로써 설명하고자 한다. 그에게 있어 도란 대
체로 자연의 운행 질서를 의미한다. 도는 모든 운동과 변화의 원인이
고 그것의 가장 큰 특징은 무위이다. 장자는 세계의 모든 객관적 실재
가 끊임없이 운동·변화하고 있다고 이해한다. 장자가 생각하는 객관적
실재의 운동과 변화에는 일정한 규칙성이 있다. 그는 자연의 그러한
질서가 모든 사물에 언제나 무차별적으로 적용된다는 사실로부터 도
의 보편성·무한성을 추론해 낸다. 장자에 의하면 자연의 질서는 인간
의 의지와는 상관없이 객관적으로 존재하고, 그것은 구체적으로 객관
적 실재의 끊임없는 운동으로 드러나며, 우리 눈앞의 어떠한 대상 속

에서도 발견된다. 이에 대한 보다 상세한 논의는 다음 장에서 검토될 것이다. 여기서는 그의 이러한 주장은 자연에 대한 종교적 이해를 완전히 극복한 데서 기인한다는 사실만을 지적해 둔다.

1. 지식의 상대성

객관적 실재의 상대성과 변화의 절대성은 장자철학의 출발점이다. 따라서 모든 객관적 실재가 상대적이라는 주장—정확하게 표현하자면 객관적 실재에 대한 우리의 인식이 상대적이라는 주장—과 그것들이 끊임없이 운동·변화한다는 점에 대한 정확한 파악은 장자철학에 대한 이해에서 중요한 열쇠가 된다. 『장자』「천하편」은 중국 고대의 제자諸子를 분류·평가한 최초의 기록으로 알려져 있다. 여기서 고대의 여러 학자들의 사상을 평가하면서 장자의 사상에 대해서도 요약하고 있는데, 그 가운데서 다음과 같은 구절이 주목된다. "흐리멍덩하여 형체가 없고 계속 변화하여 종잡을 수 없다. 죽었는가, 살았는가, 천지와 함께 하는가, 혹은 신령과 함께 하는가? 어디로 가는지 아득히 멀기만 하고 어디로 가는지 재빠르구나. 만물을 다 펼쳐놓아도 흔쾌히 마음 둘 곳이 없다. 옛날의 도술에 이런 종류의 것이 있었는데 장주는 그 학풍을 듣고 그에 심취했다."[1] 이것은 장주莊周의 학설은 세상의 사물이 끝없이 변화하고 있다는 관념에 근거하고 있다는 것을 설명하는 것이다.[2] 장자의 이 기본 입장은 특히 그의 불가지론과 결부되어 많은 비판을 받기도 하지만[3] 긍정적 측면이 있음도 간과할 수 없다.

장자의 상대주의적 주장은 주로 「제물론편」에 집중적으로 표현되어 있다. '제물론'이란 객관적 실재에는 우열의 차별이 없음을 논하는 것, 혹은 객관적 실재에 관한 학자들의 여러 가지 논의를 제일齊一의 관점에서 지양한다는 의미이다.[4] 이것은 결국 현실 속의 여러 가지 객관적 실재, 혹은 그에 관한 논의들이 상대적이거나 일면적 편견에 빠져 있음을 전제로 한 것이다. 장자는 유가와 묵가의 이념 논쟁[儒墨之是非]이 실질적으로는 절대적인 기준이 없으며, 다만 '상대적 의미'만 갖는다는 점을 강조하고 있다. 즉 그는 유가와 묵가는 서로 상대방이 그르

다는 것을 옳다고 주장하고[是其所非] 상대방이 옳다는 것을 그르다고
주장하면서[非其所是] 끝없는 이념 논쟁에 빠져든다고 주장한다.[5] 그
러나 장자의 입장에서 볼 때 그들의 이러한 주장은 공허한 것이다. 왜
냐하면 모든 인식은 그것을 인식하는 존재 자체와의 관계에서 상대적
인 의미를 가질 뿐이며, 그 인식 개체를 넘어서서 객관적으로 타당한
'시비의 기준'은 있을 수 없다는 것이 장자의 기본 입장이기 때문이다.[6]
장자의 이러한 주장은 현실 속의 다양한 논의들은 서로 다른 이념과
실천적 노선에 기인한다는 점을 지적한 것이며, 또 각자의 개인적 혹
은 집단적 입장에서 사물을 해석하는 데서 기인하는 한계를 가리키는
것이다. 즉 그것은 '공허한 명분투쟁'에 불과하다고 본 것이다. 「제물론
편」뿐만 아니라 『장자』 전편을 통해 그는 일체의 사회적 차별을 부정
하고 그로부터의 해방을 주장하면서 그 대안으로 원시공동체적 씨족
사회를 제시하고 있는 점을 상기할 때 이러한 해석은 무리가 없다. 장
자는 인간 사회의 모든 상대적, 혹은 대립적인 것은 바로 인간의 편견
—혹은 의식—에 기인한 것이지 그것이 자연 그대로의 모습은 아니라
고 한다. 다음 문장을 음미해 보자.

　　도의 관점에서 보면 사물에는 귀천이 없다. 사물의 관점에서 보면 자
기 자신은 귀하고 상대방은 천하다. 세속의 관점에서 보면 귀천은 자기
에게 있지 않다. 차이가 있다는 관점에서 볼 때, 크다고 생각하는 바에
따라 크게 여기면 만물에는 크지 않은 것이 없고, 작다고 생각하는 바에
따라 작게 여기면 만물에는 작지 않은 것이 없다. 그러므로 천지도 작은
곡식 알갱이만한 것이라고 생각할 수 있고, 털끝도 언덕이나 산처럼 큰
것이라고 생각할 수 있다.……
　　以道觀之, 物無貴賤. 以物觀之, 自貴而相賤. 以俗觀之, 貴賤不在己. 以
差觀之, 因其所大而大之, 則萬物莫不大. 因其所小而小之, 則萬物莫不小.
知天地之爲稊米也, 知毫末之爲丘山也.……(「秋水篇」)

여기서 장자는 사물을 보는 인간의 다양한 관점을 제시하고 아울러 그러한 서로 다른 관점은 같은 사물이라도 전혀 반대로 인식될 수 있는 가능성을 가지고 있음을 지적하고 있다. 그러나 장자가 이 문장을 통해 강조하고자 한 것은 도의 관점에서 사물을 보게 되면 모든 사물이 아무런 질적인 차이가 없다고 하는 점이다. 장자가 자연의 무차별성을 강조하고 자연의 그러한 성질을 인간 사회의 질서에 적용하고자 한다든가 개인적 수양에 사용하고자 한 것은 바로 현실의 사회적 차별을 부정하고자 하는 데 그 의도가 있지만, 그가 자연의 무차별성을 강조했다고 해서 현실적으로 존재하는 계층적, 신분적 차이나, 빈부, 현우의 차이를 무시한 것은 아니다. 오히려 그는 현실적인 여러 가지 차별의 본질을 누구보다도 정확하게 인식하고 있다. 즉 그는 정치적·경제적 차별을 포함한 여러 가지 사회적인 차별이 인간의 삶에 질곡으로 작용할 수 있는 점을 직시하고 그것이 인간의 자연적인 본성에서 기인한 것이 아님을 주장한다.[7] 그는 각자의 개인적 혹은 집단적 입장의 표현인 시비是非나 편견에 의해 자연적 질서로서의 도가 파괴된다고 생각하고 있다. 이를 장자는 "시비가 밝혀지는 것은 도가 훼손되는 원인이다"[8]라고 표현하고 있다. 따라서 그는 개인 혹은 집단에 따른 여러 가지 편견을 지양하는 방법으로 우선 개인적 차원에서는 '무기無己'·'상아喪我' 등을 들고 있는데, 그는 그러한 방법을 통해 "천지는 나와 함께 태어나고, 만물은 나와 하나가 됨"[9]을 깨닫는 경지에 도달할 수 있다는 것이다.

장자는 우선 구체적 현실 속의 모든 객관적 실재나 그에 대한 여러 가지 논의들이 상대적임을 다음과 같이 설명한다.

그러므로 "저것彼은 이것是에서 나오고, 이것 또한 저것에 기인한다"고 한다. 저것과 이것이 함께 생겨난다는 주장이다. 그뿐만 아니라 삶과 함께 죽음이 있고 죽음과 함께 삶이 있다. 가능과 함께 불가능이 있고 불가능과 함께 가능이 있다. 옳음으로 말미암아 그름이 있고 그름으로 말미암아 옳음이 있다. 이 때문에 성인은 이런 것들에 의존하지 않고 자연天에 의거한다.

> 故曰, 彼出於是, 是亦因彼. 彼是, 方生之說也. 雖然, 方生方死, 方死方生, 方可方不可, 方不可方可. 因是因非, 因非因是. 是以聖人不由, 而照之於天.(「齊物論篇」)

장자는 여기서 '저것'과 '이것', '삶'과 '죽음', '가능'과 '불가능', '옳음'과 '그름' 등이 고립적으로 존재하는 것이 아니라 서로 연관되고 매개되며 제약되어 있다는 것을 설명하고 있다. 장자의 이러한 논의는 소박한 수준의 변증법적 이해를 표현하고 있는 것으로 설명하는 학자도 있는데,[10] 여기서 장자가 강조하고자 한 것은 우리의 경험적 인식이 상대적일 수밖에 없다는 점에 있다. 이것은 『장자』 첫머리의 이른바 '곤붕우화鯤鵬寓話'에서도 확인된다. 장자는 '곤붕우화'에서 9만리를 날아가는 붕새와 매미·비둘기를 비교하고 있으며, 그믐과 초하루를 경험하지 못하고 죽는 버섯과 봄과 가을을 경험하지 못하고 죽는 매미, 그리고 8천년을 봄으로 8천년을 가을로 삼는 대춘大椿이라는 나무 등을 대비시키고 있다.[11] 장자가 이러한 극적인 대비를 통해 말하고자 하는 것은 모든 경험적 인식은 인식하는 개체의 지능과 삶의 크기에 의하여 결정된다는 것과 다양한 개체들의 상이한 삶의 양태와 조건들 때문에 다양한 인식이 병존할 수밖에 없다는 것, 따라서 그 중 어느 인식이 절대적으로 타당할 수가 없다는 것 등이라고 해석된다.[12] 장자는 계속하여 사물의 상대성에 대하여 다음과 같이 설명한다.

사물에는 본래부터 옳은 면이 있으며 사물에는 본래부터 좋은 면이 있다. 옳은 면을 갖지 않는 사물이란 없으며, 좋은 면을 갖지 않는 사물이란 없다. 그러므로 작은 풀줄기와 큰 기둥, 보기 흉한 문둥이와 아름다운 서시西施, 고귀한 것과 괴상한 것 등을 놓고 볼 때 도에 있어서 모두가 통하여 동일한 것이 된다. 분열은 다른 측면에서 보면 하나의 종합이 되고, 하나의 종합은 다른 측면에서 보면 파괴가 된다. 대체로 모든 사물에는 종합도 파괴도 없으며 다시 동일한 것으로 통한다. 오직 도의 경지에 도달한 자만이 (만물이) 동일한 것으로 통한다는 것을 안다.

物固有所然. 物固有所可. 無物不然, 無物不可. 故爲是擧莛與楹, 厲與西施, 恢詭憰怪, 道通爲一. 其分也, 成也. 其成也, 毁也. 凡物無成與毁, 復通爲一. 唯達者知通爲一.(「齊物論篇」)

모든 사물은 '옳음'과 '옳지 않음', '좋음'과 '좋지 않음'이 동시에 공존하기 때문에 그러한 대립물 사이의 현상적인 차이는 자연적 질서 속에서는 동일한 것으로서 아무런 질적인 차이도 발견될 수 없다는 것이다. 뿐만 아니라 완성과 파괴도 동일한 것이라고 주장한다. 그러나 모든 사물의 상대적 측면이나 모순·대립적 측면이 결국 동일하다는 것을 알 수 있는 자는 오직 도의 경지에 도달한 자에 한정된다는 것이다. 장자는 도의 경지에 도달한 자를 지인至人·진인眞人·신인神人·성인聖人 등으로 부른다. 복영광사福永光司는 지인·진인·신인·성인 등을 다음과 같이 설명하고 있다. "진인은 인간들 중에서 궁극적인 인간이고 지고무상至高無上의 인간이기 때문에 '지인'이라고 부르기도 한다. 지인과 진인은 같은 사람을 부르는 다른 명칭에 불과하다. 지인과 진인은 경우에 따라 신인이나 성인이라고 부르기도 한다. 신인이란 인간을 초월한 인간이란 의미인데, 지인·진인의 초월적 성격을 특별히 강조할 때 사용된다. 이에 대하여 성인이란 최고의 예지를 가진 지배자라는 의미인데, 지인·진인의 정치적·사회적 성격을 강조하는 경우에 사용된다."[13] 복영광사는 여기서 지인·진인·신인·성인은 일정한 경지에 도달한 동일한 사람을 지칭하는 용어임을 인정하면서 다만 각각 강조하는 측면이 다를 뿐이라고 설명하고 있지만, 어떤 근거에서 이런 구분이 나오는지에 대해서는 밝히지 않았다. 아마도 그는 지인·진인·신인·성인 등의 명칭과 『장자』에서 사용되는 용례를 토대로 추론한 것 같다. 또 최대화崔大華는 이들 명칭이 서로 다른 경지를 표현하고 있다는 주장과, 동일한 경지에 도달한 인격에 대한 다른 표현일 뿐이라는 주장 등 두 가지 상반된 견해가 있음을 소개하고 있다. 그는 지인·진인·신인·성인 등을 서로 구분할 경우 이들 사이에 차등적 서열이 있을 수 있다는 점을 들고 있지만 그것들이 구체적으로 어떻게 구별되는가에 대해서는 언급이 없다. 또 이들은 모두 명칭만 다를 뿐 실질적 내용은 같다는 주장에 대해서는 성현영成玄英의 "지至는 그 본질을 말하고, 신神은 그 현상을 말하고 성聖은 그 이름을 말한 것이다"[至言其體, 神言其用, 聖言其名]라는 주석을 예로 들고 있다.14) 『장자』에서는 현저하게 유가적 사상에 경도된 흔적이 보이는 문장(특히 외·잡편의 일부 문장)에서의 '성인'의 경우를 제외하면 대체로 이들 명칭들이 명확하게 구분되지 않고 쓰인다는 것이 나의 견해이다. 따라서 나는 이 책에서 지인·진인·신인·성인을 구별하지 않고 사용한다. 물론 유가 등 제자諸子 비판이나 문명비판에서 부정적으로 사용된 '성인'은 제외된다. 다시 말하면 그것들은 모두 동일한 경지에 이른 이상적 인격에 대한 다른 명칭, 즉 자연적 본성을 회복하여 자유의 경지에 도달한 사람을 설명하는 것으로 이해한다. 장자는 그들의 경지는 인간의 감각 기관이나 사고를 통해서가 아니라 오히려 그러한 것의 부정을 통해 도달될 수 있다고 설명한다. 그의 설명에 따르면 지인 등의 경지에 도달하는 것뿐만 아니라 도를 인식하는 것도 우리의 감각 기관이나 사고에 의존할 수 없다.15) 따라서 그는 우리에게 변화의 구체적 조건이나 원인의 추적을 포기할 것을 요구한다. 그에 따르면 도에의 접근 방식은 상대적,

제한적 인식을 통해서가 아니라 오히려 그것의 부정을 통해 가능하다.

장자는 모든 사회적 가치의 절대성을 부정하고 상대주의적 논의를 관철시키고 있는데, 이러한 논의를 통해 그가 얻고자 하는 사회적·정치적 목적은 두 가지이다. 첫째는 인의예악仁義禮樂을 주장하는 유가의 인간 중심주의에 대한 반대이고, 둘째는 법률에 의한 백성의 철저한 통제를 주장하는 법가적 획일화와 강제에 대한 반대이다. 즉 장자는 상대주의를 통해 모든 이념[有爲]의 절대화에 강력하게 반대하고 있는 것이다.

유가의 인간 중심주의와 법가적 획일화에 반대하고 있는 장자의 상대주의는 바로 장자철학의 출발점의 하나인 경물중생輕物重生 사상의 이론적 표현이라고 할 수 있다. 도가의 중심 사상의 하나라 할 수 있는 경물중생16)을 자기 철학의 최고의 위치에 둔 학자로 양주楊朱를 들 수 있다. "양주는 자기 자신만을 위하기[爲我] 때문에 자기 몸의 터럭 하나를 뽑아 천하를 이롭게 한다 해도 하지 않는다"17)는 맹자의 비판은 양주의 주장을 정확하게 전달하고 있다고 할 수는 없지만, 양주의 지향이 무엇인가를 추측할 수 있게 해 주는 말이다. 다시 말하면 '위아爲我'라고 불리는 개인의 생명 존중 사상은 너나없이 천하를 위한다고 주장하면서 끝없는 대립과 반목을 일삼고 공허한 이념 논쟁을 그칠 줄 모르는 당시의 사회적 분위기 속에서 "사람들이 터럭 하나라도 뽑지 않으려 하고, 사람들이 천하를 이롭게 하려고 하지 않으면 천하는 잘 다스려질 것"18)이라는 점을 강조하고 있는 것이다. 즉 그에게 있어 중요한 것은 이념보다 개개인의 "생명 존중과 자유의 추구"19)이다. 장자는 양주의 이러한 생명 존중 사상을 계승하면서 그것을 논리적으로 발전시키고 있다. '타고난 생명의 완전한 보존'은 양주에게서는 선언적으로만 주장되었지만, 장자는 그것을 자기 철학의 대원칙으로 설정하고, 모든 권위와 독단, 억압 등에 대한 비판 논리로 발전시키고 있는데, 상대주의적 견해도 그러한 사상의 한 표현이다.

2. 운동·변화하는 자연과 그 질서

장자의 상대주의적 견해는 모든 객관적 실재가 운동·변화한다는 인식에 기초한 것이다. 즉 그는 이 세상의 모든 객관적 실재나 현상이 고정적이고, 불변하는 것이 아니라 그것들이 끊임없이 변화한다고 확신한다. 『장자』에서 변變·화化·반反·환還·운運·동動·이移 등의 용어가 자주 사용되는 것은 객관적 실재나 현상의 변화에 대한 그의 관심의 정도를 말해 준다.[20]

「추수편」에서 장자는 유려한 문장으로 이렇게 말한다. "세월의 흐름은 막을 수가 없고 시간의 흐름은 멈추게 할 수가 없다. 모든 것은 비었다가는 가득 차고 가득 했다가는 비어 버리며, 끝났다가는 다시 시작된다.……사물이 생겨나는 것은 마치 말이 달리듯 재빠르다. 움직여서 변하지 않는 것이 없고 시시각각 바뀌지 않는 것이 없다."[21] 이것은 이 세상의 어떠한 존재도 운동·변화하지 않는 것이 없음을 강조한 것이다. 장자가 주장하는 운동과 변화의 특징은 첫째 순환 반복적이며, 둘째 무목적적·기계적이고, 셋째 그러한 변화는 자연뿐만 아니라 인간 사회에도 똑같이 적용되는 것으로서 필연적·절대적이라는 것 등으로 요약할 수 있다.

그는 또 이렇게도 말한다. "모든 사물은 하나의 근원으로부터 파생된 것으로서 각기 다른 형태를 취하면서 계속하여 변해 간다. 그것들의 처음과 끝은 마치 고리처럼 연결되어 있어서 끝을 알 수 없다."[22]

이것은 모든 사물의 운동과 변화가 순환적이라는 것을 강조한 것이다. 사물의 운동과 변화의 형식이 순환적이라는 것은 『장자』에서 일반적으로 발견되는 견해이다. 이 점은 장자뿐만 아니라 중국 고대인들의 사유에서 흔히 볼 수 있는 점으로서[23] 그들은 태양의 뜨고 짐, 달의 차고 이지러짐, 춘하추동의 사계절이 반복되고 주야가 교체하며 생물이 태어나 성장하고 노화하여 고사하더라도 그것들이 다시 태어나는 등의 자연 현상에 대한 관찰과 체험을 통해 만물이 유동하고 순환한다는 사상을 몸소 터득하였다.[24] 이러한 추론을 가능하게 하는 자료로는 『주역』의 "해가 지면 달이 뜨고 달이 지면 해가 나타난다. 해와 달이 서로 교체하면서 밝음이 생긴다. 추위가 가면 더위가 오고 더위가 가면 추위가 온다. 추위와 더위가 서로 교체하면서 한 해가 이루어진다"[25]라든가 "사계절의 변화보다 큰 변화는 없다"[26] 등의 기록들이 대표적이다. 장자에 따르면 혜시惠施도 "태양은 중천에 떠 있는가 하면 다른 한편에서는 기울어지고 있으며, 사물은 생성되는가 하면 다른 한편에서는 소멸되어 가고 있다"[27]라고 사물의 생성과 소멸을 태양이 뜨고 지는 데 비유하고 있다. 노자와 장자는 자연 현상과 사회적 현상의 순환적 변화에 대하여 주목하고 특히 이를 강조한 사상가라고 지적할 수 있을 것이다.

우리의 삶은 죽음의 곁에 있고, 죽음은 새로운 삶의 시작이다. 누가 그 원인을 알겠는가? 인간의 삶은 기가 모인 것이다. 기가 모이면 생명을 갖게 되고, 기가 흩어지는 것이 바로 죽음이다. 인간의 삶과 죽음은 연결되어 있으니 내가 또 무엇을 근심하겠는가? 모든 사물은 동일한 것이다. 사물 가운데 아름답게 보이는 것은 새로운 것이고, 추하게 보이는 것은 낡은 것이다(새로운 것은 아름답게 보이고 낡은 것은 추하게 보인다). 낡은 것은 다시 변화하여 새로운 것이 되고 새로운 것은 다시 변화하여 낡은 것이 된다.

生也死之徒, 死也生之始. 孰知其紀. 人之生, 氣之聚也. 聚則爲生, 散則爲死. 若死生爲徒. 吾又何患, 故萬物一也. 是其所美者, 爲神奇. 其所惡者, 爲臭腐. 臭腐復化爲神奇, 神奇復化爲臭腐.(「知北遊篇」)[28]

기가 변하여 형체를 가지게 되었고 형체가 변하여 생명을 가지게 되었다. 이제 또 변하여 죽음에 이르게 되었다. 삶과 죽음은 춘하추동 사계절의 교체와 같이 변화한다.
氣變而有形. 形變而有生. 今又變而之死. 是相與爲春秋冬夏四時行也.(「至樂篇」)

장자는 삶과 죽음이 끝없이 되풀이되는 것이라고 설명한다. 그것은 기를 매개로 한다. 기 자체에는 이미 변화의 가능성이 내포되어 있다. 즉 기는 음에서 양으로, 양에서 음으로 끊임없이 전화해 가는 것을 자기 운동의 특성으로 삼고 있다. 음양과 기의 속성에 대한 이러한 사상적 맹아는 앞서 살펴본 범려의 설명 속에 이미 예비 되어 있었다.[29] 이러한 되풀이, 혹은 순환은 인간의 삶에만 한정된 것은 아니다. 모든 객관적 실재나 현상은 새로운 것에서 낡은 것으로, 낡은 것에서 새로운 것으로 끝없이 순환하는 생성과 소멸의 과정에 있다는 것이다. 장자에 따르면 그러한 생성과 소멸의 과정을 통해 하나의 생명체는 다른 생명체로 유전流轉한다.

예전에 장주莊周는 꿈에 호랑나비가 되었다. 훨훨 나는 호랑나비가 되어 스스로 기뻐하며 마음이 흡족해서 장주인 줄 몰랐다. 갑자기 깨어보니 뜻밖에 장주였다. 장주가 꿈에 호랑나비가 된 것인지, 호랑나비가 꿈에 장주가 된 것인지 알지 못하였다. 장주와 호랑나비는 반드시 구분이 있을 것이다. 이것을 물화物化(事物의 流轉變化)라고 한다.
昔者莊周夢爲胡蝶, 栩栩然胡蝶也. 自喩適志與, 不知周也. 俄然覺, 則蘧蘧然周也. 不知周之夢爲胡蝶與, 胡蝶之夢爲周與. 周與胡蝶, 則必有分矣. 此之謂物化.(「齊物論篇」)

물화는 사물의 질적 변화를 뜻하는 말이다.[30] 『장자』맨 첫머리에 나오는 우화는 "북쪽 바다에 어떤 물고기가 살고 있는데, 그것의 이름을 곤鯤이라고 한다. 곤의 크기는 몇 천리인지 알 수 없다. 그것은 변화하여 새가 되는데, 그때의 이름을 붕鵬이라고 한다"[31]라고 시작된다. 여기서 장자는 곤이라는 물고기가 붕이라는 새로 변화되었다고 설명한다. 물고기가 새로 변화되었다는 것은 상식을 초월한 황당무계한 이야기지만 생물의 질적 비약을 암시하고 있다는 점에서 주목된다. 하나의 생명체가 아무런 조건 없이 다른 생명체로 전화한다는 것은 신비주의적인 일면이 있음을 부정할 수 없다. 그러나 자연 속에서 끊임없이 반복되는 생명의 발생과 소멸의 현상에 대하여 유치한 단계이긴 하지만 외부의 힘의 도움 없이 설명하고자 한 점은 매우 적극적인 자세라고 할 수 있을 것이다.

모든 씨앗에는 배아胚芽가 있다. 그 배아가 물(습기)을 얻으면 계라는 풀이 되고, 물과 흙이 맞닿는 곳에 있으면 푸른 이끼가 되며, 언덕에서 살게 되면 질경이풀이 되고, 질경이풀이 거름을 만나면 오족鳥足이라는 풀이 된다. 오족의 뿌리는 굼벵이가 되고, 그 잎은 호랑나비가 된다. 호랑나비는 잠깐 사이에 벌레로 변해 부뚜막 밑에서 생겨나는데, 그것의 모양은 벌과 같으며 그것의 이름은 땅강아지라고 부른다. 땅강아지는 1000일이 지나면 새가 되는데, 그것의 이름을 비둘기라 한다. 이 비둘기의 침이 쌀벌레가 되고, 쌀벌레는 눈에놀이라는 벌레가 된다. 이로頤輅라는 벌레는 눈에놀이라는 벌레에서 생기고, 황황黃軦이라는 벌레는 구유九猷에서 생기며, 모기는 노린재에서 생긴다. 양해羊奚라는 풀은 변화해서 죽순이 되고, 오래된 대나무는 청녕靑寧이라는 동물을 낳고, 청녕은 표범을 낳으며, 표범은 말을 낳고, 말은 사람을 낳는다. 사람은 다시 자연의 무의식적 추동력으로 들어간다. 만물은 모두 이 추동력에서 나와서 다시 그곳으로 들어간다.
種有幾. 得水則爲繼, 得水土之際, 則爲䵷蠙之衣, 生於陵屯, 則爲陵舃. 陵舃得鬱棲, 則爲烏足, 烏足之根, 爲蠐螬, 其葉爲胡蝶. 胡蝶胥也化而爲

蟲, 生於竈下, 其狀若脫, 其名爲鴝掇. 鴝掇千日爲鳥, 其名爲乾餘骨. 乾餘
骨之沫爲斯彌, 斯彌爲食醯. 頤輅生乎食醯, 黃軦生乎九猷, 瞀芮生乎腐蠸.
羊奚比乎不筍久竹生靑寧. 靑寧生程, 程生馬, 馬生人. 人又反入於機. 萬
物皆出於機, 皆入於機.(「至樂篇」)[32]

이것과 같은 문장이 『열자』「천서편」에도 보인다. 호적胡適과 J.니
담, 도변수방渡邊秀方 등은 장자의 이러한 주장을 생물의 진화를 설
명한 것으로 이해하기도 한다.[33] 그 중 호적이 대표적인데, 그는 『중국
철학사대강』에서 다음과 같이 주장한다. "(1) '종유기種有幾'의 기幾라
는 글자는 기하幾何의 기자로 해석해서는 안 되고, 기미幾微의 기자
로 해석해야만 한다.……기幾라는 글자는……본래 생물의 포태의 모
양을 본뜬 것이다. 나는 여기의 기幾자는 사물의 종種 가운데 가장
초기의 종자를 가리키는 글자라고 생각한다. 그것은 원자元子라고도
부를 수 있다. (2)이러한 종자가 물을 얻으면 바로 일종의 미생물로
변화되는데, 그것은 실처럼 가늘기 때문에 계라는 이름이 붙은 것이
다. 그것이 물과 흙이 맞닿아 있는 곳에 이르면 일종의 하등 생물로
변하는데, 그것을 푸른 이끼라고 부른다. 그것이 육지 위에 도달하면
일종의 육지생물로 변화하는데, 그것을 능석陵舃이라고 부른다. 이로
부터 한 단계 한 단계의 진화를 통해 곧바로 가장 고등한 인간에까지
이른다.……"[34] 그러나 장자는 위의 예문에서 다양한 생물들 속의 어
느 한 종이 다른 종으로 유전流轉되어 가는 것을 설명하고 있을 뿐,
생물 진화의 기본 관념이라고 할 수 있는 모든 생명체가 공동의 조상
으로부터 분화되어 나온 것이라는 설명은 찾아볼 수 없다. 뿐만 아니
라 발생 관계에 있는 두 개의 생명체 가운데 뒤에 발생하는 것이 앞의
것보다 진화한 것이라는 관념도 없다. 아무튼 이 문장이 의도하는 바
는 형체가 있는 것, 생명을 가진 모든 것은 반드시 종말이 있다는 것이

고,35) 또 한 생명체의 종말과 새로운 생명체의 발생은 무한한 싸이클로 순환한다는 것이다. 그런데 여기서 장자가 자연계 속의 생물을 고정적으로 파악하지 않고 그것들이 일정한 조건하에서 질적 비약이 일어난다고 한 것이라든가, '만물의 생성과 전화, 운동과 변화를 자연 속에서 발견하려고 한' 것,36) 그리고 생물이 '수생水生에서 육생陸生으로 발전하였다고 추론한 것',37) 무수한 생물의 다양한 종은 각기 그 환경의 특수성에 적응하면서 변화해 간다고 한 것 등은 생물체의 변화를 자연 환경과 결부시키고 있다는 점에서 의미 있는 것이라 평가된다.

모든 객관적 실재의 운동은 순환적이며, 동시에 모든 변화는 무목적적이고 무의식적이며, 규칙적인 자연적 법칙의 제약을 받는다는 의미에서 기계적이고, 노장적 용어를 빌면 그것은 무위이다. 장자에 따르면 자연의 운동은 순환적이며 동시에 그 속에는 일정한 규칙성이 있다. 그는 "천지는 최상의 미美를 가지고 있지만 그것에 대하여 말하지 않고, 사계절은 명백한 법칙을 가지고 있지만 그것에 대하여 논의하지 않고, 만물은 정해진 이치를 가지고 있지만 그것에 대하여 설명하지 않는다"38)라고 강조한다. 이것은 자연의 운동에 일정한 규칙성이 있음을 설명하는 말이지만, 아울러 장자는 그것들이 인간의 이성에 의해 파악될 수 있는 것이 아니라는 것도 암시하고 있다. 따라서 그는 자연의 기계적 작용을 설명하면서도 그것이 우리의 이성적 인식의 밖에 있다는 점에서 그는 그것을 혼돈으로 규정한다.39)

「천운편」의 첫머리에서 장자는 하늘의 움직임, 해와 달의 교체, 구름이 모여 비가 되고 바람이 부는 현상 등 모든 자연의 운동과 변화의 원인이 무엇인가를 묻고 그것의 원인으로 저절로 움직이면서 영원히 멈추지 않는 어떤 '기계적인 장치'를 상정한다.40) 그는 또 삶을 선호하고 죽음을 두려워하는 인간의 감정을 일종의 편견에 근거한 것으로 생각하면서 이 세상을 거대한 대장장이의 용광로에 비유하기도 한다.[41] 이러한 것들은 이 세계를 하나의 거대한 풀무라는 기계적 장치에 비유하여 이해한 노자의 견해와 부합된다.[42] 장자가 무위를 강조한 것은 자연 및 사회의 객관적 실재나 현상의 모든 운동이 기계와 같이 무의식적이고 무목적적이며 규칙적인 작용에 의한 것임을 보여주기 위한 것이며, 사물의 배후에 인격적 존재를 상정하고 그로부터 차별적 등급 질서를 옹호하는 논리를 이끌어 내는 천명론적 세계관에 반대하기 위한 것이라고 이해할 수 있다. 여기서 기계적이란 운동의 성격뿐만 아니라 운동의 원인까지도 규정하는 말이다. 즉 모든 사물의 무의지적·무목적적 운동은 사물 그 자체의 기계적 운동일 뿐만 아니라 자기 원인적이라는 의미이다. 말하자면 장자는 모든 사물의 생성과 그것을 지배하는 모든 변화의 원인을 도라고 부르면서도 다른 한 편에서는 그러한 원인이 사물 자체에 있다고 주장한다.[43]

장자는 자연뿐만 아니라 인간 사회의 모든 현상도 부단한 변화의 과정에 놓여 있다고 주장한다. 유가의 인의예악의 시대착오적 성격에 대한 비판의 주된 논거는 바로 이러한 전제를 바탕으로 한 것이다. 장자는 주 왕조 문화의 부흥을 주장하는 유가에게 다음과 같이 충고한다.

물길을 여행하는 데는 배를 사용하는 것보다 더 좋은 것이 없고, 육지를 여행하는 데는 수레를 사용하는 것보다 더 좋은 것이 없다. 배가 물에서 발휘되는 기능이 육지에서도 발휘되기를 기대하면서 그것을 땅 위로 밀고 간다면 죽을 때까지 밀고 가더라도 조금밖에 못 갈 것이다. 과거와 현재는 물과 육지만큼 현격한 것이 아닌가, 주 왕조와 노 나라는 배와 수레처럼 이질적인 것이 아닌가? 현재 (과거의) 주 왕조에서 통용되던 것이 노 나라에서도 통용되기를 바라는 것은 마치 육지에서 배를 밀고 가는 것과 같이 고되기만 할 뿐 아무 효과도 없을 것이며, 그 자신에는 반드시 재앙이 따를 것이다.

夫水行莫如用舟, 而陸行莫如用車. 以舟之可行於水也, 而求推之於陸,
則沒世不行尋常. 古今非水陸與, 周魯非舟車與. 今蘄行周於魯, 是猶推舟
於陸也, 勞而無功, 身必有殃.(「天運篇」)

주 왕조는 혈연적 종법제를 바탕으로 한 가부장적·종족귀족제 사회
였다. 그러나 장자 당시의 사회는 구질서를 옹호하려는 세습 귀족 세
력과 새로운 질서를 수립하려는 신흥 지주 사이의 대립이 치열하게
진행되던 시기였다. 따라서 낡은 사회의 '지배 질서'였던 예의 회복을
역설하면서 변법에 반대하는 유가의 주장은 반드시 구귀족 세력의 반
발에 부딪칠 것이라는 주장이다.[44) 『사기』에서는 이 시기의 시대 상황
과 장자 당시 유가의 대표자 맹자의 주장에 대하여 다음과 같이 기록
하고 있다.

맹자는 학문에 통달하자 제 나라 선왕宣王을 만났다. 그러나 선왕은
그를 등용하지 않았다. 그 후 그는 양梁 나라로 갔지만 양 나라의 혜왕
惠王은 그의 말에 만족하지 못하였다. 혜왕은 도리어 맹자의 주장이 현
실에서 너무 동떨어져 있으며, 당시의 주변 사정을 고려하지 않은 것이
라고 생각하였다. 당시 진秦 나라는 상앙商鞅을 등용하여 부국강병에
힘쓰고 있었으며, 초楚 나라와 위魏 나라에서는 오기吳起를 등용하여
전쟁에서 이기고 적을 약화시켰다. 또 제齊 나라의 위왕威王과 선왕宣
王은 손자孫子와 전기田忌 등을 등용하여 다른 나라의 제후들에게 동쪽
의 제 나라에 조공을 바치도록 하였다. 이처럼 천하는 바야흐로 합종연
횡合縱連衡에 골몰해 있었고, 다른 나라에 대한 침략과 정벌을 현명한
것으로 생각하던 시대였다. 그러나 맹자는 오직 당우삼대唐虞三代(요순
과 하·은·주 등 세 왕조)의 덕을 주장하였는데, 이 때문에 (즉 시대적 요
구와는 거리가 멀었기 때문에) 그의 주장은 어디에서도 받아들여지지
않았다.

道旣通, 游事齊宣王, 宣王不能用. 適梁, 梁惠王不果所言, 則見以爲迂
遠而闊於事情. 當是之時, 秦用商君, 富國强兵. 楚魏用吳起戰勝弱敵. 齊

威王宣王用孫子田忌之徒, 而諸侯東面朝齊. 天下方務於合縱連衡, 以攻伐爲賢, 而孟軻乃述唐虞三代之德, 是以所如者不合.(『史記』「孟子荀卿列傳」)

맹자에 대한 사마천司馬遷의 평가는 공자에 대한 장자의 그것과 거의 일치한다. 즉 위의 예문에서 사마천은 제 나라 선왕이나 양 나라 혜왕 등에게 맹자가 등용되지 못한 것은 그의 주장이 당시의 시대적 요구에 부응하지 못하였기 때문이라고 한 점이나, 맹자의 주장이 복고적이라는 점 등은 장자의 유가 비판 논리와 완전히 부합된다. 그러나 장자는 유가의 주장이 단순히 시대적 요구에 부합되지 못하는 것으로 끝나는 것이 아니라 새로운 질서로의 변혁을 꿈꾸는 신흥 세력의 반발에 부딪쳐 '재앙'을 면하지 못할 것이라고 충고한다. 장자는 유가적 논리의 시대착오적 성격 때문에 공자와 그의 제자 자로가 당한 '재앙'을 다음과 같이 구체적으로 설명하고 있다.

너(공자를 가리키는 말)는 달콤한 말로 자로를 설득하여 따르게 하고, 그가 쓰고 있던 관을 벗어 던지게 하고 차고 다니던 장검을 풀어놓게 한 뒤 네 가르침을 받게 하였다. 이것을 보고 세상 사람들은 모두 공구孔丘[공자의 이름]가 세상의 폭력과 비행을 없앨 수 있다고 했다. 그러나 결국 자로는 위衛 나라 군주를 살해하려다 실패하여 그의 몸은 소금에 절여져 위 나라 동문 위에 내 걸렸다. 이는 곧 너의 교육이 변변치 못하다는 것을 말하는 것이다. 너는 스스로를 재사才士나 성인聖人이라 여기고 있느냐? 그러나 너는 노 나라에서 두 번이나 쫓겨났고 위 나라에서는 너의 흔적을 지워버렸으며, 제 나라에서는 궁지에 몰렸고 진陳 나라와 채菜나라 국경에서는 포위되는 등 세상 어디에서도 너의 몸을 받아주는 데가 없었다. 너는 자로에게 소금에 절여지는 재앙을 당하도록 가르쳤다. 결국 너는 자기 몸을 제대로 보존하지도 못하고 남의 몸도 보존하지 못하게 하였다. (이런 점에서 볼 때) 너의 도가 뭐 그리 귀중하다 할 것이 있느냐?

子以甘辭說子路而使從之, 使子路去其危冠, 解其長劍, 而受敎於子. 天
下皆曰, 孔丘能止暴禁非. 其卒之也, 子路欲殺衛君而事不成, 身菹於衛東
門之上. 是子敎之不至也. 子自謂才士聖人邪. 則再逐於魯, 削跡於衛, 窮
於齊, 圍於陳蔡, 不容身於天下. 子敎子路菹此患. 上無以爲身, 下無以爲
人. 子之道, 豈足貴邪.(「盜跖篇」)

위의 예문 외에『장자』가운데「산목편」,「양왕편」,「어부편」,「서무
귀편」,「천운편」 등에서도 공자가 당한 위와 같은 여러 가지 수난에
대하여 언급하고 있다. 이들 편이 모두 외·잡편에 속한다는 점을 주목
하면 이 편들이 성립될 당시의 시대 상황에서 볼 때, 유가의 복고적
주장은 명백히 위험한 사상이다. 말하자면 장자는 변법이 한창 진행되
고 변법론자들이 주도 세력으로 자리 잡아가는 상황과 공자가 당한
수난을 연결 지으면서 유가의 주장을 비판하고 있는 것이다. 이 점은
「천운편」의 다음과 같은 기록에 가장 명확하게 드러나 있다.

공자가 서쪽의 위 나라로 유세를 떠날 때 안연이 사금에게 물었다.
"선생님의 여행에 대해 어떻게 생각하십니까?" 사금이 대답했다. "애석
하다. 너의 선생님은 곤경에 빠질 것이다." 안연이 물었다. "어째서입니
까?" 사금이 대답했다. "추구芻狗(짚으로 만든 허수아비 개)가 길에 버려
지기 전에는 그것을 상자에 담고 수놓은 보자기로 잘 싸서 보관하다가
제사를 지낼 때는 제주祭主가 재계한 뒤에 그것을 모셔놓는다. 제사가
끝나고 길에 버려진 뒤에는 지나다니는 사람들이 그 머리와 등을 밟기
도 하고 나무꾼이 가져다가 불을 때기도 한다. 이미 제사에서 사용한 것을
다시 상자에 담아서 수놓은 보자기로 싸두고 그 아래서 놀거나 잠을 자
면 좋은 꿈을 꾸지 못하고 자주 가위에 눌린다. 지금 너의 선생님은 옛날
선왕이 이미 내다버린 추구를 주어다가 그것으로 제자를 불러모으고 그
아래서 놀거나 잠을 자고 있는 꼴이다. 그래서 송 나라에서는 나무를 잘
라 죽이려는 자가 있었고, 위 나라에서는 발자취가 지워졌으며[削迹 : 왕
래하지 못하도록 하기 위해 주술적으로 하는 행위], 송 나라와 위 나라
사이에서는 위험한 상황에 직면했었다. 이것이 바로 악몽이 아니냐? 진

나라와 채 나라 사이에서는 포위되어 7일 동안이나 익힌 음식을 못 먹고 생사의 경계를 넘나들었다. 이것이 바로 가위눌린 것 아니냐?"

孔子西遊於衛, 顏淵問師金曰, 以夫子之行爲奚如. 師金曰, 惜乎, 而夫子其窮哉. 顏淵曰, 何也. 師金曰, 夫芻狗之未陳也, 盛以篋衍, 巾以文繡. 尸祝齊戒以將之. 及其已陳也, 行者踐其首脊, 蘇者取而爨之. 而已將復取而盛以篋衍, 巾以文繡, 遊居寢臥其下, 彼不得夢, 必且數眯焉. 今而夫子亦取先王已陳芻狗, 取弟子, 遊居寢臥其下. 故伐樹於宋, 削迹於衛, 窮於商周. 是非其夢邪. 圍於陳蔡之間, 七日不火食與, 死生相與鄰, 是非其眯邪.(「天運篇」)

여기서 장자는 공자가 당한 '재앙'이 그의 복고적 주장에 있음을 분명하게 지적하면서 그것은 매우 위험한 것이라고 조심스럽게 충고하고 있다. 공자를 중심으로 한 유가에서 회복하고자 하는 것은 다름 아닌 "주 나라 귀족제의 사회 규범", 즉 주 왕조의 지배 체제에 있어서 "국가의 '근본' 뿌리"라 할 수 있는 예인데,45) '예붕악괴禮崩樂壞'의 현상은 이미 춘추시대 후기부터 나타나지만, 전국시대에 이르러 변법 주도 세력들은 보다 철저하고 조직적으로 예치禮治를 법치로 대체해 갔다. 장자의 이 주장은 바로 이러한 시대적 상황을 반영하고 있는 것이다.

장자는 또 사회의 모든 제도나 관습 등은 시대에 따라 바뀌는 것이라는 생각에서 다음과 같이 말한다. "옛날의 제왕들은 왕위를 계승하는 방법이 각각 달랐고 하·은·주 세 왕조의 계승 방법도 각기 달랐다. (왕위의 계승이나 왕조 계승자의 방법이) 당시의 사회 상황이나 여론에 어긋날 경우 그를 찬탈자라 하고 당시의 사회 상황이나 여론에 맞을 경우 그를 정의의 사도라고 한다."46) 이것은 유가에서 주장하는 인의예악 등의 사회적 이념이 그들이 강조하는 것처럼 영구불변한 것이 아니라는 점을 폭로하기 위해 제기된 말이다. 「천운편」에서는 이 점을 "예의법도禮義法度라는 것은 시대에 따라서 변화하는 것이다"47)라고 보다 명백히 밝히고 있다. 그는 또 "사물에는 본질적으로 귀천貴賤이 없다. 귀천은 상황에 따른 것이다"[48]라고 하였다. 즉 귀천으로 표현되는 사회의 신분 질서가 자연적인 것도 고정적인 것도 아닌, 역사적인 것이라고 주장한다. 이것은 당시에 급속하게 진행된 신분 및 계층의 분화와 그에 수반된 사회 체제의 변화를 반영한 것이다. 그러나 그러한 역사적 상황을 감안하더라도 그것은 혁명적 선언이며 동시에 그의 예리하고 합리적인 현실 인식의 단면을 엿볼 수 있게 한다.

노자는 자연의 운동·변화의 원인을 도라고 상정하고, 도의 운동성을 주장한다. "반복하는 것은 도의 작용이다"[49]라는 유명한 명제가 이를 시사한다. 그러나 장자는 노자에 비해 도의 운동성을 강조하지 않는다. 다만 자연 속의 객관적 실재나 현상의 변화의 원인으로서의 도, 즉 자연적 질서의 자기 전개가 언급될 뿐이다. 자연의 여러 가지 변화가 도의 자기 전개로 말미암는다는 것은 "천도는 운행하지만 쌓아 두는 것이 없다"[50]라든가, "하늘은 높지 않을 수 없고, 땅은 넓지 않을 수 없고, 해와 달은 운행하지 않을 수 없고, 만물은 번창하지 않을 수 없다. 이것은 바로 도 때문인 것 같다"[51]라는 등의 표현이 대표적이다. 그러나 『장자』 전체를 통틀어 도의 운동을 명백히 밝히고 있는 문장은 거의 찾아볼 수 없다. 장자에 따르면 자연과 인간 사회의 모든 객관적 실재와 현상의 부단한 운동·변화의 원인에 대하여 인간의 지식으로써는 예측할 수도 없고 또 그러한 추세로부터 인간은 자유로울 수 없다.

자사子祀, 자여子輿, 자리子犁, 자래子來 네 사람이 모여 얘기하였다. "누가 무無를 머리로 삼고, 삶을 척추로 삼고, 죽음을 엉덩이로 삼을 수가 있겠는가. 누구든 삶과 죽음, 존속과 멸망이 한 가지임을 알고 있는 사람이 있다면 나는 그 사람과 친구가 될 것이다"……얼마 있다가 자여가 병이 나서 자사가 위문을 갔다.……자사가 "너는 그것이 싫으냐?"라고 묻자 자여는 이렇게 대답했다. "아니다. 내가 왜 싫어하겠냐? 나의 왼팔이 조금씩 바뀌어 닭으로 변한다면 나는 그것으로 사람들에게 새벽을 알려 주도록 하겠다. 나의 오른팔이 조금씩 바뀌어 활로 변한다면 나는 그것으로 솔개를 잡아 솔개구이를 만들게 하겠다.……개별적 사물이 자연의 질서를 이기지 못한다는 것은 오래 전부터 알려져 있다. 내가 왜 그것을 싫어하겠느냐."

子祀子輿子犁子來四人, 相與語曰, 孰能以無爲首, 以生爲脊, 四時爲尻. 孰知死生存亡之一體者, 吾與之友矣.……俄而子輿有病, 子祀往問之.…… 子祀曰, 女惡之乎. 曰亡. 予何惡. 浸假而化予之左臂以爲雞, 予因以求時夜. 浸假而化予之右臂以爲彈, 予因以求鴞炙.……且夫物不勝天久矣. 吾又何惡焉.(「大宗師篇」)

(軒冕과 같은) 것들은 우연히 왔다가 잠시 멈추어 있는 것일 뿐이다. 잠시 멈추어 있는 것일 뿐이지만, 그것이 오는 것을 막을 수 없고 그것이 가는 것 역시 막을 수 없다.

物之儻來, 寄也. 寄之, 其來不可圉, 其去不可止.(「繕性篇」)

여기서 장자가 강조하고자 한 것은 인간의 삶을 포함한 자연의 모든 현상이나 부귀영화와 같은 사회적인 추세도 인간의 의지와는 상관없이 변할 수 있다는 점이다. 이처럼 자연과 인간 사회에서 일어나는 모든 변화의 예측할 수 없는 측면과 필연적 측면을 강조하여 그는 '명'(命 : 자연의 명령)이라고 규정한다. 그는 다음과 같이 말한다.

사람의 삶과 죽음, 존속과 멸망, 궁핍과 영화, 가난과 부귀, 어리석음과 현명함, 비난과 영예, 배고픔과 목마름, 추위와 더위 등 모든 것은 상황의 변화에 기인한 것이고 이는 또 자연적 명령의 시행에 의한 것이다. 밤낮 우리 눈앞에서 전개되지만 우리의 지식으로써는 그 원인을 알 수 없는 것들이다.

死生, 存亡, 窮達, 貧富, 賢與不肖, 毁譽, 飢渴, 寒暑, 是事之變命之行也. 日夜相代乎前, 而知不能規乎其始者也.(「德充符篇」)

이것은 모든 변화의 필연성과 그것의 불가피성을 강조한 말이다. 따라서 자연의 변화에 인간이 따라야 하는 것은 마치 자식이 부모의 명령에 무조건 복종해야 하는 것과 같다고도 설명된다.[52] 말하자면 장자에 있어 '명'이란 알 수도 없고 거역할 수도 없는 '자연의 명령自然之命(「天運篇」)을 뜻한다.

자연적인 것뿐만 아니라 사회적인 모든 것이 끊임없이 운동·변화한다는 관념은 장자철학 전반을 규정하고 있는데, 그러한 운동과 변화의 본질은 무위이다. 이것은 장자철학의 가장 기저를 이루는 생각으로서 그의 자연 인식뿐만 아니라 인간론이나 사회사상에도 그대로 반영되어 있다. 모든 존재와 현상에 대한 변화를 강조한 장자의 기본 관념이 중국 고대철학에 있어서 매우 중요한 역할을 한 것은 틀림없다.

3. 자연의 질서와 인간의 앎

장자는 노자의 사상을 기반으로 하여 자신의 철학적 사고를 전개하지만, 노자와 근본적으로 다른 몇 가지 점이 지적된다. 그 중 한 가지로 『장자』 내편에서는 『도덕경』에 비해 도道자가 거의 쓰이지 않았다는 점을 들 수 있다. 이 점에 대하여 서복관은 그의 『중국인성론사』에서 장자는 노자의 도道가 가진 의미를 천天으로 대체하였다고 설명한다.[53] 뿐만 아니라 서복관은 도와 덕이 『도덕경』에서는 각기 따로 쓰였지만 『장자』에서는 도·덕이 병칭되었고 도보다는 덕에 비중이 주어졌으며 도는 천에 비해 하위 개념이라고 주장한다. 장항수張恒壽에 의하면 「대종사편」에 보이는 도의 관념은 『장자』 전체의 각편에 두루 보이는 것은 아니다. 비교적 일찍이 만들어졌다고 생각되는 편들에서 말하고 있는 최고 개념은 도가 아니라 천, 천지, 천하, 조물자, 조화, 진재眞

宰 등의 구체적 명사라는 것이다.54) 뿐만 아니라 비교적 후기 저작에 속하는 「천운편」·「천도편」·「천지편」 등에서도 도는 천에 종속되고 포섭되는 개념으로 이해된다.55) 또 택전다희남澤田多喜男에 따르면 『장자』에서 도가 중요한 개념으로 쓰인 것은 사실이지만 노자철학에 대한 장자철학의 특색 가운데 하나는 도보다 천이 중시된다는 점이다.56) 이들 주장은 장자가 보다 추상적인 개념이라고 할 수 있는 도보다는 천을 자기 철학의 중심 개념으로 삼고자 한 것을 보여주는 것이다. 이러한 주장의 근거는 「천지편」의 "덕은 도에 포함되고 도는 천에 포함된다"57)라는 명제와 장자보다 조금 후에 활약한 순자의 "장자는 천에 가려 인간을 보지 못하였다.……(그는) 천을 최고의 원칙[道]으로 삼았기 때문에 오로지 (天에의) 순응만을 강조하였다"58)라는 비판에서 보다 명백해진다. 그러므로 장자에 있어 천은 자연을 의미하고 도는 자연의 법칙이나 질서로써 사용된 개념이라고 이해될 수 있다. 도는 천의 운행 원리 혹은 질서를 설명하는 개념이며, 따라서 그것은 천의 본질을 이룬다. 다시 말하면 장자에 있어서 천은 도를 통해서 자신의 속성을 드러내며 천의 성격이나 형식은 도에 의존한다. 이와 같은 맥락에서 내산준언內山俊彦은 장자의 천은 만물의 존재나 상태를 결정하는 지배력이고, 도는 개개 사물의 구체적 성질을 직접 형성하는 원리라고 설명한다. 즉 그는 천이 구체적 사물 가운데서 기능하는 운동의 형태가 바로 도라고 함으로써 천과 도가 소위 체용體用 관계에 있다고 이해한다.59)

여기서 내가 주목하고자 하는 것은 자연의 일반적 법칙이나 질서로서의 도이지만, 장자가 사용한 도의 개념은 오직 자연의 법칙이나 질서라는 의미로만 해석되는 것은 아니다. 즉 그의 도 개념은 자연을 초월한 실체 개념으로 해석되기도 한다.60)

도란 실제로 나타나는 작용이 있고, 존재한다는 증거가 있지만, 무위·무형하기 때문에 그것을 전해 줄 수는 있어도 받을 수는 없고, 깨달을 수는 있어도 볼 수는 없다. 그 자체가 자기 존재의 근본이 되며 천지가 아직 생겨나기 이전의 옛날부터 원래 있었다. 그것은 귀신이나 하느님을 신비롭게 하고, 하늘과 땅을 낳았다. 태극보다 위에 있지만 높지 않고, 육극보다 밑에 있지만 깊지 않다. 천지보다 먼저 생겨났지만 오래되지 않았고, 상고上古보다 더 나이가 많지만 늙지 않았다.

夫道, 有情有信, 無爲無形. 可傳而不可受, 可得而不可見. 自本自根, 未有天地, 自古以固存. 神鬼神帝, 生天生地, 在太極之先, 而不爲高, 在六極之下, 而不爲深, 先天地生, 而不爲久, 長於上古, 而不爲老.(「大宗師篇」)

이 문장은 장자의 도에 대한 대표적 정의를 포함하고 있다. 여기서 도의 특징으로 언급된 것을 정리해 보면 첫째 그것은 현실 속의 구체적 사물이 아니기 때문에 감각적 인식의 대상이 아니며, 둘째 그것은 시간과 공간을 초월한 보편적이고 불변적인 것이며, 셋째 그것은 모든 존재의 발생 근원이고, 넷째 그것은 자기 원인적이라는 것 등이다. 도의 이러한 특징 가운데 두 번째에 해당되는 것에 대해서는 다음 장에서 검토될 것이다. 여기서는 나머지 특징에 대해서 주목하기로 한다.

앞의 장에서 노자와 마찬가지로 장자는 신비주의적 천명사상을 배격하고, 인격이나 의지를 가진 어떠한 초월적 존재도 승인하지 않음을 확인하였다. 노자와 장자는 도의 무의지적·무목적적 성격을 무위라는 개념을 사용하여 설명한다. 위의 문장에서 장자는 도가 "귀신이나 하느님을 신비롭게 하고, 하늘과 땅을 낳았다"고 설명한다. 이것은 장자의 도가 만물의 근원으로서 실체 개념으로 이해되는 대표적 명제로 받아들여진다.[61] 장자는 의지를 가진 어떠한 초월적 존재도 부정함으로써 무신론적 견해를 분명히 표방하고 있지만, 비인격적·무의지적 성격을 띤 실체로서의 '어떤 것'을 상정한 흔적도 보인다. "도는 만물의 존재 원인이다"[62]는 명제에서도 알 수 있듯이 모든 존재는 도에 의해 발생한다고 설명한다. 그는 모든 존재의 근원으로서의 도는 비물질적인 것일 뿐만 아니라 정신적인 것도 아니라고 한다. "사물을 사물이도록 한 것은 사물이 아니다"[63], "정신은 도에서 발생하였다"[64]라는 구절들은 도가 물질적인 것도 정신적인 것도 아님을 암시하는 것들이다. 장자는 전통적 천명사상을 부정하면서 세계의 발생 근원과 객관적 실재의 운동·변화의 원인을 설명해야 할 필요성을 느끼고 도의 개념을 사용한다. 그러나 자연 해석에 대한 무신론적·무목적적 입장을 견지하면서 비물질적이면서 동시에 정신적인 것도 아닌 '어떤 것'을 상정하고 그것을 설명하는 과정에서 매우 고심한 듯 하다. "(이 세상을 다스리는) 진짜 주재자가 있는 것 같기도 하지만 특별한 증거를 찾을 수 없다"[65]라는 그의 고백이 이를 말해 준다.

그런데 위에서 든 「대종사편」과 「어부편」의 인용문은 모두 다른 견지에서의 해석을 허용하고 있음도 간과할 수 없다. 이 편들에 나타나는 도 역시 자연의 질서라고 해석하고, 모든 존재가 자연의 질서인 도에 따라 발생하고 또 그것의 제약을 받는다는 의미로, 즉 장자 특유의 수사적 표현으로 간주할 수 있을 것이다. 장자는 「어부편」에서 "도는 만물의 존재 원인이다"라는 말에 이어 "모든 사물 가운데 도를 잃는 것은 죽고 도를 얻는 것은 산다. 일을 할 때도 도에 거스르면 실패하고 도에 따르면 성공한다"[66]라는 설명을 덧붙인다. 이것은 만물의 발생 근원으로서의 초월적인 어떤 것을 의미한다기보다는 객관적 사물의 운동·변화의 법칙 혹은 그것들의 총체로서의 자연적 질서를 의미한다고 해석하는 편이 더 정확할 것이다. 뿐만 아니라 자연적 질서(혹은 법칙, 원리)로서의 도나 세계의 근원으로서의 도는 모두 무의지적·무목적적이라는 의미에서 무위를 가장 큰 특징으로 한다. 즉 세계의 근원으로서의 도는 의지도, 목적도, 형체도 없는 것으로서 그것은 설명을 위한 가정일 뿐 실제로 무시해도 좋은 것, 혹은 없는 것으로 간주했거나, 때로는 자연적 법칙으로서의 도와 혼동하여 설명되기도 한다. 특히 장자는 만물의 생성이나 그것들의 운동의 원인이 외적인 어떤 '충격'에 의한 것이 아니라 사물 자체에 의한 것이라고 설명하기도 한다.[67] 장자가 강조한 도는 세계의 근원으로서의 실체 개념에 있다기보다는 오히려 혼돈, 즉 무질서로서의 자연적 질서라는 의미에 있다고 보아야 할 것이다.

여기서 자연적 질서라는 것은 개별적 사물의 구체적 법칙을 의미하지 않는다. 그것은 모든 법칙의 총체적 의미로서의 법칙 일반을 뜻한다. 유소감은 「지북유편」의 "하늘은 높지 않을 수 없고, 땅은 넓지 않을 수 없고, 해와 달은 운행되지 않을 수 없고, 만물은 번창하지 않을 수 없다. 이것이 바로 도인 것 같다"[68]라는 문장을 인용하면서, "하늘의 고원함, 땅의 광대함, 해와 달의 출몰, 만물의 번영 등은 모두 그렇지 않을 수 없는 것, 즉 필연적으로 그러한 것이다. 이러한 필연적인 힘은 물질 자체에 있는 것도 아니고 신의 의지로부터 온 것도 아니다. 그것은 세계의 만물을 결정하는 도의 작용으로부터 온 것이다. 만물의 존재와 발전을 결정하는 도의 작용에는 보편적 규칙이라는 함축된 의미가 있다. 그러나 그것은 이미 추상화·실체화된 규칙이다. 따라서 도는 우리가 오늘날 말하는 규칙이나 법칙은 아니다"라고 주장한다.[69] 유소감은 여기서 장자가 물질과 그것들의 운동을 별개의 것으로 본 것처럼 설명하는데, 이 점에 대해서는 의문의 여지가 있지만, 도가 개별적 사물의 구체적 법칙을 뜻하는 것이 아니라는 주장은 설득력이 있다. 그런데 장자는 개별 사물의 운동을 규정하는 구체적 자연법칙은 인간의 이성을 통해서 인식할 수 있다고 한다.

안정과 위기가 서로 바뀌고 재난[禍]과 행복[福]이 서로를 발생시키며 느림과 빠름이 서로 교체하고, 모임과 흩어짐이 서로를 이루어 준다. 이러한 것들에 대한 이름과 실질은 우리가 식별할 수 있고, 그에 대한 자세한 것들을 기록할 수 있다. 순서에 따라(순조롭게) 서로 소통하기도 하고 갑작스럽게 서로 제약하기도 하며, 궁극에 이르면 원점으로 돌아가고 끝나면 다시 시작된다. 이것은 모든 사물에서 볼 수 있는 현상이고, 언어로써 모두 설명할 수 있고, 지식을 통해 도달할 수 있는 것으로서 사물에만 한정된다.
　　安危相易, 禍福相生, 緩急相摩, 聚散以成, 此名實之可紀, 精微之可志也. 隨序之相理, 橋運之相使, 窮則反, 終則始. 此物之所有, 言之所盡, 知之所至, 極物而已.(「則陽篇」)

　여기서 장자는 안정과 위기, 재난과 행복, 느림과 빠름……등 대립물이 전화해 가는 운동의 법칙 등을 인간이 알 수 있다고 설명한다. 그것은 궁극에 이르면 원점으로 되돌아오는 순환·반복적인 성격을 띠고 있다. 그러나 그는 사물의 기원과 종말에 대해서는 알 수 없다고 주장한다.[70] 장자에 따르면 자연적 질서로서의 도는 통용되지 않는 곳이 없으며[道無所不在], 그것을 깨달을 수는 있어도 볼 수는 없다. 이러한 도는 일반적 경험을 통해서 알 수 있는 것이 아니다. 따라서 장자는 "도는 들을 수 없다. 들을 수 있는 것은 도가 아니다. 도는 볼 수 없다. 볼 수 있는 것은 도가 아니다. 도는 말할 수 없다. 말할 수 있는 것은 도가 아니다"[71]라고 강조한다. 즉 그는 도에 대하여 볼 수도 들을 수도 없을 뿐만 아니라 설명될 수도 없다고 한다.

　그러나 장자는 도가 인간에 대하여 완전히 닫혀져 있는 것이 아니라고 한다. 오히려 그는 여러 곳에서 도에 대한 접근 방법을 모색하고 있으며, 그에 대하여 설명을 시도하기도 한다. 장자는 도뿐만 아니라 천도天道, 이리理, 천리天理, 천지지리天地之理 등으로 표현되는 자연적 질서나 법칙에 대하여 인간이 알 수 있다고 주장한다. 다음의 구절들이 대표적인 것들이다.

나는 너에게 그것(道를 가리킴)의 겉모습만 전수하고 실질 내용은 아
직 가르치지 않았는데 너는 정말 도를 얻었더냐?
吾與汝旣其文, 未旣其實, 而固得道與.(「應帝王篇」)

아무것도 생각하지 말고 아무것도 계획하지 말아야만 비로소 도를 알
수 있고, 어떻게도 처신하지 말고 아무것도 실천하지 말아야만 비로소
도에 안주할 수 있고, 어디에도 의지하지 말고 아무것도 따르지 말아야
만 비로소 도를 터득할 수 있다.
無思無慮, 始知道. 無處無服, 始安道. 無從無道, 始得道.(「知北遊篇」)

나는 도가 귀할 수도 있고 천할 수도 있고 모을 수도 있고 흩뜨릴 수
도 있음을 안다. 이것이 내가 도를 아는 방법이다.
吾知道之可以貴, 可以賤, 可以約, 可以散. 此吾所以知道之數也.(「知北
遊篇」)

성인은 천지의 아름다움을 살피고 만물의 이치에 통달한다.
聖人者, 原天地之美, 而達萬物之理.(「知北遊篇」)

도를 아는 자는 반드시 이치에 통달해야 하고, 이치에 통달한 자는 반
드시 임기응변에 밝아야 한다
知道者必達於理, 達於理者必明於權.(「秋水篇」)

최고의 음악은 먼저 인간의 일로 호응하고 천리에 순응하며……
大至樂者, 先應之以人事, 順之以天理…….(「天運篇」)

위의 구절들 가운데서 특히 '도를 안다'[知道], '도를 얻는다' 혹은 '도
를 터득하다'[得道], '이치에 통달하다'[達於理] 등의 표현은 자연적 질
서로서의 도道나 이理에 대한 인식이나 소통의 길이 완전히 막혀 있지
않음을 보여준다. 장자는 이것들을 파악하기 위한 구체적인 방법을 제

시하기도 한다. 심재心齋나 좌망坐忘 등의 방법이 그것이다.[72] 심재나 좌망 등의 방법은 경험이나 이성적 사유의 부정을 뜻한다. 도를 자연적 법칙이라고 이해한다면 오늘날 우리의 상식으로 볼 때 인간의 이성적 능력으로 도를 파악할 수 없다는 것은 모순이다. 그러나 모든 이성적 인식은 상대적이며, 따라서 그것의 시비是非[옳음과 그름]나 진위眞僞[참과 거짓]를 판별할 수 있는 절대적인 기준이 없다고 전제한다. 이런 생각을 가장 잘 보여주는 것이 바로 "천하에는 모든 사람이 공인하는 옳음은 없고 각자 자기가 옳다고 생각하는 것을 옳다고 할 뿐이다"[73]라는 명제이다. 「제물론편」의 다음 구절은 논조가 다소 궤변 같기는 하지만, 시비나 진위를 판별할 수 있는 객관적 혹은 절대적 기준은 없다는 장자의 생각을 충분히 전달해주고 있다.

만약 내가 너와 논쟁을 해서 네가 나를 이기고 나는 너를 이기지 못했다면, 네가 정말 맞고 내가 정말 틀린 것인가? 내가 너를 이기고 너는 나를 이기지 못했다면, 내가 정말 맞고 네가 정말 틀린 것인가? 둘 중 누군가 맞고 누군가 틀린 것인가, 둘 다 맞거나 둘 다 틀렸는가? 나와 네가 알 수 없으니 다른 사람은 정말 막막하고 답답한 느낌을 받을 것이다. 그러면 우리는 누구에게 판정해 달라고 해야 할까? 너와 같은 의견을 가진 사람에게 부탁하면 이미 너와 의견이 같으니 어떻게 판정할 수 있겠으며, 나와 같은 의견을 가진 사람에게 부탁하면 이미 나와 의견이 같으니 어떻게 판정할 수 있겠는가? 그리고 나나 너와는 다른 생각을 가진 사람에게 판정해 달라고 한다면 이미 나나 너와 의견이 다르니 어떻게 판정할 수 있겠으며, 나나 너와는 같은 생각을 가진 사람에게 판정해 달라고 한다면 이미 나나 너와 의견이 같으니 어떻게 판정할 수 있겠는가? 그렇다면 나나 너나 그 사람이 모두 알 수 없으니 또 다른 사람을 찾아야 하는가?

既使我與若辯矣, 若勝我, 我不若勝, 若果是也, 我果非也邪. 我勝若, 若不我勝, 我果是也, 而果非也邪. 其或是也, 其或非也邪, 其俱是也, 其俱非也邪. 我與若不能相知也, 則人固受其黮闇. 吾誰使正之. 使同乎若者正之,既與若同矣, 惡能正之. 使同乎我者正之, 旣同乎我矣, 惡能正之. 使異乎我與若者正之, 旣異乎我與若矣, 惡能正之. 使同乎我與若者正之, 旣同乎我與若矣, 惡能正之. 然則我與若與人, 俱不能相知也, 而待彼也邪.(「齊物論篇」)

따라서 장자의 결론은 명쾌하다. 즉 시비나 진위 논쟁에 휘말리지 말고 자연의 질서에 따르라는 것이다. 자연의 질서에 따르는 것만이 절대적이며, 그것은 심재나 좌망 등을 통해 가능하다는 장자의 주장의 이면에는 자연적 질서의 완전함에 비해 인간의 인식 능력의 불완전성에 대한 통찰이 전제되어 있다.

나는 천지의 위대하고 완전함을 다 알지 못한다.
吾不知天地之大全也.(「田子方篇」)

우리의 삶에는 한계가 있지만 우리가 추구하는 지식에는 한계가 없다. 한계가 있는 것으로 한계가 없는 것을 추구하는 것은 위험하다.
吾生也有涯, 而知也無涯. 以有涯隨無涯, 殆已.(「養生主篇」)

사람이 알고 있는 것을 헤아려 보면 그가 알지 못하는 것보다 적다. 그가 살아 있는 시간은 그가 태어나지 않았던 때보다 짧다. 그와 같이 가장 작은 것으로써 가장 큰 세계를 모두 밝혀 내려 하기 때문에 혼란에 빠져 스스로 만족할 수가 없는 것이다. 따라서 '가느다란 털끝'이라는 말로 가장 작은 것을 충분히 다 표현할 수 있다는 것을 어떻게 알 수 있으며, 또 '천지'라는 말로 가장 큰 영역까지 충분히 다 표현할 수 있다는 것을 어떻게 알 수 있겠는가.
計人之所知 不若其所不知. 其生之時, 不若未生之時. 以其至小, 求窮其至大之域, 是故迷亂而不能自得也. 由此觀之, 又何以知豪末之足以定至細之倪, 又何以知天地之足以窮至大之域.(「秋水篇」)

당시에 가장 작은 것에 대한 비유로 흔히 사용하는 가는 털끝[毫末]

보다 더 작은 물질이 있을 수도 있고, 가장 큰 세계를 뜻하는 천지보다 더 큰 세계가 있을 수 있음을 인정해야 한다는 것이다. 그것은 바로 우리가 알고 있는 지식보다 모르고 있는 지식이 더 많다는 사실과 우리가 살아온 시간보다 태어나기 이전의 시간이 더 많다는 사실로부터 추론한 것이다. 장자는 이처럼 인간의 시간적·공간적 한계를 근거로 우리의 인식 능력의 불완전성을 지적하고 있다.

4. 무위와 자연의 질서

자연적 질서 혹은 법칙으로서의 도가 이성이나 일반적 경험에 의해 인식될 수 없다는 장자의 주장은 바로 그가 규정한 도의 몇 가지 특성에 그 논리적 기반을 두고 있다. 여기서 그가 설명한 도의 여러 가지 특성 가운데 인식 가능성의 문제와 관계가 있는 ①무차별성 ②보편성 ③무규정성 등의 측면에 한정하여 검토해 보기로 한다.

장자가 주장한 자연의 법칙 혹은 질서로서의 도는 어느 곳에나 존재하며,[74] 따라서 일정한 조건하에서는 어떤 사물에나 균등하게 적용된다. "천지가 비록 크다 하더라도 (道의) 영향력은 어느 사물에나 균등하며, 만물의 종류가 비록 많다 하더라도 그것들의 질서는 동일하다.……천지에 보편적으로 통하는 것은 덕이고, 만물에 널리 작용하는 것은 도이다"[75]라는 장자의 설명은 이를 뒷받침해 준다. 그는 도의 성격을 규정하는 말로써 무위·무형·무언·무욕·무사無私……등의 용어를 사용한다. 여기서 무위·무형·무언·무욕·무사……는 서로 긴밀하게 연관되어 있는데, 그것들은 한마디로 무위라는 말로 대표된다.[76] 그것은 바로 인간의 의식(혹은 의식적 행동—有爲)이 배제된 상태를 의미한다. 즉 자연의 운동 형태, 혹은 그 법칙이나 질서로서의 도는

무위라는 속성을 가지며, 무위(無形·無言·無欲·無私···)란 바로 무의
지적인, 따라서 '저절로 그러함'[自然]이라고도 설명될 수 있다.[77]

나는 나를 이 지경으로 만든 것이 무엇인가를 생각해 보았지만 알 수
없었다. 나의 부모가 어찌 내가 가난하기를 바라겠는가? 하늘은 사적인
감정으로 만물을 감싸주고 있는 것이 아니며, 땅은 사적인 감정으로 만
물을 받쳐주고 있는 것이 아니다. 그러니 천지가 어찌 사적인 감정으로
나를 가난하게 하였겠는가? 나를 이 지경으로 만든 것이 무엇인가를 찾
아보았지만 그 원인을 알 수가 없었다. 그럼에도 나는 이 지경이 되었으
니 이것은 자연의 명령[命]인가보다.

吾思夫使我至此極者, 而弗得也. 父母豈欲我貧哉. 天無私覆, 地無私
載, 天地豈私貧我哉. 求其爲之者而不得也. 然而至此極者, 命也夫.(「大宗
師篇」)

이 문장에서 주목하고자 하는 것은 천지라고 표현되는 자연은 무사
無私를 특징으로 한다는 점이다. 위에서 나는 '무사'를 '사적인 감정이
없음'으로 풀이하였지만, 중국 고대에서 '사私'는 구별·차별의 뜻을 가
지고 있다. 사私의 옛 글자는 '사厶'로서, 농사꾼이 자기 땅을 주장하기
위한 경계 표시로 둥근 고리 모양의 둘레를 그어놓은 형상이었다.[78]
즉 그것은 사적 소유와 관계를 가진 개념으로서 남의 것과 구별되는
자기 것, 공전公田과 구별되는 사전私田을 표현하기 위한 것, 즉 구별,
차별을 나타내기 위하여 사용된 개념이다. 중국 고대에 공公과 사私는
각각 공의公義·공리公利, 사욕私欲·사리私利를 뜻하는 개념으로 도
의道義와 물욕物欲, 혹은 의義와 이利의 관계로서 생각되기도 하였으
며 이것들은 서로 모순·대립 관계에 있는 것으로 이해되었다. 장자의
경우에 있어서도 이 양자는 모순 관계에 있지만 그것은 공의나 사리의
관계가 아니라 무의지적이고 무차별적인 자연적 질서와 차별적 인간
의 의식의 관계로 구별된다. 즉 장자는 인간의 의식이 개입된 모든 행

위를 '사私'라고 규정한 것이다. 이 점은 「천도편」의 "겸애라는 것 역시 현실과 동떨어진 것이 아닌가? '차별을 없앤다'[無私]고는 하지만 여전히 차별적이다"[79]라는 묵가에 대한 장자의 비판에서도 확인된다. 즉 유가의 차별애[仁]를 부정하고 무차별 평등을 주장하면서 제시된 묵가의 평등박애[兼愛]마저도 장자는 사私로 규정하고 있는 것이다. 실제로 위의 문장에서 '사'는 차별로 해석되기도 한다.[80] 따라서 위의 예문만으로도 장자는 자연[天地]을 무차별성으로 이해하고 있음을 알 수 있다. 장자가 이해한 자연은 의지나 목적의식이 없기 때문에 그것은 어떠한 편견이나 차별의식도 없다. "천지가 비록 크다 하더라도 (道의) 영향력은 어느 사물에나 균등하다"는 「천지편」의 명제나, "천지 자연은 전혀 편애하지 않는다"[天地不仁]는 노자의 표현이 바로 그러한 상태를 뜻한다. 「측양편」에서는 다음과 같이 공公과 사私를 대립적으로 이해하고 도는 불사不私, 즉 '공'의 성질을 가진다고 설명한다.

네 계절은 각기 다른 기를 가지고 있지만 자연은 그 중 어느 하나를 편애하지 않으므로 한 해가 완성될 수 있다. 국가의 다섯 가지 기구는 각기 다른 기능을 가지고 있지만 군주는 그 중 어느 하나를 편애하지 않으므로 한 나라가 다스려진다. 문사文事와 무사武事는 각기 다른 기능을 가지고 있지만 대인大人은 그 중 어느 하나를 편애하지 않으므로 자신의 덕이 완비된다. 만물은 각기 다른 이치를 가지고 있지만 도는 그 중 어느 하나를 편애하지 않으므로 이름이 없을 수 있다. 이름이 없기 때문에 무위할 수 있고, 무위하기 때문에 무불위無不爲(하지 않는 것이 없음)할 수 있다.……그러므로 천지라는 것은 형체를 가진 것의 큰 것이고 음양이라는 것은 기 가운데 큰 것이다. 도는 무차별적인 것으로서 그것의 큰 특징을 따서 이름으로 삼아 부르면 그만이다.
四時殊氣, 天不賜, 故歲成. 五官殊職, 君不私, 故國治. 文武大人不賜, 故德備. 萬物殊理, 道不私, 故無名. 無名故無爲. 無爲而無不爲.……故天地者形之大者也. 陰陽者氣之大者也. 道者爲之公, 因其大而號, 而讀之則可也.(「則陽篇」)[81]

여기서 도의 특성은 무차별성(不私, 즉 公)으로 규정되는데, 그것은 무위의 다른 한 측면이다. 앞의 장자의 상대주의를 논의하는 곳에서 장자가 각자의 개인적 혹은 집단적 입장에 따른 편견을 지양하고 제일齊一의 관점에 설 것을 주장하고 있음을 검토하였다. 또 장자는 기본적으로 자연과 인간을 대립적으로 파악하고 있다. 이러한 점들을 통해 그가 자연과 대립되는 인간의 한 특성을 차별성으로 규정하고 있음을 유추할 수 있다. 자연과 인간의 이러한 모순을 장자는 앞의 인용문에서 명命으로 이해한다. 즉 위의 "나는 나를 이 지경으로 만든" 원인은 인간에 있는 것이지 자연에 있는 것은 아니라고 보아야 하기 때문이다. 그러나 명을 '어찌할 수 없는 것', '인간의 이성으로 알 수 없는 것'이라는 의미로 이해한다면, 특히 전자로 이해한다면 장자는 당시의 빈부격차가 사회의 계층적, 경제적 차별에 기인한다는 것을 간과한 것이 아니라 그 극심한 격차가 장자와 같은 계층에 속한 인간으로서는 '어찌할 수 없는' 지경에까지 이르렀음을 보여주기 위한 것이라고 이해된다. 아무튼 장자가 자연과 그 운행 질서로서의 도의 가장 큰 특징의 하나로서 무차별성을 들었다는 점에 대해서는 이론이 없다. 따라서 장자는 차별적인, 분석적인 방법으로써는 그것에 도달할 수 없다고 주장한다.

　　지知가 북방의 현수玄水라는 물가를 여행하다 은분隱岺이라는 언덕에 올라가 마침 무위위無爲謂를 만났다. 지는 무위위에게 "저는 당신께 묻고 싶은 것이 있습니다. 무엇을 생각하고 어떻게 계획해야만 도를 알 수 있습니까? 어떻게 처신하고 어떻게 행동해야만 도를 따를 수 있습니까? 어디서 그리고 무엇부터 해야 도를 터득할 수 있습니까?"라고 물었다. 지가 이 같은 질문을 세 번이나 반복했지만 무위위는 대답을 하지 않았다. 대답을 하지 않은 것이 아니라 그 답을 알지 못했다.……지는 더 이상 물을 수 없어서 제궁帝宮으로 돌아와 황제黃帝를 만나 같은 질문을 했다. 황제는, "아무것도 생각하지 말고 아무것도 계획하지 말아야만 비로소 도를 알 수 있고, 어떻게도 처신하지 말고 아무것도 실천하지 말아야만 비로소 도에 안주할 수 있고, 어디에도 의지하지 말고 아무것도 따르지 말아야만 비로소 도를 터득할 수 있다"라고 일러주었다.

知北遊於玄水之上, 登隱弅之丘, 而適遭無爲謂焉. 知謂無爲謂曰, 予欲有問乎若. 何思何慮, 則知道. 何處何服, 則安道. 何從何道, 則得道. 三問而無爲謂不答也. 非不答, 不知答也.……知不得問, 反於帝宮, 見黃帝而問焉. 黃帝曰, 無思無慮, 始知道. 無處無服, 始安道. 無從無道, 始得道.(「知北遊篇」)

이 우화에서 드러나듯이 도는 일상적인 사고나 경험에 의해 얻어질 수 있다거나 체득되는 것이 아니다. 도는 "아무것도 생각하지 말고 아무것도 계획하지 말아야"하고, "어떻게도 처신하지 말고 아무것도 실천하지 말아야"하고, "어디에도 의지하지 말고 아무것도 따르지 말아야" 한다. 그래야 비로소 접근 가능한 것이다. 이는 도 즉 자연의 질서는 인간의 분석적·차별적 질서(人道=有爲)와는 본질적으로 대립적인 성격을 갖는다고 생각했기 때문이다.[82] 특히 여기서 장자에 의해 가장 인위적인 것 중의 하나라고 규정되는 지知와 가장 자연적인 행위라고 생각되는 무위(위의 인용문에서 '무위위'는 무위를 의인화한 것이다)를 대비하여 양자의 대립적인 성격을 부각시키고 있는 것이 주목된다. 이 우화는 "도를 수련하는 자는 날마다 덜어낸다. 덜어내고 또 덜어내서 아무것도 하지 않음[無爲]에 이른다. 아무것도 하지 않으면서도 하지 않는 것이 없다"[83]는 노자의 말로 결론을 맺는다. 한마디로 자연적 질서는 "아무것도 하지 않음"[無爲]에 의해 도달된다는 것이다. 노자나 장자에 있어서 무위란 말 그대로 아무것도 하지 않는 것을 의미하지는 않는다. 아무것도 하지 않는 행위의 결과는 '하지 않는 것이 없음'[無不爲]이기 때문이다. 결국 무위란 분석적이고 차별적인, 인위적인 의식이 개입된 모든 행위를 부정하는 말로서 무차별적인 행위, 자연적인 행위를 의미한다.

무위는 자연적 질서를 터득하기 위한 방법으로써 제시된 것일 뿐만 아니라 자연 자체의 성격을 규정하는 개념이기도 하다. 장자는 자연의 운행을 '아무것도 하지 않음으로써 한다'[84]라고 강조한다. 이 점은 노자의 경우도 같다. 『도덕경』의 "사람은 땅을 본받고 땅은 하늘을 본받고, 하늘은 도를 본받고, 도는 저절로 그러한 것을 본받는다"[85]라든가, "도는 항상 아무것도 하지 않으면서도 하지 않는 것이 없다"[86]라고 한 정의는 장자에 있어서도 그대로 수용된다. 도의 성격이 무위(無形·無言·無欲·無私…)라든가 '저절로 그러함'[自然]으로 규정될 경우 이것은 자연[天]이 바로 무위라든가 '저절로 그러함'으로 정의될 수 있음을 뜻하는 것이며, 그것은 또 자연 자체의 무의지적 성격을 설명하는 것에 다름 아니다. 무의지적 자연의 성격을 규정짓는 무위란 바로 자연의 무차별성과 함께 보편성을 의미한다. 장자는 다음과 같은 문답을 통해 도의 보편성에 대하여 설명하고 있다.

> 동곽자가 장자에게, "이른바 도는 어디에 있습니까?"라고 묻자, 장자는 "없는 곳이 없소"라고 대답하였다. 동곽자가 다시 "구체적으로 지적해 주시면 좋겠습니다"라고 하자, 장자는 "땅강아지나 개미에게 있습니다"라고 대답하였다. 동곽자가 "아무려면 그렇게 하찮은 데 있을까요?"라고 하자, 장자는 "강아지풀이나 돌피에 있습니다"라고 말하였다. 동곽자가 "점점 더 하찮은 것을 말씀하시는군요"라고 하자, 장자는 "기왓장이나 벽돌에도 있습니다"라고 다시 말하였다. 동곽자가 "갈수록 더 심해지는군요"라고 하자 장자는 "똥이나 오줌에도 있습니다"라고 하였다. 동곽자가 더 이상 대꾸를 하지 않자 장자는, "당신의 질문은 참으로 본질적인 데에 미치지 못합니다.……주周·편徧·함咸이라는 세 가지 말은 이름은 다르지만 그것이 뜻하는 것은 동일합니다"라고 설명하였다.
>
> 東郭子問於莊子曰, 所謂道惡乎哉. 莊子曰, 無所不在. 東郭子曰, 期而

後可. 莊子曰, 在螻蟻. 曰, 何其下邪. 曰, 在稊稗. 曰, 何其愈下邪. 曰, 在瓦甓. 曰, 何其愈甚邪. 曰, 在屎溺. 東郭子不應. 莊子曰, 夫子之問也, 固不及質.……周徧咸三者, 異名同實, 其指一也.(「知北遊篇」)

여기서 장자가 주장하고자 하는 것은 자연적 질서로서의 도는 한 나라의 지배자나 귀족 혹은 박식한 학자들만이 알 수 있는 그런 고고하고 존귀한 것이 아니라 기왓장이나 똥오줌에서도 발견될 수 있는 것으로서, 그것은 없는 곳이 없다는 것이다. 즉 도 자체는 보편적일 뿐만 아니라 무차별적이라는 점을 강조한 것이다. 이 점은 "아무것도 하지 않으면서도 하지 않는 것이 없다"는 정의와도 통하는 면이 있다. 즉 도는 어떤 차별적 편견도 갖지 않지 않기 때문에 보편적이 될 수 있고 나아가 '무불위無不爲'(하지 않는 것이 없음)할 수 있다는 것이다. 위의 문장에서 '주'·'편'·'함'은 모두 보편성을 뜻하는 말이다. 장자는 이 밖에 도의 보편성을 나타내는 말로써 '대통大通', '대동大同', '대일大一'이라는 용어를 쓰기도 한다.[87]

장자는 자연적 질서의 무차별성, 보편성과 함께 그것의 무규정성을 강조한다. "위대한 도는 말로 규정지을 수 없다. (도에 관한) 위대한 변론은 말하지 않는다.……도는 밝게 드러나지만 말할 수 없고, 언어를 통한 분석으로써는 그것에 도달할 수 없다."[88] 이 말은 도의 무규정성, 언어에 의한 전달의 불가능성에 대하여 강조한 것이다. 무차별적으로 어디에서나 발견될 수 있는 도가 우리의 일상적 경험으로써는 인식될 수 없고, 또 일상적 언어로써는 설명될 수 없다는 주장은 그 자체가 일견 모순처럼 보인다. 그러나 이 점은 그의 인간에 대한 규정, 즉 차별적, 상대적, 제한적 성격을 가지는 인간의 의식에 대한 그의 정의와 관계가 있다. 그는 자연적 질서를 인간의 질서와 대립되는 것으로 규정하며, 인간의 분석적 지식이나 이성에 의해서 자연의 질서를 이해하려고 할 경우 그것은 혼돈, 즉 무질서로 밖에 보이지 않는다고 생각한다.

> 남해의 제왕을 숙이라 하고 북해의 제왕을 홀이라 하며 중앙의 제왕을 혼돈이라고 한다. 숙과 홀이 가끔 혼돈이 사는 곳에서 만날 때면 혼돈은 두 제왕을 매우 극진하게 대접했다. 숙과 홀은 혼돈의 호의에 보답하려고 서로 상의했다. 그들은 "사람은 모두 일곱 개의 구멍이 있어서 보고, 듣고, 먹고, 숨쉴 수가 있는데 혼돈만이 그런 것이 없다. 그에게 구멍을 뚫어 주자"라는 결론을 내리고 하루에 구멍 한 개씩 뚫어 주었는데, 7일만에 혼돈이 죽고 말았다.
> 南海之帝爲儵, 北海之帝爲忽, 中央之帝爲渾沌. 儵與忽, 時相與遇於渾沌之地, 渾沌待之甚善. 儵與忽謀報渾沌之德, 曰, 人皆有七竅, 以視聽食息, 此獨無有, 嘗試鑿之. 日鑿一竅, 七日而渾沌死.(「應帝王篇」)

혼돈은 도 혹은 자연의 본 모습을 상징한다. 그것은 인간의 이성적 인식을 초월하고 있지만 일곱 개의 구멍[七竅 : 인간의 감각 기관]에 의해 비로소 인간의 인식 대상이 된다. 그러나 인간의 인식 대상이 된 혼돈은 이미 살아 있는 혼돈, 참된 의미의 혼돈이 아닌, 죽어 버린, 본래의 모습을 상실한 혼돈인 것이다. 따라서 혼돈으로 상징된 자연적 질서로서의 도는 영원히 이성적 인식의 대상이 될 수 없음을 보여주고 있다. 말하자면 이것은 인간의 사려나 분별심으로는 자연적 질서를 완전하게 이해할 수 없다는 것을 분명하게 보여주는 것이다.

여기서 제기되는 문제는 왜 자연적 질서나 객관적 자연 법칙을 장자는 혼돈으로 표현하고 그것을 감각 기관이나 사유를 통해서는 인식할 수 없는 것으로 묘사하였을까 하는 점이다. 그것은 바로 '모든 인식은 주관적일 수밖에 없다'는 장자의 기본 입장을 반영한 것이다. 즉 이것은 객관적이고 보편타당한 인식은 없다는 그의 기본 관점을 다시 한번 분명히 확인해 주는 것이다.

자연의 법칙이나 질서를 인간의 이성적 사유와 대립적인 것으로 규정한 장자의 기본 입장의 이면에는 그것을 이념적 도구로 사용하는 지배 계층의 강제에 대한 반발이 숨어 있음도 간과해서는 안될 것이다. 즉 그의 이러한 주장 속에는 자신들이 주장하는 도덕률이나 사회 제도를 자연의 법칙·질서—인간의 척도를 통해 이해한, 인간화된 자연의 법칙이나 질서—에서 연역해 냄으로써 논리적 근거를 확보하려는 지배 계층의 지배 이데올로기에 대한 근본적 거부감이 내재되어 있음에 주의해야 한다. "옳은 것만 존중하고 그른 것을 무시하며, 질서[治]만 존중하고 혼란[亂]을 무시하는 것은 천지의 이치와 만물의 실정에 밝지 못한 행위이다"[89]라는 그의 비판은 이 점을 보다 구체적으로 지적한 것이다.[90]

　적어도 자연 인식의 문제에 있어서 장자가 기여한 중요한 측면의 하나로 지적할 수 있는 것은, '무위'·'자연'을 자연 혹은 자연적 질서의 중요한 특징이라고 설명함으로써 천명론적 세계관에 중대한 타격을 주었다는 점이다. 말하자면 무목적적 자연 인식은 자연의 배후에 어떠한 인격적 존재도 있을 수 없으며, 자연 그 자체는 자기 원인에 의해 존재하고, 끊임없이 운동·변화하는 자연의 운행 질서는 인간 사회의 정치적 잘잘못이나 개인의 선악과는 아무런 관련 없이 저절로, 맹목적으로 진행된다는 것이다. 자연에 대한 장자의 이와 같은 주장은 그것과 관련된 그 이전의 단편적이고 비체계적인 관념을 종합하여 통일적·체계적으로 정리한 것이다. 그는 이 무목적적 자연 인식에 기초하여 모든 인간 중심적 자연 해석(有爲)을 거부하고, 그것이 가지고 있는 이데올로기성을 폭로하였는데, 그의 이와 같은 자연 인식은 이후의 비판적이고 진보적인 자연관의 형성을 위한 예비적 단계를 담당하였다. 그것은 특히 전국시대 말기를 대표하는 석학 순자의 자연관 형성에 많은 공헌을 하였다는 점에서 긍정적인 평가를 내릴 수 있을 것이다.[91]

1. 자연과 인위

중국 고대철학에서 인간론의 범주에 포함시킬 수 있는 중요한 논의 가운데 하나가 바로 인간의 본성 및 그것과 관련된 수양의 문제이다. 장자 이전뿐만 아니라 그 이후에도 인간 본성의 선악 여부에 관한 문제가 매우 심도 있게 논의되었으며, 그것은 인간론의 대부분을 차지한다고 해도 과언이 아니다. 인간의 본성은 모두 착하다는 맹자의 성선론을 비롯하여, 인간의 선천적 본성은 착하지도 악하지도 않다는 고자告子의 성무선무악론性無善無惡論, 어떤 사람은 선천적으로 본성이 착하고 어떤 사람은 선천적으로 본성이 악하다는 세석世碩의 성유선유악론性有善有惡論, 모든 인간은 선천적으로 본성이 악하다는 순자의 성악론 등은 그러한 논의의 풍토가 반영된 것들이다. 그러나 장자의 인간론에 있어서 특징적인 것은 그가 이러한 논의에 대하여 전혀 관심을 갖지 않는다는 점이다. 그는 이러한 논의를 매우 무의미한 것으로 간주한 듯하다. 왜냐하면 그러한 논의에 참여하고 있는 자들이 제시한 선, 혹은 악 그 자체가 이미 인간 중심주의적 혹은 계층적 편견, 그리고 서로 다른 이념과 실천적 노선에 기인하는 것이고, 따라서 그러한 기준 자체가 성립될 수 없다는 견해를 가지고 있었기 때문일 것이다. 인간의 본성에 대한 그러한 논의는 특히 유가의 경우, 자신들이 주장하는 윤리·도덕의 정당성을 입증하기 위해 제기된 것이라고 이해되었기 때문에 인위적 도덕이나 윤리를 강력하게 부정하는 장자에게 있어서 그러한 논의 자체가 무의미할 뿐만 아니라 해악한 것으로 비쳤을 것은 당연한 논리적 귀결로 보인다.

따라서 장자의 인간관에 대한 탐구에 있어서 여타의 중국 고대철학자의 경우와는 다른 접근 방식이 요청된다. 즉 그에게 있어서 인간의 본성에 대한 선악의 문제는 무의미한 것이다. 그뿐만 아니라 그가 이상적 인간형으로 제시한 지인至人이나 진인眞人 등에 대한 피상적 분석만으로는 인간에 대한 그의 견해가 밝혀지지 않는다는 것이 나의 생각이다.

이 장에서는 장자가 직접, 간접적으로 설명하고 있는 인간에 대한 문제들을 자연적 본성과 사회적 의식의 부분으로 나누어 설명하는 방법을 통해 인간에 대한 그의 견해에의 접근을 시도하면서, 앞에서 설명한 것들을 보다 구체적으로 검토할 것이며, 아울러 그것이 가지는 의미에 대해서도 고찰할 것이다.

자연과 인간의 관계에 대한 논의[天人關係論]는 중국 고대철학의 주된 테마의 하나이다.[1] 장자 이전의 경우 유가에서는 이 양자 사이의 대립을 인정하지 않는다. 유가에서는 천을 인격적·의지적 존재로 상정하고 그것을 인간 사회의 정치적 지배권이라든가 도덕의 원천으로 파악한다. 공자의 "하늘이 나에게 덕을 주었다"[2]라든가 "나이 50이 되어서 천명을 알았다"[3]라는 등의 자기 고백은 인간의 도덕의식이 천에서 기원하였음을 암시하고 있다. 맹자도 인간의 본성이 천에 근거한다는 전제하에 "자신의 마음을 다하는 자는 자신의 본성을 알 수 있고, 자신의 본성을 다하는 자는 바로 천을 알 수 있다"[4]라고 주장하며, 같은 곳에서 "타고난 마음을 보존하고 원래의 본성을 기르는 것이 천을 섬기는 방법이다"[5]라고도 말한다. 맹자는 천에 의해 규정되는 인간의 본성으로부터 인간 사회의 규범이 파생된다고 보고 있으며, 천과 인간의 본성과 도덕 규범은 서로 긴밀한 연관을 가지고 있을 뿐만 아니라 이 세 가지는 영구불변한 것으로 생각한다. 맹자의 소위 사단론四端論은 바로 이점을 가장 분명하게 보여주는 것이다. 결국 유가적 도덕규범의 절대화를 꾀하기 위한 든든한 주춧돌로 맹자가 선택한 것은 영원히 변하지 않는 인간의 본성이다. 유가에 기여한 맹자의 가장 큰 공헌은 바로 결코 무너지지 않을 이 주춧돌의 발견에 있다고 할 수 있다. 사단은 바로 유가적 도덕규범이 인간의 본성이라는 주춧돌 위에 세워져 있다는 것을 증명하려 한 것이다. 천을 인간 도덕의 원천으로 파악하는 이러한 사고는 『중용』에서 "천이 (인간에게) 명한 것을 본성이라고 한다"[6]라고 정식화된다. 자연과 인간에 대한 유가의 이러한 견해는 인간의 도덕성, 즉 '인도'는 결국 구체적으로 한 사회의 인간 관계를 규제해야 하는 것이므로, 인간 관계뿐만 아니라 만물, 즉 우주 전체까지도 규제하는 객관적인 '천도'와 일치해야 한다는 믿음을 근저에 깔고 있는 것이다. 따라서 유가에서는 인간의 실천을 통하여 드러나야 하는 인도 즉 주관적 도덕성의 존재론적 근거가 인간에 있는 것이 아니라, 바로 천도 즉 객관적 질서에 있다고 주장한다.[7] 따라서 그들은 자연과 인간을 대립적으로 파악하지 않고, 오히려 인간 도덕의 원천으로서의 천의 의지성을 암암리에 인정하면서 그에 회귀하여야만 한다는 결론을 이끌어 낸다.

장자는 중국 철학사에서 최초로 자연과 인간의 차이에 대하여 주목한 철학자라고 할 수 있을 것이다.[8] 그러나 자연과 인간을 대립적으로 파악하려는 견해의 맹아는 노자에게서도 보인다. 다음의 문장은 그 대표적인 예이다.

자연의 질서는 활시위를 끌어당기는 것과 같다. 높은 곳은 눌러 주고 낮은 데는 올려 주며, 남는 곳은 덜어 주고 모자란 데는 보태 준다. 자연의 질서는 남는 데서 덜어다가 모자란 데를 보태 준다. 인간의 질서는 그렇지 않다. 부족한 자에게서 덜어다가 남는 자를 받든다.
天之道, 其猶張弓與. 高者抑之, 下者擧之. 有餘者損之, 不足者補之. 天之道, 損有餘而補不足. 人之道, 則不然. 損不足而奉有餘.(『道德經』 제77장)

노자는 자연과 인간, 혹은 자연의 질서[天道]와 인간의 질서[人道]를 대비시키면서 그것이 서로 상반됨을 지적하고 있다. 노자에게 있어서 도라는 것은 엄격한 의미에서 자연의 질서[天道]만을 의미한다. 따라서 도의 범주 속에는 인간의 질서[人道]는 포함되지 않는다.[9] 노자의 이러한 견해는 주관적 도덕성(人道)의 근거를 인간이 아닌 객관적 질서(天道)에서 찾고자 하는 유가의 경우와는 크게 구별된다. 노자에게 서는 장자에서처럼 자연과 인간을 명백하게 대립적으로 파악하고 있다는 직접적인 언급은 발견되지 않지만 위의 예문은 그러한 사상의 맹아로 해석된다. 말하자면 위의 문장에서 인간(사회)의 현실적 질서는 오히려 자연의 질서와 상반된다고 설명하고 있는데, 이것은 인간과 그들이 이룩한 사회를 반자연적이라고 파악하고 있음을 보여주는 것이다.

장자는 자연과 인간의 대립에 대한 노자의 견해를 받아들이면서 그것을 보다 논리적으로 설명하고자 한다.[10] 장자는 인간이 자연의 일부임을 인정하지만 자연적인 것[天然]과 인위적인 것[人爲]을 엄격히 구분한다. 장자의 인간론에서 주목하여야 할 것은, 그에게 있어 '인人'은 인간(인류)이라는 의미와 인위라는 의미로 함께 쓰이며, 따라서 '인'의 개념과 대응되는 '천天' 역시 자연이라는 의미와 천연天然이라는 의미로 함께 쓰인다는 사실이다. 그러나 이 양자를 구분하든 혼용하든 장자철학의 인간론에서 '천'은 무위를, '인'은 유위를 특징으로 한다는 그의 기본 입장에는 변함이 없다. 이 점과 관련하여 유소감은 다음과 같이 정리하고 있다. "천은 한편으로는 자연계를 가리키고 또 한편으로는 자연히 그러한 것을 가리키는데 두 가지의 의미는 같지는 않지만 일치하는 점이 있기도 하다. 자연계는 산하山河와 대지를 통칭하는 것이고, 스스로 그러함[自然, 天然]은 만물의 본연이며, 자연계는 실유實

有이고, 자연은 실유의 성질과 모양[性狀]이며 실유의 천과 대칭 되는 인은 인류를 가리키고, 성상의 천과 대칭 되는 인은 인위를 가리킨다. 이것은 천의 두 가지 의미가 분명히 다르다는 것을 의미한다. 그러나 천의 성상의 의미는 사실 천이 실재한다는 의미에서 나온 것으로 이것은 천의 실재를 묘사하고 반영한 것이다. 따라서 자연히 그러한[自然而然] 천과 자연의 천 사이에 있는 일치점은 말하지 않더라도 아는 것이고 언제나 천의 두 가지 의미에서 『장자』의 사상을 이해해 가면 모두 통할 수 있다. 그러나 자세히 보면 두 가지는 여전히 구별된다"[11] 그런데 인간은 자연의 일부분이다. 따라서 개인이나 사회에 있어 자연적인 것[天然]과 인위적인 것[人爲]의 두 대립적 측면이 공존한다. 자연[天]과 인간[人]이 이렇게 복합적 의미를 가질 수 있는 것은 인간이 한편으로는 자연적 요소를 가지고 있으면서 다른 한편으로 자연과는 대립된 인간 고유의 것을 가지고 있다고 인식하고 있기 때문인데, 장자 철학에서는 대자연과 인간의 대립보다 자연(天然)과 인위의 대립이 강조되고 있다. 아무튼 장자철학에서 자연(無爲)과 인간(有爲)의 대립이란 바로 대자연과 인류의 대립을 가리킬 뿐만 아니라 개인이나 사회에서의 자연적 요소와 인위적 요소 사이의 대립까지도 포괄하는 말임은 분명하다.[12] 말하자면 대자연과 인간의 대립 및 자연적 요소와 인위적 요소의 대립은 자연(無爲)과 인간(有爲)의 대립 속에 포괄된다. 장자는 자연의 질서[天道―無爲]와 인간의 질서[人道―有爲] 사이의 모순을 바로 자연과 인간의 본질적인 모순으로 생각한다.

자연의 작용을 알고 인간이 해야 할 일을 아는 자는 지극한 경지에 이른 사람이다. 자연의 작용을 아는 자는 자연 그대로의 본성에 따라 살고, 인간이 해야 할 바를 아는 자는 자신이 알고 있는 것을 통해 자신이 알 수 없는 것을 보충해 간다.……무릇 지식에는 의존하는 대상이 있어야만 진위의 판단을 할 수 있는데, 그 의존하는 대상은 일정하지 않으니 내가 말한 자연이 인간이 아님을 어떻게 알 것이며 인간이 자연이 아님을 어떻게 알 것인가?

知天之所爲, 知人之所爲者, 至矣. 知天之所爲者, 天而生也. 知人之所爲者, 以其知之所知, 以養其知之所不知……夫知有所待而後當. 其所待者, 特未定也, 庸詎知吾所謂天之非人乎, 所謂人之非天乎.(「大宗師篇」)13)

여기서 장자는 자연의 영역에 속하는 것과 인간의 영역에 속하는 것이 있음을 전제하고 이 양자를 분명히 구분할 것을 강조하고 있으며, 뒷부분에서는 자연과 인간이 서로 대립적임을 시사한다. '자연의 작용'이란 인간의 삶과 죽음이나 춘하추동 등 사계의 운행과 같은 자연적 필연성을 가리킨다. '인간이 해야 할 일'이란 바로 이러한 필연성을 명확하게 인식하고, 그에 기초하여 "해야 할 것"과 "하지 말아야 할 것"을 구분할 줄 알아야 한다는 것을 의미한다.14) "자연의 소인은 인간 세계의 군자이고, 인간 세계의 군자는 자연의 소인이다"15)라는 말은 자연과 인간을 대립 개념으로 파악하면서, 특히 자연과 인간 사회의 가치나 질서가 상반된다고 이해한 것이다. 즉 현실적으로 인간의 모든 유위적·작위적 행위는 비자연적 혹은 반자연적인 것이며 그것들이 자연을 파괴한다는 의미에서 그는 인간과 자연을 대립적으로 파악한다.16) 따라서 그는 인간적인 것(人爲)으로 자연적인 것(天然)을 파괴하지 말라고 경고한다. 다음의 예문은 이와 같은 그의 생각을 가장 잘 반영한 것이다.

북해약北海若이 (河伯에게) "자연의 질서를 아는 자는 반드시 만물의 이치에 통달해 있다……그러므로 '자연적인 것은 사물의 내면에 있고 인위적인 것은 그 외부에 있으며 본성[德]은 자연[天]에 근거한다'고 한 것이다. 따라서 자연적인 것과 인간의 행위에 의한 것을 잘 구분하여 자연적인 것에 근거하고 본성에 의지하도록 해야 한다……"라고 하자 (하백이) "무엇을 자연적인 것이라 하고 무엇을 인위적인 것이라고 합니까?"라고 물었다. 북해약은 다음과 같이 설명하였다. "소나 말이 네 발을 가진 것을 자연적인 것이라 하고, 말의 머리를 얽어매고 소의 코를 뚫는 것을 인위적인 것이라고 한다. 그러므로 '인위적인 것으로 자연적인 것을 파괴하지 말고 의식적 행위[故]로써 자연의 명령[命]을 저버리지 말고 명성을 위해 타고난 본성을 희생하지 말라'고 하는 것이다. (자연, 命, 德 등의 상태를) 잘 유지하여 잃지 않는 것을 자연 상태(본래의 모습)로 돌아가는 것이라고 말한다."

北海若曰, 知道者, 必達於理.……故曰, 天在內, 人在外. 德在乎天. 知天人之行, 本乎天, 位乎得,……(河伯)曰, 何謂天, 何謂人. 北海若曰, 牛馬四足, 是謂天, 落馬首, 穿牛鼻, 是謂人. 故曰, 無以人滅天. 無以故滅命, 無以得殉名. 謹守而勿失. 是謂反其眞.(「秋水篇」)17)

장자는 이와 같이 자연적인 것(天)과 인간적인 것(人)을 각각 내적인 것과 외적인 것으로 규정하고 있는데, 이는 『장자』 전편의 일관된 생각이다. 물론 내적이라든가 외적이라고 해서 단순하게 내면, 외면으로 분류할 수는 없겠지만, 그것이 의도하는 바는 자연적인 것이 선천적으로 타고난 것이고 불변적이며 일차적임에 비해 인간적인 것은 후천적으로 획득된 것이고 가변적이며 부차적이라는 것임을 보여주는 데 있다.18) 소와 말의 예를 들어 인위적인 것과 자연적인 것을 설명하면서 인위로써 자연을 파괴하지 말아야 한다는 그의 주장은 매우 설득력 있게 들린다. 인간과 자연에 대한 대립적 파악은 바로 인간에 의한 자연(대자연, 자연적 본성) 파괴를 경고하는 데 그 취지가 있다. 장자에게 있어 자연은 순자에서 보듯이 정복이나 이용의 대상이 아니라, 두려움과 외경의 대상일 뿐만 아니라 미적 대상이기도 하며 그 자체로 완벽한 존재로 파악되고 있기 때문이다.19) 따라서 『장자』에는 인간의 자연 파괴에 대한 문제가 매우 빈번하게 거론된다. 이에 관한 대표적인 것이 내편 마지막의 '혼돈우화'이다. 남해의 제왕 숙과 북해의 제왕 홀이 중앙의 제왕 혼돈을 위해 일반적인 인간의 모습과 같이 이목구비 등 일곱 개의 구멍을 뚫어주었더니 7일만에 혼돈이 죽어버렸다는 내용의 이 이야기는 여러 가지 각도에서 분석해 볼 수 있다. 자연에 대한 인간 중심주의적 획일화의 위험성이라든가 그와 관련된 양생養生의 문제 등을 말한다고 볼 수도 있으며, 앞의 장에서 설명한 것처럼 자연적 질 서를 인간의 이성이나 감각 기관을 통해 인식할 수 없다는 점을 설명 하기 위한 것 등으로 해석할 수도 있다. 그것은 또 인간에 의한 자연의 파괴에 대한 경고의 의미를 갖는 것이라고도 해석할 수 있다. 장자는 인간에게 있어 자연성의 파괴는 도덕·법률·기술 등에서 가장 극명하 게 드러난다고 주장한다. 그의 주장에 따르면 도덕이나 법률, 기술은 가장 인간적(인위적)인 것이다. 따라서 다른 여러 학파에 대한 그의 비 판의 초점은 바로 여기에 맞추어져 있다.

2. 인간 속의 자연

인간에 대한 여러 가지 정의들은 각각 인간이 동물과 구별되는 특징 을 들고 있는데, 일반적으로 인간이 사회를 형성하고 문명을 이룬 점 에 주목하여 그러한 특징이나 그 원인이 되는 점을 지적하고 있다. 즉 인간은 정치적 동물이라는 아리스토텔레스의 정의를 비롯하여, 직립 보행을 한다든가, 노동하는 동물이라든가, 도구를 만드는 동물이라든 가, 혹은 불을 사용한다든가, 생각을 한다든가 하는 여러 가지 특징들 을 들어 인간을 정의하면서 인간의 사회성과 그들이 창조한 문화, 혹 은 그러한 것들의 원인이라고 할 수 있는 점에 대하여 관심을 기울이 고 거기서 동물과 구별되는 가장 큰 특징을 찾음으로써 인간을 규정하 고 있다.

맹자는 인간이 동물과 구별되는 가장 큰 특징을 인간의 도덕적 지향성에서 찾는다. 즉 인간은 선善을 지향하는 본성을 가지고 있는데 이 점은 인간을 동물과 구별되게 해주는 가장 근본적이고 중요한 특징이라는 주장이다.

후직后稷이 백성들에게 농사일을 가르치고 오곡을 경작하도록 하였다. 오곡이 익어서 백성을 길렀다. 사람에게는 도가 있다. 배부르게 먹고 따듯하게 입고 편안하게 살더라도 교육이 없다면 짐승에 가깝기 때문에 성인이 이를 근심하여 설契을 사도司徒로 임명하여 인륜을 가르쳤다. (그 요점은) 부자 사이에는 친함이 있어야 하며, 군신 사이에는 의리가 있어야 하고, 부부 사이에는 구별이 있어야 하며, 나이 많은 이와 적은 이 사이에는 차례가 있어야 하고, 친구 사이에는 믿음이 있어야 한다는 것이다.

后稷教民稼穡, 樹藝五穀, 五穀熟而民人育. 人之有道也, 飽食煖衣, 逸居而無教, 則近於禽獸. 聖人有憂之, 使契爲司徒, 教以人倫. 父子有親 君臣有義, 夫婦有別, 長幼有序, 朋友有信.(『孟子』「滕文公上篇」)

인간이 동물과 다른 점은 거의 없지만, 서민은 그 다른 점을 없애 버리고 군자는 잘 보존한다. 순임금은 여러 사물의 이치에 밝고 인륜을 통찰하여 인의仁義에 의해 행동하였으며 인의를 (의식적으로) 행한 것은 아니었다.

人之所以異於禽獸者, 幾希, 庶民去之, 君子存之. 舜明於庶物, 察於人倫, 由仁義行, 非行仁義也.(『孟子』「離婁下篇」)

맹자는 인간이 여타의 동물과 다른 것을 인간에게 도(사회적 질서)가 있다는 점에서 찾고 있다. 도의 구체적인 내용은 소위 오륜이라고 불리는 것으로서 군신, 부자, 부부, 장유長幼, 붕우朋友 사이의 윤리 규범을 말한다. 그것은 한 편으로 인의라는 말로도 표현되는데, 맹자에 의하면 이는 소인에게서는 찾아볼 수 없는 점이다. 그러나 인의仁義 등의 단서, 즉 가능성은 소인뿐만 아니라 모든 인간이 보편적으로 가지고 있다는 것이 맹자의 생각이다.

불쌍히 여기는 마음이 없으면 인간이 아니다. 부끄러워하는 마음이
없으면 인간이 아니다. 사양하는 마음이 없으면 인간이 아니다. 시비를
가리는 마음이 없으면 인간이 아니다. 불쌍히 여기는 마음은 인仁의 조
짐이고, 부끄러워하는 마음은 의義의 조짐이고, 사양하는 마음은 예禮의
조짐이고, 시비를 가릴 줄 아는 마음은 지智의 조짐이다. 사람이 이 네
가지 조짐[四端]을 가지고 있는 것은 사람에게 사지가 있는 것과 같다.
　無惻隱之心, 非人也. 無羞惡之心, 非人也. 無辭讓之心, 非人也. 無是非
之心, 非仁也. 惻隱之心, 仁之端也. 羞惡之心, 義之端也. 辭讓之心, 禮之
端也. 是非之心, 智之端也. 人之有是四端也, 猶其有四體也.(『孟子』「公
孫丑上篇」)

맹자는 사단四端이 인간을 규정짓는 가장 본질적인 특징이라고 생
각한다. 즉 도덕적 선의 가능성으로서의 사단은 인간의 선천적 본성
즉 사덕四德에 근거를 두고 있는 것이다. 이러한 주장의 근거는 인간
이 태어나면서부터 그러한 것을 선천적으로 갖추고 있는 것이지, 그러
한 것이 후천적으로 습득될 수 없다는 그의 분명한 언급에서도 확인된
다. "측은히 여기는 마음은 모든 사람이 다 가지고 있다. 부끄러워하고
미워하는 마음은 모든 사람이 다 가지고 있다. 공경하는 마음은 모든
사람이 다 가지고 있다. 옳고 그름을 가리는 마음은 모든 사람이 다
가지고 있다.……인의예지는 밖에서 나에게 스며들어온 것이 아니다.
그것은 내가 원래부터 갖고 있던 것이다."[20] 이처럼 그는 인간을 도덕
적 주체로 이해할 뿐만 아니라 도덕적 선의 근원으로서의 인간의 자연
적 본성을 천에 귀속시킴으로써 자연 자체를 도덕적 실체로 파악하고
있다. 인간 본성의 보편성·불변성은 도덕의 절대적이며 초시대적 불변
성을 연역하는 근거가 된다. 맹자의 이와 같은 인간 규정도 인간의 사
회적 측면을 중시한 데서 나온 것이다. 전국시대 유가를 대표하는 맹

자의 이러한 주장들은 장자에 의해 비판된다.[21] 즉 인간의 본성을 도덕적으로 파악한다든가, 도덕의 절대화를 꾀하는 유가 철학은 장자의 주된 비판의 초점이 되고 있다.

장자는 인간의 본성이 두 가지 상이한 측면을 가지고 있다고 생각한다. 즉 그는 인간을 자연적이면서 동시에 비자연적인 두 가지 모순된 측면을 가지고 있는 존재로 파악한다. 이 두 가지 모순은 바로 인간이 두 가지 상이한 충동과 욕구를 가진 존재임을 뜻한다. 즉 식욕과 성욕 등과 같이 인간성의 본질적 욕구를 구성하는 부분과 그와는 다른 상대적 욕구나 충동의 부분이 있음을 인정한 것이다.[22] 장자는 전자를 자연적이며 인간 본성 속에서도 기본적인 부분일 뿐만 아니라 그것을 통해 자연과의 조화가 가능하다고 생각한 반면, 후자에 대해서는 비자연적, 즉 역사적이고 사회적으로 형성된 상대적 본성이며, 그것은 자연적 본성을 해친다는 점에서 반자연적이라고 규정한다. 그는 인간 본성과 욕구 가운데 자연적인 측면에 대해서 강조하고 그러한 것만이 본질적이라고 생각한 반면 사회적인 측면을 강조하는 모든 이념과 학문에 대해서는 비판, 부정한다. 따라서 나는 장자 사상 체계에서의 인간의 본성을 '자연적 본성'과 '사회적 의식'으로 나누어 검토하기로 한다. 이것은 인간이 선천적으로 타고난 '자연적 본능'과 역사적으로 획득된 '사회적 의식'으로 구분할 수도 있는데, 장자에 있어서 '덕德'·'성性' 등은 전자에 속하고 '심心'과 그것으로부터 발생한 '지知'는 후자에 속한다.

인간의 본성은 어떠한 것인가, 인간은 가장 본질적인 점에서 무엇에 의해 다른 모든 생물과 구별되는가라는 문제의 해결은 단지 세계관적 의의를 지닐 뿐만 아니라, 인간에 관한 그 밖의 철학적 제 문제의 연구에 대해 방법론적 의의를 가지고 있다. 심리학, 윤리학, 인류학, 생물학

등과 같은 개별적인 사회학 및 자연 제 과학에 의한 인간의 다양한 제 문제의 해결이 갖는 성격은 이 문제에 대한 회답의 여하에 달려 있다.[23] 그러나 장자는 이러한 문제제기의 중요성을 인정하지 않는다. 그는 여타의 사상가들과는 달리 인간을 정의함에 있어 동물과의 차이점보다 같은 점에 주목한다. 이러한 그의 견해는 인간에 대한 정의의 포기처럼 보이기도 한다. 그는 우선 인간이 동물에 대하여 가지고 있는 일반적인 우월의식이 근거 없다는 데서부터 인간론을 전개한다.

사람은 습기가 많은 데서 자면 허리병이 생겨 반신불수가 되지만 미꾸라지도 그런가? 또 사람은 나무 위에 올라가 있으면 부들부들 떨면서 두려워하지만 원숭이도 그런가? (그렇다면) 사람과 미꾸라지와 원숭이, 이 셋 중에서 누가 과연 올바른 거처를 안다고 할 수 있겠는가?……모장과 여희를 인간들은 아름답다고 하지만 물고기가 그들을 보면 물 속으로 숨어 버리고 새들은 놀라서 하늘 높이 날아 올라가 버리며 사슴떼는 부리나케 도망갈 것이다. (인간과 물고기와 새와 사슴 등) 이 넷 중에서 누가 세상의 올바른 아름다움을 안다고 할 수 있겠는가?
民溼寢, 則腰疾偏死, 鰍然乎哉. 木處, 則惴慄恂懼, 猨猴然乎哉. 三者孰知正處.……毛嬙麗姬人之所美也. 魚見之深入, 鳥見之高飛, 麋鹿見之決驟. 四者孰知天下之正色哉.(「齊物論篇」)

그는 인간이 다른 동물에 비해 우월성을 주장할 수 있는 아무런 근거가 없다고 할뿐만 아니라 인간과 무생물 사이에 있어서도 본질적으로 어떠한 우월성을 인정하려고 하지 않는다. 따라서 그는 인간이 여타의 동물과 어떤 면에서 다른가에 대해서도 그다지 주목하지 않는다. 오히려 그는 인간과 동물 사이에 아무런 질적인 차이를 두지 않는 것을 이상적이라고 주장한다. 물론 현실적으로는 인간과 동물, 인간과 인간 사이에는 서로 다른 점이나 우열이 엄연히 존재한다. 그러나 그 것은 자연적인 모습, 본질적인 모습이 아니라는 것이 장자의 주장이다.

장자에 의하면 현실적으로 존재하는, 일반적으로 믿고 있는 인간과 동물 사이의 차이는 바로 인간의 편견에 의한 것이다. 이러한 편견은 인간 중심주의적 우월의식에 기인한 것으로서 그것은 바로 인간과 동물이 가지고 있는 자연적 본성의 파괴로 귀결된다는 것이다.

> 옛날 노 나라 교외에 바닷새가 날아와 앉아 있었다. 노 나라 임금은 그것을 친히 맞아들여 종묘 안에서 술을 대접하고 구소九韶라는 음악을 연주하여 즐겁게 해 주었으며 성대한 음식을 차려다가 먹게 했다. 그런데 새는 눈이 어지러워지고 근심과 걱정에 쌓여 한 조각의 고기도 먹지 못하고 한 잔의 술도 마시지 못한 채 3일만에 죽고 말았다.
> 昔者海鳥止於魯郊. 魯侯御而觴之于廟, 奏九韶以爲樂, 具太牢以爲膳. 鳥乃眩視憂悲, 不可食一臠, 而不敢飮一杯, 三日而死.(「至樂篇」)

성대하고 화려한 접대였지만 새는 결국 굶주려 죽었다. "인간을 대접하는 방법으로 새를 대접한 것이지 새를 기르는 방법으로 새를 대접한 것이 아니기 때문"[24]이었다. 인간이 중심이 되어 인간의 눈으로 자연을 판단하고 인간의 기준으로 자연을 대할 때 결국 비극이 발생한다는 것이다.

그렇다면 구체적으로 장자가 규정하고자 하는 인간의 자연적 본성은 무엇인가? 이에 대한 대답은 바로 인간이 동물과 같은 점이 무엇인가라는 물음의 대답 속에 있다. 장자는 다음과 같은 설명을 통해 의식되지 않는 삶, 즉 '생명활동'만이 인간의 자연적이고 본질적인 삶의 방식이며, 또 이것은 동물의 그것과도 구별되지 않는다고 강조한다.

> (이상적인 사회의) 백성들에게는 자연으로부터 부여받은 참된 본성이 있다. (그 가운데 하나는) 스스로 옷을 짜서 입고 밭을 갈아먹는 것인데, 이를 자연적 본성과의 일치[同德]라고 한다. (또 다른 하나의 특징은) 모든 사람이 한결같아서 편을 가르지 않는 것인데, 이것을 자연으로부터

부여받은 자유[天放]라고 한다. 따라서 타고난 본성대로 살아가는 세상(至德之世)의 사람들은 걸음걸이가 느릿느릿하고, 시선이 고정되어 있었다. 이때 산에는 작은 길도 없고 물에는 배나 다리도 없었다. 만물은 무리 지어 생겨나서 서로 뒤섞여 살았다. 새와 짐승은 떼를 이루고 초목은 마음껏 자랐다. 그러므로 짐승은 끈을 매서 함께 놀 수가 있었고 까치 둥지에 올라가 그 속을 들여다 볼 수가 있었다. 모든 사람이 자연적 본성에 따라 살아가는 세상인 지덕지세에서 인간은 동물과 함께 생활하였고 만물과 함께 뒤섞여 있어 구분이 없었으니, 어떻게 군자나 소인의 구별을 알았겠는가?

　　彼民有常性. 織而衣, 耕而食, 是謂同德. 一而不黨, 命曰天放. 故至德之世, 其行塡塡, 其視顚顚. 當是時也, 山無蹊隧, 澤無舟梁. 萬物群生, 連屬其鄕. 禽獸成群, 草木遂長. 故其禽獸可係羈而遊, 烏鵲之巢可攀援而闚. 夫至德之世, 同與禽獸居, 族與萬物竝. 惡乎知君子小人哉.(「馬蹄篇」)

여기서 장자는 사적소유가 존재하지 않는 사회, 따라서 어떠한 차별도 없는 사회를 이상적인 사회로 그리고 있으며, 그러한 사회에서만이 인간은 자기의 본성과 자연적으로 타고난 능력을 완전히 발휘할 수 있고 개인의 완전한 자유가 보장된다고 생각하고 있음을 알 수 있다. 위의 예문에서 그는 자연공동체 사회에서 생활하는 백성들의 두 가지 특징을 들고 있다. 구체적으로 말하면 자급자족적 생활[織而衣, 耕而食]과, 인간과 자연, 인간과 인간에 대한 차별의식이 없는 것[一而不黨](보다 정확하게 말하자면 의식 자체가 없는 것)을 장자는 자연 상태에서 생활하는 인간의 특징, 혹은 본성이라고 설명한다. 자급자족적 생활은 '자연적 본성과의 일치[同德]'를 유지할 수 있도록 하며, 차별의식을 갖지 않는 것은 '자연으로부터 부여받은 자유[天放]'를 가능하게 한다는 것이다. 말하자면 원시적 자연공동체 사회의 백성들에게서 발견되는 두 가지 특징이란 각각 자연과의 일치, 인간과 인간과의 일치에 다름 아니다. 즉 자연과 인간, 인간과 인간이 분리될 때가 아니라 일치될 때, 그 양자가 구별될 때가 아니라 구별되지 않을 때 인간의 자연적 본성이 보존된다는 것이다. 그것은 인간이 가지고 있는 모든 사회적 의식이 소멸되었을 때만 가능한 것이다. 그러므로 장자가 주장하는 인간의 자연적 본성은 사회적 의식의 부정을 의미한다. 따라서 자연적 본성에 따라 사는 사람들은 "행동이 단정하면서도 그것이 의義라는 것을 알지 못하고, 서로 사랑하면서도 그것이 인仁이라는 것을 알지 못하며, 진실 되면서도 그것이 충忠이라는 것을 알지 못하고, 언행이 일치하면서도 그것이 신信이라는 것을 알지 못하며, 동물처럼 (아무 생각 없이) 움직이면서 서로 도와주더라도 고맙게 생각하지 않는다. 이 때문에 어떤 행위를 하더라도 흔적이 없고 일을 하더라도 전해지는 것이 없다."25) 그것은 바로 자기의 행위에 대한 의식이나 자각이 없기 때문이다. 노장이 즐겨 쓰는 '무위'·'자연'이라는 개념이 인간에게 적용될 때는 바로 이러한 무의식적 행위, 즉 '생명활동'을 의미한다. 장자는 인간의 이러한 특징(즉 인간과 자연, 인간과 인간, 인간과 동물을 구분하는 의식이 없는 자연상태의 인간의 특징)에 근거하여 인간의 자연적 본성은 동물의 그것과 같다는 결론을 이끌어 낸 것이다.

장자는 기본적으로 인간을 포함한 모든 동물의 자연적 본성이 같다고 생각한다. 그것은 덕을 매개로 한다. 장자에게 있어서 덕은 인간과 인간뿐만 아니라 인간과 자연, 인간과 동물의 동질성을 확인하는 매개고리이다. 덕은 물론 인간뿐만 아니라 동물과 만물의 자연적 본성 혹은 본능이나 기능을 의미하기도 한다. 이러한 주장은 「천지편」의 "태초에 무가 있었다. 유도 없었고 이름도 없었다. 무엇인가 하나가 발생하였는데, 그 하나는 존재하기는 했지만 형체는 없었다. 사물은 그것을 얻음으로써 발생하는데 그것을 덕이라고 한다.……"26)라든가, "그러므로 유형의 것은 도가 아니면 발생할 수 없고, 발생한 것은 덕이 아니면 밝게 드러날 수 없다"[27]라는 등의 자료에 근거한 것이다. 중국 고대어에서 '덕德'은 '득得'이라는 말과도 통한다. 자연의 질서를 인간이 타고 태어났다는 의미이다. 즉 그것은 자연적으로 타고난 기능이나 능력, 혹은 자연적 본성을 뜻하는 말이며, 내산준언內山俊彦의 표현을 빌면 내적 자연을 뜻한다.[28] 그러나 장자가 사용한 덕의 개념 속에는 자연적 본성이나 자연적 기능의 의미 이외에 인격이나 은혜의 뜻도 동시에 지니고 있다.[29] 『장자』 내편에서는 자연적 본성을 뜻하는 말로 덕이라는 말이 주로 쓰이지만, 외·잡편에서는 성이라는 말이 그와 함께 쓰인다.[30] 덕이든 성이든 인간의 내적 본질, 자연적 본성을 표현한다는 점에서는 차이가 없다.[31] 그런데 이 자연적 본성으로서의 덕 혹은 성의 내용은 인간의 가장 기본적인 욕구에 한정된다. 고자告子의 표현을 빌면 식욕[食]과 성욕[色]이 바로 그것이다. 맹자의 논적 고자告子는 맹자와의 논쟁 과정에서 "타고난 것이 본성이다"[生之謂性]라고 전제하고 그것의 구체적 내용과 관련하여, "식욕과 성욕이 본성이다"[食色性也]라고 주장하면서 인간과 동물에 공통된 생리적 본능만이 인간의 자연적 본성이라고 강조한다. 이것은 맹자의 도덕적 인간론을 정면으로 부정한 것이다.[32] 고자는 인간의 타고난 본성은 착하지도 악하지도 않다고 주장하는 성무선무불선론자性無善無不善論者이다. 고자의 이 주장은 사회적 기준인 선과 악으로써 인간의 자연적 본성을 규정할 수 없다는 점을 분명히 한 것으로서 유가의 도덕적 인간론이나 인간의 본성에 근거하여 설명되는 모든 도구화된 이념을 부정하고 있다. 고자의 인성론은 바로 이 점에서 장자의 그것과 일치한다. 특히 인간의 본성은 '식욕과 성욕'일 뿐이라는 고자의 구체적 지적은 탁월한 것이라고 평가할 수 있는데, 장자가 말하려고 하는 본능으로서의 자연적 본성이 구체적으로 무엇인가를 유추해 볼 수 있는 자료로서도 중시되어야 할 것이다. 물론 『도덕경』이나 『장자』에는 '식욕'과 인간의 자연적 본성을 연관지어 설명하고 있는 자료는 많지만, '성욕'을 의미하는 '색色'은 발견되지 않는다. 그러나 인간 본성에 대한 기본 입장과 그러한 인간론이 의도하는 바에 있어서 장자는 고자와 일치한다. 따라서 장자가 말하는 자연적 본성의 구체적 내용을 고자의 표현을 빌어 '식욕과 성욕'이라고 정의한다 하더라도 『장자』의 전체적인 논지를 벗어나지 않으며, 그것은 오히려 장자철학에 대한 이해를 도울 수 있다는 것이 나의 생각이다. 장자에 있어서 덕 즉 자연적 본성이란 바로 온전한 삶에 대한 욕구에 다름 아니다. 온전한 삶이란 자연적 본성이 외적인 대상에 의해 방해받지 않는 삶을 말할 뿐만 아니라 여러 가지 사회적 강제로부터 질곡 당하지 않는 삶을 의미한다. 어떤 동물에게나 그러한 자연적 본성, 즉 생명 보존 및 종족 번식의 욕구가 있다는 점에서 그는 인간을 포함한 모든 동물이 본질적으로 차이가 없다고 생각한다. 이러한 그의 기본적 입장은 "인간을 도덕적이기 이전에 생의 충동으로 파악"[33]한 노자의 사상과 차이가 없다.

　　지식인을 채용하지 않음으로써 백성들이 다투지 않도록 하라. 얻기 어려운 재물을 소중하게 생각하지 않음으로써 백성들이 도둑이 되지 않도록 하라. 탐 낼 만한 것을 내보이지 않음으로써 백성들의 마음이 혼란스럽지 않도록 하라. 이러한 이유에서 성인의 정치는 백성의 의식을 텅 비도록 하는 반면 백성의 배를 채우며, 백성의 의지를 약하게 하는 반면 백성의 뼈를 튼튼하게 하며, 항상 백성들을 무지·무욕하게 하되 지혜로운 자가 나서지 않도록 한다.
　　不尙賢, 使民不爭. 不貴難得之貨, 使民不爲盜. 不見可欲, 使民心不亂. 是以聖人之治, 虛其心實其腹, 弱其志强其骨, 常使民無知無欲, 使夫智者不敢爲也.(『道德經』 제3장)

노장에 의하면 지식이나 재물 등에 대한 욕구는 본질적인 것이 아니다. 반면 배를 채우고 뼈를 튼튼하게 하는 것, 즉 생존과 건강의 유지에 대한 욕구는 인간의 본질적인 부분에 속한다. 여기서 무지·무욕이란 그러한 본질적인 부분에 대한 욕구를 제외한 일체의 지식이나 재물에 대한 욕구가 없는 것을 의미한다. 즉 노자가 주장하는 무욕이란 철저하게 모든 욕구를 배제한 것이 아니라 물질적 대상을 통해 의식적으로 만족을 추구하려 하지 않는 것을 의미한다.34)『도덕경』의 "자기 본래의 음식을 맛있게 먹고, 본래의 옷을 아름답게 여기고, 본래의 거처를 편안하게 생각하며 본래의 풍속을 즐긴다"35)라는 말은 본질적 욕구의 구체적인 모습이 무엇인가를 말해 준다. 노장에 의하면 비본질적인 욕구는 인간의 자연적 본성을 해친다. 따라서 노자는 "찬란한 색채는 사람의 눈을 멀게 하고, 황홀한 음악은 사람의 귀를 멀게 하며, 갖가지 맛있는 음식은 사람의 입맛을 잃게 하고, 말을 달려 사냥하는 것은 사람의 마음을 미치게 하며, 얻기 어려운 재화는 사람의 행동을 구속한다"36)고 전제하고 식욕과 같이 기본적인 욕구만을 채우도록 할 것을 요청한다. 즉 동물적이고 본능적이며 자연적인 욕구만이 본질적인 것이다. 그러한 상태를 노자는 구체적으로 영아嬰兒라든가 적자赤子 등 갓난아이에 비유하고 있다.

> 덕이 뛰어난 사람은 갓난아이에 비유된다.……(갓난아이는) 몸의 뼈와 힘줄이 부드럽지만 손으로 잡는 힘은 세다. 아직 암수의 교미를 모르지만 고추가 발기하는 것은 자연의 정기가 지극하다는 증거이다. 온종일 울어도 목이 쉬지 않는 것은 자연에 순응하여 화기가 지극하다는 증거이다.
> 含德之厚, 比於赤子……攫鳥不搏, 骨弱筋柔而握固, 未知牝牡之合而全作, 精之至也, 終日號而不嗄, 和之至也.(『道德經』 제55장)37)

노자가 제시한 영아, 적자 등 갓난아이는 무지·무욕의 상징이다. 따라서 '덕이 뛰어난 사람'이란 무지·무욕한 상태, 즉 아무런 의식도 없고 욕망도 없이 자연적 본성에 따라 사는 사람을 뜻한다. 인간의 자연적 본성에 대한 장자의 정의는 바로 노자의 이러한 주장을 계승한 것이다. 장자는 노자의 위의 구절을 인용하면서 인간이 타고난 자연적 본성을 손상 받지 않고 살 수 있는 방법에 대하여 다음과 같이 설명한다.

삶을 (온전하게) 유지하는 방법[衛生之經]은 원래의 '타고난 상태를 유지'[抱一]하면서 거기서 벗어나지 않는 데 있는 것이지, 점을 쳐서 길흉에 따라 행동하는 데 있는 것은 아니다. (모든 잡념을) 그치게 하고 (의식을) 없애야 하며, 남의 주장이나 평가를 떠나 자기 자신에게서 찾아야 한다. 아무런 거리낌없이 행동하고 멍청하게 지내며 어린아이처럼 살아야 한다. 어린아이는 종일 울어도 목이 쉬지 않는데, 그것은 (본래의 모습―자연 상태와) 완전히 조화를 이루기 때문이다. 어린아이는 또 종일 손을 움켜쥐고 있어도 손가락이 굳어지지 않는데 그것은 타고난 본성(능력)을 그대로 지키고 있기 때문이며, 종일 눈을 뜨고 있어도 깜빡이지 않는데 그것은 의식적으로 무언가를 보지 않기 때문이다. 그들은 걸어가더라도 어디로 가는지 알지 못하며, 가만히 있어도 무엇을 해야 할지 모른다. 그저 물결치는 대로 이리저리 휩쓸릴 뿐이다. 이것이 삶을 (온전하게) 유지하는 방법이다.
衛生之經, 能抱一乎, 能勿失乎, 能無卜筮而知吉凶乎. 能止乎, 能已乎, 能舍諸人而求諸己乎. 能儵然乎, 能侗然乎, 能兒子乎. 兒子, 終日嗥而嗌不嗄. 和之至也. 終日握而手不掜. 共其德也. 終日視而不瞚. 偏不在外也. 行不知所之, 居不知所爲, 與物委蛇而同其波. 是衛生之經已.(「庚桑楚篇」)

장자는 여기서 노자와 마찬가지로 어린아이와 같은 무지·무욕의 상태를 가장 이상적인 삶의 방식으로 설명한다. 말하자면 노장老莊은 태어난 그대로의 상태, 혹은 타고난 본래의 상태 속에서만 인간의 진정한 본성이 발견된다고 주장하면서, 그것은 어떠한 욕망이나 인의예악 등 사회적 의식이 배제된다는 점을 거듭 강조한다. 장자는 이처럼 무지·무욕한 상태의 사람을 구체적으로 "입에 음식을 넣고 씹으며 즐거워하고 배를 두드리면서 한가롭게 지낸다"[38]고 표현하고 있다. 그들에게 있어 본능이 의식에 비해 지배적인 지위를 차지한다는 점에서 그들의 행위는 동물의 그것과 구별되지 않는다. 장자가 제시한 인간의 자연적 본성도 바로 동물과 전혀 차이가 없는 본능에 다름 아니다. 그것은 한마디로 사회적으로 형성된 욕망이나 지식이 전혀 없는 상태를 의미하며, 앞에서 언급한 바와 같이 생명활동으로서의 동물과 질적으로 동일하다고 강조한다. "옛날 사람은 혼돈 속에 있었으며 모든 세상 사람들과 함께 맑고 고요한 생활을 하고 있었다. 이러한 시대에는……사람들은 지식이 있어도 그 지식을 쓸데가 없었다. 이 상태를 자연과의 완전한 일치라고 한다. 이러한 시대에는 사람들이 의식적으로 무언가를 하려고 하지 않고 항상 저절로 (본능적으로) 행위하였다."[39] 여기서 묘사하고 있는 사회의 사람들이 바로 일체의 인위적, 즉 사회적인 지식이나 욕망이 배제된 상태에서 생활하는 사람들이며 그러한 상태를 장자는 자연적 질서와의 완전한 일치[至一]라고 규정한다. 따라서 인간의 욕망에 있어서 자연적이고 본질적인 것과 인위적, 혹은 사회적이고 부차적인 것의 구분의 기준은 생명활동을 위한 필수적 욕망의 충족의 단계를 넘어서는가 아닌가에 달려 있다. 장자는 오색·오성·오취·오미·시비판단[趣舍] 등이 인간의 자연적 본성이나 생명을 해친다는 점을 다음과 같이 설명하고 있다. "대체로 자연적 본성을 잃는 원인에는 다섯 가지가 있다. 첫째는 오색五色이 눈을 어지럽혀 눈의 밝음을 해치는 것이다. 둘째는 오성五聲이 귀를 어지럽혀 귀의 총기를 해치는 것이다. 셋째는 오취五臭가 코를 자극하여 코가 막히고 머리를 아프게 하는 것이다. 넷째는 오미五味가 입을 흐리게 하여 미각 기능을 해치는 것이다. 다섯째는 선택하고 판단하는 행위[趣舍]가 마음을 혼란스럽게 하고 본성을 드날려 흩어지게 하는 것이다. 이 다섯 가지는 모두 우리의 생명을 해치는 것들이다."[40] 사람에게 있어서 '시각'[色]·'청각'[聲]·'후각'[臭]·'미각'[味] 등은 생명활동을 지탱하는 데 있어 가장 필수적이고 기본적인 요소들이지만, '오색'·'오성'·'오취'·'오미'·'취사' 등은 생명을 유지하기 위한 필수적 욕망의 충족 단계를 넘어서 것들이다. 말하자면 이것들은 생명활동을 위한 기본적인 감각이나 난 본성(혹은 본능)을 마비시키며, 나아가 생명 그 자체를 위협한 주장이다.

이와 같이 장자는 인간과 동물의 차이를 무시함으로써 인간의 본성 가운데 생물학적이고 본능적인 부분만이 가장 본질적이라고 주장하기에 이 것이다. 그는 이러한 인식에 기초하여 인식이론이나 천인관계론에 어서 일체의 분석이나 사변적인 의식의 배제라는 결론에 도달한 것 다.

3. 자연성 상실과 인간의 의식

위에서 살펴보았듯이 장자는 인간을 규정함에 있어서 인간의 특성을 동물과의 차이를 통해서보다 오히려 동물과 같은 점에서 찾으려 한다. 그러나 그가 아무리 인간과 동물, 더 정확하게 말하자면 인간과 자연 사이의 본질적인 차이를 무시하면서 인간을 규정하고자 했다 하더라도 우리는 여전히 그가 인간과 동물의 차이, 즉 인간의 사회적 측면에 대하여 어떻게 규정하는가에도 주목해야만 할 것이다. 장자는 실제로 그가 제시한, 사적 소유나 사회적 차별이 없는 이상적인 사회를 산것이 아니었다. 그가 고민한 현실은 계층과 계층, 집단과 집단의 대립이 격화되던, 그의 표현을 빌면 인간의 자연적 본성이 심하게 질곡된 사회였다. 외물에 의한 인간의 자연적 본성의 질곡과 그에 대한 비판은 『장자』전편에 걸쳐 나타나지만, 특히 외편에 속하는 「변무편」·「마제편」·「거협편」·「선성편」 등에서는 이 문제를 중심 테마로 삼고 있다. 여기서 유가의 도덕적 인간론에 대한 장자의 비판이나, 문명 비판 등에서 드러나는 사회적 인간과 인간의 의식에 대한 그의 견해를 살펴보기로 한다.

앞에서 검토하였듯이 유가에서는 인의 등이 인간의 자연적 본성에 근거한 것이라고 설명하고 있지만, 장자는 유가의 그러한 주장을 믿지 않는다. 장자에 따르면 그것은 인간의 자연적 본성이 아니라 사회적·역사적으로 획득된 것에 불과하다. 말하자면 인의 등은 인간의 자연적 본성이 아닐 뿐만 아니라 그것은 오히려 인간의 자연적 본성을 파괴한다는 것이 장자의 주장이다. 「천도편」에는 공자와 노자의 대화를 설정하고 노자의 입을 통해 "인의는 진실로 인간의 자연적 본성이다"[41]는 공자의 주장을 정면으로 부정한다. 그는 또 인의를 강조하는 공자의 행위를 인간의 자연적 본성을 해치는 것[亂人之性]이라고 비판한다. 이것은 바로 유가에서는 인의를 인간의 자연적 본성으로 규정하고 있다는 것을 장자가 분명하게 이해하고 있었음을 보여주는 것이며, 장자의 인간론은 유가 식의 그러한 이해에 찬성하지 않는다는 점을 잘 말해 주고 있다. 장자는 유가나 묵가 등에서 주장하는 인의·겸애 등의 이념뿐만 아니라 여러 가지 형태의 인간의 사회적 의식 역시 인간의 자연적 본성에서 발생하는 필연적인 것이 아니라 사회적·역사적 산물이라고 설명한다. 장자는 중국 사회가 유소씨有巢氏의 시대, 수인씨燧人氏의 시대, 복희씨伏羲氏의 시대, 신농씨神農氏의 시대, 황제黃帝의 시대, 요순堯舜의 시대 등의 과정을 통해 분화되어 왔다고 설명한다.[42] 이러한 과정은 인지의 분화 과정, 혹은 자연에 대한 인간의 능동성의 심화 과정이다. 장자는 이러한 과정—즉 단순한 것으로부터 복잡한 것으로, 낡은 것으로부터 새로운 것으로의 이행 과정──을 발전이라고 보지 않고 오히려 퇴보, 혹은 혼란의 심화 과정이라고 주장한다. 즉 장자는 역사의 발전 과정을 인간의 자연적 본성의 상실 과정이라고 하면서 이러한 과정은 구체적으로 인간이 자신의 자연성으로부터 이탈하여 지식과 문명으로 나아가는 과정이라고 설명한다.

> 자연적 본성이 쇠퇴해갈 때 수인燧人과 복희伏羲가 천하를 다스리기 시작하자 사람들은 자연의 질서에 순응하기는 하지만 그것과 일치될 수는 없었다. 자연적 본성이 좀더 쇠퇴하고 신농神農과 황제黃帝가 천하를 다스리게 되자 사람들은 자연적 질서를 좋다고 여기지만 그에 순응할 수 없게 되었다. 자연적 본성이 좀더 쇠퇴하고 요堯와 순舜이 천하를 다스리게 되자 (이때부터) 정치와 교화의 기풍이 시작되었고 (백성들은) 순박함이 파괴되었으며 자연적 질서를 이탈하여 인위적 행위를 일삼았고 자연적 본성을 해치면서 의식적 행위를 일삼게 되었다. 그런 뒤로 사람들은 타고난 본성을 버리고 각기 의식[心]을 따르게 되었으며 서로의 마음속을 엿보아 천하는 안정될 수 없었다. 그 후 화려한 언어와 풍부한 지식을 덧붙였으나 화려한 언어는 소박한 본성을 잃게 하고 풍부한 지식은 인간의 의식을 혼란에 빠지게 했다.
> 逮德下衰, 及燧人伏羲始爲天下, 是故順而不一. 德又下衰, 及神農黃帝始爲天下, 是故安而不順. 德又下衰, 及唐虞始爲天下, 興治化之流, 澆淳散朴, 離道以善, 險德以行, 然後去性而從於心, 心與心識知, 而不足以定天下. 然後附之以文, 益之以博, 文滅質, 博溺心.(「繕性篇」)[43]

장자는 문명 사회의 특징을 혼란과 파괴로 규정한다. 위의 예문에서 그는 인간이 자연의 질서로부터 멀어질수록 인간의 자연적 본성은 쇠퇴하며, 그에 수반하여 의식이 발생하고 그로부터 인간 사회의 문화와 지식이 발생한다고 주장한다. 즉 장자는 모든 차별의 원천인 인간의 의식이 역사적 과정을 통해 발생한다고 생각한 것이다. 여기서 장자는 현실 속의 구체적 인간의 동물과 다른 특징 즉 사회적 인간의 특징은 첫째 인간이 자기의식을 가지고 자신을 자연과 구별하며, 둘째 문화를 창조하고 지식을 축적해 가는 데 있다고 이해한다. 장자가 사회적 인간의 가장 큰 특징으로 인간이 의식을 가진다는 점을 들고 있는 것은 "지인至人은 자기(의식)가 없고, 신인神人은 공적이 없고, 성인聖人은 명예가 없다"[44]는 명제로부터 역으로 확인할 수도 있다. 장자에 따르면 이러한 사회적 의식은 자연적 본성과 대립적이다. 그것은 인간 내면에 있어서 유위와 무위의 대립이라고도 할 수 있다.

위에서 인용한 「선성편」의 글에서 장자는 인간의 의식이 역사적 과정을 통해 발생·분화한 것으로 설명하고 있는데, 그는 특히 그것의 사회적 성격을 강조하기 위해 '성심成心'이라는 표현을 쓰기도 한다. 그는 "대부분의 사람들은 (사회적으로) 형성된 의식을 표준으로 삼고 있는데, 그렇다면 누군들 그러한 표준이 없겠는가?"[45]라고 되묻는다. 이것은 장자가 사회적 의식을 부정적으로 평가하고 있음을 잘 보여주는 구절이다.[46] 그것은 바로 인간의 의식이 차별성을 특징으로 하고 있으며, 그 차별성은 현실 사회 속에서 정치적·경제적 차별로 나타난다는 점을 간파했기 때문이다.[47] 나중에 설명될 심재·좌망 등 심리적 안정의 상태에 도달하기 위한 구체적 방법이 인간의 모든 의식의 제거를 출발점으로 삼고 있다든가, 장자적 이상사회인 지덕지세至德之世의 사람들에 있어서 무지·무욕이 강조된다든가 하는 점 등은 바로 그것(의식)을 현실적 부자유와 불평등의 주된 원인으로 생각하고 있음을 분명하게 보여주는 것이다. 장자에 있어서 모든 부자유와 불평등 가운데 정치적·경제적 측면에서의 부자유와 불평등이 가장 심각한 것이다.

장자에 따르면 인간의 사회적 의식을 규정하는 차별의식은 구체적으로 ①물질적 이익과 명예를 추구하는 욕구의 형태로 나타나며, ②유가의 인의예악이나 묵가의 겸애, 법가의 법 등과 같이 이념적·제도적 형태로 등장한다. 장자에 있어서 이 양자의 구분은 큰 의미를 갖지 못한다. 왜냐하면 의義와 이利를 엄격하게 구분하는 유가의 경우와는 달리 그는 인간의 자연스러운 삶이나 본성을 속박한다는 점에서 이 양자를 동일하게 비판하고 있기 때문이다.

> 천하 사람들은 모두 무언가를 위해 희생한다. 인의를 위해 희생하는 사람들을 세속에서는 군자라 하고, 재물을 위해 희생하는 사람들을 세속에서는 소인이라고 한다. 몸을 희생한다는 점에서는 매한가지지만 군자가 있고 소인이 있다는 것이다. 목숨을 해치고 본성을 손상시킴에 있어서는 도척 역시 백이와 마찬가지인데 그 두 종류 사이에서 어떻게 군자와 소인을 구별하겠는가?
> 天下盡殉也. 彼其殉仁義也, 則俗謂之君子, 其所殉貨財也, 則俗謂之小人. 其殉一也, 則有君子焉, 有小人焉, 若其殘生損性, 則盜跖亦伯夷已. 惡取君子小人於其間哉(「騈拇篇」)

이것은 그러한 이념이나 욕구들이 인간 사회의 불평등에 기초하거나 그것의 원인으로 작용한다는 사실을 그가 이해하고 있기 때문이라고 생각된다. 즉 인의 등의 이념이 유가의 주장처럼 절대불변의 것이 아니라 사회적이고 역사적인 것이라는 생각이다. 특히 "당시의 사회 상황이나 여론에 어긋날 경우 그를 찬탈자라 하고 당시의 사회 상황이나 여론에 맞을 경우 그를 정의의 사도라고 한다"[48]는 지적은 이 점을 분명히 확인해 준다. 말하자면 그는 유가나 묵가, 법가 등에서 강조하는 모든 이념이 문명 사회의 산물이라는 것을 분명하게 인식하고 있는 것이다.[49] 장자는 이러한 모든 욕망과 이념적·제도적인 것들이 인간의 자연적 본성을 구성하는 것이 아니라는 의미에서 그것을 '외물外物'이라고 명명한다. '외물'이라는 말이 직접 나타나는 곳으로는 「외물편」의 다음과 같은 첫 구절이다. "외물은 반드시 우리의 생각대로 진행되는 것은 아니다. 그러므로 용봉은 살해되었고, 비간은 처형되었고, 기자는 미치광이가 되었고, 오래惡來도 살해되었고 걸주桀紂 등도 멸망당했다."50) 그러나 이것만으로는 '외물'이 구체적으로 무엇을 뜻하는지 알 수 없다. 그것은 「변무편」의 다음과 같은 설명 속에서 비로소 구체적인 모습을 드러낸다. "하·은·주 삼대 이후로 세상 사람들은 사물로 자신의 자연적 본성을 바꾸지 않은 자가 없었다. 소인은 재물을 위해 제 몸을 바치고, 선비는 이름을 위해 제 몸을 바치고, 대부는 가문을 위해 제 몸을 바치고, 성인은 천하를 위해 제 몸을 바쳤다. 그러므로 이 여러 사람들은 하는 일이 다르고 이름난 형태나 유명해진 이유도 달랐지만 자연적 본성을 해치고 제 몸을 어떤 것의 희생물로 삼았다는 점에서는 모두 같다."51) 여기서 '사물'[物]이란 자연적 본성[性]과 대립되는 것으로서, 의식과 그에 기초한 이념이나 욕망 그리고 그 대상 및 모든 객관적 실재와 현상을 가리키는 말이다. 즉 '사물'은 앞에서 말한 '외물'과 같은 개념이라고 할 수 있다. '외물' 혹은 '사물'은 구체적으로 물욕[利], 명예욕[名], 가문이나 천하를 안정시키고자 하는 욕망 등이다. 장자는 이 외물들이 반자연적임을 강조한다.

> 내가 말하는 감추어진 것이란 인의를 말하는 것이 아니다. 타고난 본성에 내재되어 있는 것을 말할 뿐이다. 내가 말하는 감추어진 것이란 소위 인의를 말하는 것이 아니다. 타고난 생명의 실정에 맡기는 것일 뿐이다.
> 吾所謂臧者, 非仁義之謂也. 臧於其德而已矣. 吾所謂臧者, 非所謂仁義之謂也. 任其性命之情而已矣.(「騈拇篇」)

장자는 여기서 외물로 규정된 인의가 '본성'[德]이라든가 '성명지정性命之情'과 대립적임을 암시하고 있다. 따라서 그가 주장하는 무지나 무욕은 모든 사회적 차별이나 혼란의 원인이라고 규정되는 인간의 사회적 욕망과 인간 사회의 모든 이념과 제도의 배제를 의미한다고 이해된다.

장자는 모든 사회적 혼란과 파괴의 원인은 차별을 특징으로 하는 인간의 의식[心]과 그것의 현상 형태인 앎[知]에 있다고 확신한다. 달리 말하면 그는 그가 부정하고 있는 일반적 의미의 앎, 즉 상대적 앎의 속성도 구분·분석에 있으며, 그것은 사회적으로 차별적 이념의 형태로 나타난다고 이해하고 있다. 장자는 이러한 차별적인 속성을 가지는 일반적 의미의 앎(상대적 知)을 부정하고 무차별의 앎, 즉 진지眞知·명지明知 등을 지향한다. 그는 빈부貧富, 현우賢愚, 지배·피지배 등의 구분을 완전히 배제하는 이러한 지를 무지無知라고 명명하고 있다.[52] 무지란 일반적으로 말하는 일체의 지식이 없는 것이다. 구체적으로 그것은 일체의 차별적인 관념이 없음을 의미한다. 그러므로 장자에 있어서의 모든 앎에 대한 부정은 모든 사회적 차별성에 대한 부정으로 해석될 수 있다. "성인을 끊어 없애고 지식을 버려야 한다"는 그의 구호는 이러한 생각에 근거한 것이다.[53]

유가뿐만 아니라 묵가·법가 등에서 주장하는 모든 이념의 이데올로기적 속성의 폭로와 그것들이 결국 인간의 자연스러운 본래적 삶을 속박한다는 점에 대한 비판은 『장자』 외·잡편의 주된 테마의 하나이다. 장자의 인간론에 있어서 인위人僞, 즉 유위有爲란 자연의 운행이나, 인간의 자연스러운 행위(자연적 본성에 입각한 행위), 즉 무위에 대립되는 의식적 행위, 말하자면 모든 차별적 의식에 바탕 한 행위를 통틀어 가리키는 개념이다. 인위의 극치가 바로 유가의 인의예악 등의 도덕 규범이나, 법가류의 법, 그리고 묵가에서 중시하는 기술 등이라고 지적되는데,[54] 그것들은 인간의 자연스러운 삶을 방해하고 질곡한다는 의미에서 부정된다.

곡선자·먹줄·직선자·걸음쇠(컴퍼스) 등의 도구를 써서 사물을 규격대로 바로 잡으려는 것은 그 사물의 본성을 해치는 행위이다. 밧줄·노끈·아교·옻칠 등으로 사물을 꽁꽁 묶거나 달라붙게 하는 것은 그 사물의 본래의 기능을 상하게 하는 행위이다. 이처럼 예악에 따라 몸을 굽히고 인의에 따라 작은 선행을 베풀면서 세상 사람들의 마음을 무마시켜 놓는 것은 타고난 본래의 모습을 잃게 하는 행위이다.……어찌 인의를 아교나 옻칠, 끈이나 밧줄처럼 줄줄이 늘어놓고도 도나 덕의 세계에서 노닐 수 있겠는가? 이는 세상 사람들을 혼란스럽게 만들뿐이다. 작은 혼란은 방향을 바꾸게 할 뿐이지만, 인의 같이 큰 혼란은 본성을 바꾸어 버린다.

夫待鉤繩規矩而正者, 是削其性也. 待繩約膠漆而固者, 是侵其德也. 屈折禮樂, 呴兪仁義, 以慰天下之心者, 此失其常然也.……仁義又奚連連如膠漆纆索, 而遊乎道德之間爲哉. 使天下惑也. 夫小惑易方, 大惑易性.(「騈拇篇」)

자나 먹줄, 아교풀 등을 써서 자연물을 곧게 하거나 구부리며 접착시키는 등의 행위는 일정한 목적을 가지고 자연물을 가공하는 것이다. 장자는 여기서 자연물을 인간 생활의 용도에 맞게 가공하는 것과 같이 유가의 인의예악은 백성의 본성을 지배 계층의 정치적 용도에 맞게 획일적으로 강제하는 기능을 가지고 있다고 비판한다. "인의를 버리는 자는 적고 인의를 이용하는 자는 많다. 대체로 인의에 의한 행위는 진실성이 없으며, 그것은 또 야수처럼 탐욕 많은 위정자에게 이용되는 도구이다."[55] 이처럼 분명하고 적확한 지적이 또 있을까? 다음의 구절은 지식이나 이념의 지배 도구화를 경계하는 문장 가운데 백미라고 할 만하다.

되나 말을 만들어 용량을 재려 하면 되까지 훔쳐 가 버린다. 저울을 만들어 무게를 재려 하면 저울까지 훔쳐 가 버린다. 신표나 도장을 만들어 믿게 하려 하면 신표나 도장을 모두 훔쳐 가 버린다. 인의의 법도를 세워 질서를 바로잡으려 하면 인의까지도 모두 훔쳐 가 버린다.

爲之斗斛而量之, 則幷與斗斛而竊之. 爲之權衡而稱之, 則幷與權衡而
竊之. 爲之符璽而信之, 則幷與符璽而竊之. 爲之仁義而矯之, 則幷與仁義
而竊之.(「胠篋篇」)

여기서 장자는 인의나 법56) 등의 이념이 지배 계층의 백성에 대한
강제 수단으로 이용되는 것에 대한 비판을 통해 그러한 것들이 현실
속에서 어떻게 인간의 자연스러운 삶을 질곡하는가에 대해서 암시적
으로 대답하고 있다. 위 글에서 '훔쳐 가 버린다'는 것은 지배 계층이
자기의 이익을 지속적으로 관철시키고 유지하기 위해 인의나 법을 이
용하는 것을 의미한다. 그는 지배 계층의 이러한 속성을 '큰 도둑'이라
고 폭로한다. 장자는 지배 계층뿐만 아니라 지배 계층에 기생하여 부
와 권력을 추구하는 지식인마저 '도둑'이라고 비판한다.

지금 당신(공자를 가리킴)은 문왕과 무왕의 방법을 익히고 천하의 언
론을 장악하여 후세를 가르치고 있다. 당신은 풍성한 옷에 느슨한 띠를
매고 고상한 말과 위선적인 행동으로 세상의 군주들을 미혹하여 부귀를
얻으려 하고 있다. 도둑으로 치면 당신보다 큰 도둑이 없다

今子脩文武之道, 掌天下之辯, 以敎後世. 縫衣淺帶, 矯言僞行, 以迷惑
天下之主, 而欲求富貴焉. 盜莫大於子. 天下何故不謂子爲盜丘, 而乃謂我
爲盜跖.(「盜跖篇」)

따라서 장자가 강한 어조로 비판하는 '인의나 법에 의한 자연스러운
삶의 질곡'이 의미하는 구체적 내용이 무엇인가를 유추하는 것은 어렵
지 않다. 특히 인간의 자연적 본성이 자급자족적 생활과 모든 차별의
식이 배제된 원시공동체 사회에서 비로소 실현될 수 있다는 점을 상기
할 때, 장자가 지적하는 백성의 자연스러운 삶의 질곡이란 바로 정치
적·경제적 차별과 강제임을 알 수 있다. 「도척편」의 다음과 같은 주장

은 이러한 추론의 정당성을 보다 확실하게 보증해준다. "요와 순이 왕이 되어 많은 신하를 두었다. 탕왕은 자기가 섬기던 군주를 몰아냈고, 무왕은 주왕紂王을 죽였다. 이런 일이 있은 뒤로 강한 자가 약한 자를 깔보고 많이 가진 자가 적게 가진 자를 위협했다. 탕왕과 무왕 이후로는 모두 혼란을 일으키는 무리들이다. 지금 당신(공자를 가리킴)은 문왕과 무왕의 방법을 익히고 천하의 언론을 장악하여 후세를 가르치고 있다. 당신은 풍성한 옷에 느슨한 띠를 매고 고상한 말과 위선적인 행동으로 세상의 군주들을 미혹하여 부귀를 얻으려 하고 있다. 도둑으로 치면 당신보다 더 큰 도둑이 없다."[57] 여기서 장자는 권력이 강한 자, 가진 것이 많은 자가 약한 자, 없는 자를 억압하고 강제하는 '질곡'의 원인이 바로 요순이나 문왕·무왕 및 그들의 업적이나 이념을 존중하는 유가에 있다고 설명한다.

이제까지 논의된 것을 정리해 보면, 장자는 사회적 혼란의 근본 원인이 인의예악이나 지식, 그리고 법이나 기술 등의 발달과 그것들에 의한 사회적 강제에 있다고 생각하고 있으며, 도덕 규범이나 법 등의 이념은 인간의 의식[心]에 기초한 것이고, 그것은 그가 자연적 본성이라고 주장하는 것과는 모순, 대립하는 것으로서 분석과 차별로 특징지어진다는 것이다. 즉 '인人'이나 '위僞'라고 불리는 인간의 사회적 의식은 '덕德', 혹은 '성性'으로 불리는 인간의 자연적 본성이나 자연의 질서와 대립되며, 그 가장 큰 특성은 전자가 분석과 차별을 기초로 한 반면 후자는 무규정과 무차별로 대변된다는 점이다. 그리고 인간의 이러한 비자연적인 사회적 의식은 구체적으로 정치적·경제적 불평등으로 나타난다는 것이다.

이처럼 장자에 있어서 자연적인 것과 인간적인 것은 무차별적인가 차별적인가에 의해 구별되기도 한다. 노장이 제기한 무위·유위는 자연적인 것과 인간적인 것의 특징을 가장 명료하게 드러낸 개념이다.

　　무엇을 도라고 하는가? 자연의 도가 있고 인간의 도가 있다. 무위하
　면서도 존중되는 것이 자연의 도이고 유위하면서도 번거롭게 생각되는
　것이 인간의 도이다. 주도적인 것은 자연의 도이고 신하와 같이 따르는
　것이 인간의 도이다. 자연의 도와 인간의 도는 매우 멀리 떨어져 있다.
　이 점을 깊이 헤아리지 않으면 안 된다.
　　何謂道. 有天道有人道. 無爲而尊者, 天道也, 有爲而累者, 人道也. 主者
　　天道也, 臣者人道也. 天道之與人道也, 相去遠矣, 不可不察也.(「在宥篇」)

무위란 무의식적 행위나 작용을, 유위란 의식적 행위를 의미한다.
인간에게 있어 무위란 일체의 의식이 배제된 자연적 본성에 따른 행위
를 가리킨다. 여기서 장자는 질서[道]를 자연의 질서와 인간의 질서로
구분하고 자연의 질서와 인간의 질서는 군주와 신하에 비유될 만큼
서로 차이가 크다고 강조한다. 그리고 자연의 질서는 무위를, 인간의
질서는 유위를 각각 그 특징으로 한다는 것이 주목된다. 「천지편」에서
도 "무위로 행하는 것을 천天이라고 하고 무언無言으로 말하는 것을
덕德이라고 한다"[58]라고 하고 있는데, 여기서도 자연의 특징이 무위·
무언으로 규정된다. 장자에 있어서 자연은 어떠한 의식이나 의지를 가
지지 않는 존재이고 인간 세계와는 무관하다. 즉 자연은 인간의 정치
적·도덕적 잘잘못에 대하여 간여하지 않는다는 의미에서 상대적 독자
성을 갖는다고 이해한 것이다. 또 그것은 인간의 의식과는 독립적으로
존재할 뿐만 아니라 대립적이다. 따라서 그것이 무위로 특징지어지는
것은 당연하다. 무위는 물론 노자에 있어서도 도의 특징을 규정하는
중요한 개념의 하나로써 설명되고 있다.
　　장자는 인간의 무의식적, 무차별적 삶을 이상적으로 생각한다. 즉
그가 말하는 무의식적이고 무차별적인 삶이란 바로 자유와 평등의 삶

을 의미하는데, 그는 그 모델을 원시공동체의 모계 씨족사회에서 발견한다. 이것은 역으로 그가 현실 속의 인간을 차별적·의식적 존재로 파악하고 있음을 말해 준다. 장자는 타고난 자연적 본성을 손상 받지 않고 자유롭게 살 수 있는 방법을 개인적 측면과 사회적 측면 등 두 가지 면에서 고려하고 있다. 장자에 있어서 개인적 방법으로 그러한 경지에 이른 사람이 바로 지인이나 진인, 신인 혹은 성인이고, 그러한 경지에 이를 수 있는 구체적 방법으로 제시된 것이 심재, 좌망, 안명 등의 이론이다. 장자가 법률의 제정과 군자 소인 등 사회적 차별을 반대하지만, 그가 백성의 입장에서 출발한 것도 아니고 따라서 그것이 혁명적이지 않다는 일부의 비판[59]은 위의 두 가지 방법 가운데 첫 번째 것만 문제삼고 있는 것이기 때문에 적절하다고 할 수 없다. 즉 첫 번째 방법에만 주목할 경우, 장자가 제시한 자유 실현의 방법과 목적은 관념적이고 개인 중심적이라는 비판을 면할 수 없다. 그러나 장자철학에는 인류 공동체의 평등과 자유라는 목표를 지향하는 측면이 있음도 간과해서는 안될 것이다.[60] 아무튼 위에서 살펴보았듯이 장자가 유가나 묵가, 법가 등에서 제시한 모든 이념에 반대한 주된 이유는 그것들이 자유와 평등을 지향하는 인간의 자연적 본성에 반한다는 것, 즉 그것들이 정치적·경제적 불평등에 기초한다는 것, 그리고 현실적으로 당시의 억압과 수탈은 이러한 이념의 도구화에서 비롯되었다는 것 때문이다. 장자의 이러한 통찰에 비추어 볼 때 이와 같은 그의 비판은 당시로서는 매우 혁신적인 성격을 띠고 있음을 부인할 수 없다.

4. 수양과 자연상태로의 복귀

앞에서 장자가 자연과 인간을 대립적으로 파악하고 있다는 것을 검토하였다. 그리고 장자가 주장하는 인간 본성의 두 가지 상이한 측면에 대해서도 고찰하였다. 그로부터 인간과 자연에 대한 장자의 대립적인 파악은 전적으로 그의 사회적 측면의 인간론에만 한정된다는 사실을 알 수 있었다. 즉 장자는 그가 이상적이라고 생각한 인간의 모습은 자연과 완전히 일치되어야 하는 것이라고 생각하고 있지만, 구체적 현실 속의 인간은 오히려 그와는 반대로 자연과 대립적이라고 인식하고 있다. 따라서 그는 자신이 제시한 이상은 이러한 대립의 지양을 통해서만 도달 가능하다고 강조한다. 장자철학에서 이러한 대립의 지양의 형식은 두 가지로 나타난다. 그 가운데 하나는 개인적 수양을 통해 도달할 수 있다는 것이고, 다른 하나는 사회적·정치적 방식으로 도달 가능하다는 것이다. 이 절에서는 전자에 대하여 살펴보기로 한다.

장자는 자연에 비해 인간이 매우 보잘것없는 왜소한 존재라고 생각한다. 그는 우주를 무한하다고 전제하고, 그 무한한 우주 속에서 인간이 차지하는 위치는 극히 미미하며, 따라서 인간의 모든 행위나 인류가 창조한 문명은 우주의 끝없는 작용에 비해 하찮은 것이라고 강조한다.

> 내가 천지 사이에 있는 것은 마치 자갈이나 작은 나무가 큰 산에 있는 것과 같다.……사방의 바다도 천지 사이에 있다는 사실을 상기해 보면 마치 작은 구멍이 커다란 못 속에 있는 것과 같지 않은가? 또 중국도 사해 안에 있다는 사실을 상기해 보면 곡식의 낱알이 커다란 창고 속에 있는 것과 같지 않은가? 사물의 수는 만萬이라는 단위로 불릴 정도인데 사람은 그 속의 하나에 속한다. 사람은 구주九州 안에서 곡식이 생기는 곳과 배나 수레가 다니는 모든 곳에 있으므로 역시 그 중 하나에 속한다. 이렇듯 인간을 만물에 비교해 보면 가는 터럭이 말의 몸에 붙어 있는 것과 같지 않은가?

吾在於天地之間猶小石小木之在大山也.……計四海之在天地之間也,
不似礨空之在大澤乎. 計中國之在海內, 不似稊米之在太倉乎. 號物之數
謂之萬, 人處一焉. 人卒九州穀食之所生, 舟車之所通, 人處一焉. 此其比
萬物也, 不似豪末之在於馬體乎.(「秋水篇」)

그는 자연의 거대한 힘 앞에서 그리고 시간과 공간의 무한함 속에서
인간의 존재나 문명이 얼마나 유치하고 미미한가에 대하여 여러 곳에
서 강조하고 있다. 「측양편」에는 달팽이의 좌우측 뿔을 각각 하나의
나라에 비유한 기발하고 재미있는 우화가 있다.

대진인이 (위 나라 혜왕에게) 물었다. "달팽이라는 놈이 있는데 임금
님께선 아시지요?" 혜왕은 "그렇소"라고 대답했다. "달팽이의 왼쪽 뿔에
한 나라가 있는데 촉씨라고 부릅니다. 달팽이의 오른쪽 뿔에도 나라가
하나 있는데 만씨라고 부릅니다. 이 두 나라는 가끔 땅을 빼앗기 위해
전쟁을 합니다. 죽어 엎어진 시체가 수만이나 되고 패잔병을 쫓아갔다
가 십오일이 지나서야 돌아옵니다." 혜왕은 "에이, 거짓말이겠지요"라고
대꾸했다. 대진인은 "제가 임금님께 증명해 보이겠습니다. 임금님께서는
동서남북 사방과 천지 상하에 끝이 있다고 생각하십니까?"라고 물었다.
혜왕은 "끝이 없습니다"라고 대답했다. 대진인은 "마음을 무한한 데서
노닐게 하면서 사람들이 살고 있는 세상을 되돌아보면 이곳의 존재는
있는 듯 없는 듯 미미하다는 것을 알 것입니다"라고 설명했다. 혜왕은
"그렇겠군요"라고 맞장구쳤다. 대진인은 "사람들이 살고 있는 세상 속에
위 나라가 있고, 위 나라 가운데 수도인 양梁이 있고 양梁 속에 임금이
계십니다. 그렇다면 임금님과 만씨에 구별이 있을까요?"라고 물었다. 혜
왕은 "구별이 없습니다"고 대답했다. 대진인은 물러났고 혜왕은 멍하니
얼이 빠진 듯 했다.

日有所謂蝸者, 君知之乎. 日然, 有國於蝸之左角者日觸氏, 有國於蝸之
右角者日蠻氏, 時相與爭地而戰, 伏尸數萬, 逐北旬有五日而後反. 君日噫.
其虛言與. 日臣請爲君實之. 君以意在四方上下各有窮乎. 君日無窮. 日知
游心於無窮, 而反在通達之國, 若存若亡乎. 君日然. 日通達之中有魏, 於
魏中有梁, 於梁中有王, 王與蠻氏有辨乎. 君日無辨. 客出而君惝然若有亡

也.(「則陽篇」)

　　장자는 여기서 나라와 나라 사이의 전쟁을 달팽이의 양쪽 뿔의 싸움
에 비유하면서 인간의 근시안적인 사고를 통렬하게 비판하고 있다. 이
「측양편」의 우화에서 주목하고자 하는 것은 자연, 혹은 우주 속에서
인간이 차지하는 지위란 매우 미미하다는 그의 기본적인 시각이 보다
뚜렷하게 확인된다는 점이다. 그는 공간적인 측면에서뿐만 아니라 시
간적으로도 인간의 삶은 달리는 말이 작은 틈새 앞을 통과하는 것처럼
순식간에 지나지 않는다[61]고 설명한다. 이러한 것들은 자연과 대립되
는 인간 존재의 나약함, 왜소함을 불필요하게 강조한 면이 없지 않지
만, 앞에서 살펴본 인간의 사회적 의식에 대한 부정적인 견해와 함께
인간과 자연의 관계에 대한 그의 생각을 이해하는 데 매우 중요한 열
쇠가 된다고 할 수 있다. 즉 앞으로 검토할 자연과 인간의 통일에 대한
그의 설명에서 발견되는 수동적 측면은 자연의 위대함에 대한 인간의
불완전함이라는 그의 기본적 인식이 전제되어 있을 뿐만 아니라 소극
적인 방법이기는 하지만 여러 가지 사회적 억압과 불평등으로부터 자
유로울 수 있는 방법의 모색에서 나온 한 가지 결론이라고 보인다. 실
제로 장자철학이 지향하고 있는 것은 모든 인간의 자유와 평등에 다름
아니다.

　　장자가 제시한 정신의 자유로운 상태에 도달하기 위한 방법은 첫째
마음을 비우는 것, 즉 무의식의 상태를 유지하는 것이고, 둘째는 자연
의 필연성에 대한 체득이라는 두 가지 요소로 집약된다. 장자의 이러
한 견해는 노자의 "아무것도 하지 않으면서도 하지 않는 것이 없다"라
는 함축적 명제를 적절한 방식으로 수용하고 해석한 것이다. 노자의
"아무것도 하지 않으면서도 하지 않는 것이 없다"[無爲而無不爲]라는
명제는 『도덕경』 제37장과 제48장에 나오는데, 장자는 이 명제를 「지

북유편」, 「경상초편」, 「측양편」 등에서 인용하고 있으며, 특히 「지북유편」에서는 『도덕경』 제48장의 일부인 "도를 수련하는 방법은 날로 덜어낸다. 덜어내고 또 덜어내서 아무것도 하지 않는 데[無爲]까지 이른다. 아무것도 하지 않으면서도 하지 않는 것이 없다"[62]라는 구절을 그대로 인용하고 있다. 노자의 이 명제는 장자에 있어 개인의 정신적 수양을 설명할 때, '아무것도 하지 않음'[無爲]은 기존의 편견과 사회적 의식을 버리는 것으로, '하지 않는 것이 없음'[無不爲]은 모든 자연의 필연적인 변화에 저항 없이 순응하는 것으로 재해석된다. 나는 노자의 이러한 방법에 대해 전자를 '버림의 방법', 후자를 '받아들임의 방법'이라고 명명한 적이 있다.[63] 버림의 방법으로는 심재와 좌망 등을 들 수 있고, 받아들임의 방법으로는 안명安命과 체서體逝 등을 들 수 있다. 이 두 가지는 편의상의 구분이지 장자가 그렇게 구분한 것은 아니다. 따라서 이것들을 선후로 설명할 수는 없지만, 장자가 생각하는 마음의 평화와 정신의 자유는 모든 편견과 의식을 제거한 뒤에 자연의 질서에 순응함으로써 도달될 수 있다는 것으로 이해된다.

1) 심재와 좌망

장자는 내적인 수양을 통해 개인적으로 마음의 평화와 정신적 자유의 상태에 도달한다거나 위정자에게 무위 정치의 실현을 요청함으로써 수탈과 억압 구조가 해소될 수 있다고 생각한다. 장자의 요구를 함축적으로 나타낼 수 있는 것으로 "자연으로 돌아가자"[64]는 구호를 인정한다면, 이 말은 구체적으로 개인적 측면과 사회적 측면 등 두 가지 측면에서 고려할 수 있을 것이다. 개인적 측면에서는 내적 수양을 통해 마음의 평화와 정신의 자유에 이르도록 하자는 것이고, 사회적 측면에서는 모든 억압과 수탈 도구의 파기(絶聖棄知)와 위정자의 소극적 정치 행위(無爲政治)를 통해 만민의 자유와 평등이 보장되는 원시공동체적 사회를 회복하자는 것이다. 두 번째 문제에 대해서는 이 책 제5장에서 논의할 것이다. 여기서는 개인적 수양을 통해 자연적 본성의 상태를 회복함으로써 마음의 평화와 정신의 자유에 도달할 수 있다는 것을 검토해 보기로 한다. 장자가 제시한 지인·진인·신인·성인 등은 그러한 개인적 자유를 실현하였다고 상정된 인물들이다. 이들은 무기 無己·무공無功·무명無名이라는 간결한 말로 설명되듯이 자기의식이나 성취욕, 명예욕 등이 없는, 한마디로 아무런 사회적 의식이 없는 상태의 사람을 말한다. 지인 등에 대한 장자의 여러 가지 설명을 종합해 볼 때, 자기의식이 없는 상태, 혹은 무의식의 상태와 자연 그대로의 상태를 유지하면서 살아가는 것은 지인·신인·진인 등의 필요충분조건이다. "타고난 '알맹이'[精]을 잃지 않은 사람을 신인이라고 하고, 타고난 그대로를 잃지 않은 사람을 지인이라고 한다"[65]라는 정의는 자연 그대로의 상태를 유지하면서 살아가는 측면에 주목하여 말한 것이며, "옛날의 진인은 잠잘 때는 꿈을 꾸지 않았고, 깨어 있을 때는 걱정이 없었다. 먹는 데 맛있는 줄 몰랐고 숨쉬는 것이 깊고 깊었다"[66]는 설명은 무의식의 상태에서 살아가는 진인 등의 담백하고 자유로운 삶을 묘사하는 것이다. 그런데 이른바 '지덕지세至德之世'라고 표현되는 이상사회, 즉 원시 공동체사회의 사람들 역시 아무런 욕망도, 사회적 의식도 없는 사람이라고 묘사하고 있는 점에서 볼 때, 장자는 그들을 모두 지인이나 신인 등과 같다고 생각하고 있는 것으로 보인다. 이점에 대해서는 나중에 다시 설명할 것이다. 여기서는 지인 등의 심리적 안정과 정신적 자유 그리고 그에 도달하기 위한 방법으로 제시되는 것들을 살펴보기로 한다.

　막고야藐姑射라는 산에 신인이 있다. 그의 살갗은 얼음과 눈처럼 희고 부드럽기는 처녀의 피부 같다. 그는 오곡을 먹지 않으며, 바람을 들이쉬고 이슬을 마신다. 구름을 타고 하늘을 나는 용을 몰아 사해四海의 밖에까지 나들이한다.……이 사람에게는 어떠한 사물도 피해를 입힐 수가 없다. 큰 홍수가 나서 하늘에 이르기까지 물이 출렁거려도 그는 빠지지 않고, 큰 가뭄이 들어 쇠나 돌이 녹아 흐르고 흙과 산이 다 타더라도 그는 뜨겁지 않다.

　藐姑射之山, 有神人居焉. 肌膚若氷雪, 淖約若處子. 不食五穀, 吸風飮露, 乘雲氣, 御氣龍, 而遊乎四海之外.……之人也, 物莫之傷. 大浸稽天而不溺, 大旱金石流, 土山焦而不熱.(「逍遙遊篇」)

장자가 여기서 신비적으로 묘사하고 있는 신인은 그의 상상적 세계, 혹은 민간에 전래되어 오던 설화였는지도 모른다. 위 인용문에서 장자가 말하고자 하는 것은 세속의 모든 가치나 욕망을 초탈함에 의해서만 아무런 구애도 받지 않는 절대적인 자유의 경지에 도달할 수 있다는 것이다. 「재유편」에서는 자유로운 경지에 이른 사람들의 정신적인 상태와 그에 도달하는 방법이 다음과 같이 제시된다.

　나는 물위를 떠돌듯 한가하게 지내면서도 추구하는 것이 무엇인지 알지 못하고, 마음대로 행동하면서도 가는 곳을 알지 못한다. 나처럼 한가하게 지내는 자는 멍한 상태에서 무망無妄(만물의 본래 모습)을 바라볼 뿐이다. 내가 또 무엇을 알겠는가?……네가 아무것도 하지 않기만 하면 만물은 저절로 변화될 것이다. 너의 몸을 잊어버리고 너의 총명을 끊어버려라. 너 자신과 외물을 모두 잊어버린다면 혼돈 상태에 머물러 있게 될 것이다. 의식과 정신을 풀어헤쳐 버리면 몽롱해져서 혼백도 없게 될 것이다. (그렇게 되면) 만물은 무성하게 자라서 각기 자신의 자연적 본성을 회복하게 될 것이다. 각기 자신의 자연적 본성을 회복하지만 그것을 알지 못한 채 혼돈 무지한 상태로 평생 거기서 이탈하지 않지만, 만약 그것을 알게 되면 거기서 이탈되어 버린다. 사물의 이름을 물어서는 안 되며 그것의 참 모습을 알고자 해서도 안 된다. 만물은 본래 저절로 생겨난다.

> 浮遊不知所求, 猖狂不知所往. 遊者, 鞅掌以觀無妄. 朕又何知.……汝徒
> 處無爲, 而物自化. 墮爾形體, 吐爾聰明, 倫與物忘, 大同乎涬溟. 解心釋
> 神, 莫然無魂. 萬物云云, 各復其根. 各復其根而不知. 渾渾沌沌, 終身不
> 離, 若彼知之, 乃是離之. 無問其名, 無闚其情, 物故自生.(「在宥篇」)

여기서 장자는 마음의 평화와 자유의 경지에 도달하기 위해서는 인간의 모든 의식이나 감각 기관의 작용 그리고 일체의 지식이 배제되어야 한다고 주장한다. 장자가 말하는 자유로운 자란 모든 사회적 편견과 차별의식이 없는 자이다. 이 때문에 나는 장자에 있어서 원시 공동체 사회의 백성들뿐만 아니라 지인·진인·신인·성인 등도 모두 무위, 즉 인위적이 아닌, 자연적 본성(본능)에 따라 행위하는 사람을 의미할 뿐이며, 또 그들이 가지고 있는 진지眞知나 명지明知 혹은 무지無知의 지知는 실제로 모든 차별적 혹은 사회적 의식이 없는 상태, 다시 말하면 무의식의 상태를 가리킬 뿐이라고 주장한다.[67] 장자에 따르면 인간의 의식은 자연의 본질을 이해하는 데 방해가 될 뿐만 아니라 개인적 자유를 달성하는 데도 가장 장애가 되는 요소이다. 그가 설명하는 자연이란 무의식적·맹목적 존재이고, 따라서 그것의 운동과 변화에는 아무런 목적이 전제되어 있지 않다. 장자는 기본적으로 자연과 일체가 됨으로써만 자유로울 수 있다고 전제한다. 즉 무규정적 혼돈으로서의 자연과는 모순, 대립 관계에 있는 인간의 차별적 의식의 배제 없이는 그것과 일체가 될 수 없고, 따라서 자유로울 수도 없다는 것이다. 장자가 즐겨 찬미하는 '도의 경지에 이른 기술자'들도 모든 인간적 의식의 속박으로부터 자유로운 사람들이라는 점에 주목해야 한다.

포정庖丁이 문혜군의 명령에 따라 소를 잡았다. 손을 대고 어깨를 기울이고 발로 짓누르고 무릎을 구부리는 등 각각의 동작에 따른 칼 놀림과 소의 뼈와 살이 갈라지면서 내는 소리가 모두 박자에 맞고 상림桑林의 무곡舞曲과도 조화되며 경수經首라는 명곡의 박자에 맞았다. 문혜군은 감탄하면서, "아, 훌륭하구나. 기술이 어찌하면 이러한 경지에까지 이를 수 있느냐?"라고 물었다. 이에 포정은 칼을 내려놓으며 다음과 같이 말하였다. "제가 좋아하는 것은 기술이 아니라 도입니다. 기술보다 한 걸음 진전된 것입니다. 제가 처음 소를 잡았을 때 눈에 보이는 것은 소뿐이었습니다. 3년이 지나자 소의 전체 모습이 보이지 않게 되었습니다. 이제 저는 소를 자연적 본성[神]으로 대할 뿐 눈으로 보지 않습니다. 감각과 지각의 작용은 멈추어 버리고 자연적 본성에 따라 움직이며, 자연적으로 나 있는 소의 결을 따라 큰 틈을 쪼개고 큰 구멍을 따라 칼을 찌릅니다."

庖丁爲文惠君解牛. 手之所觸, 肩之所倚, 足之所履, 膝之所踦, 砉然嚮然. 奏刀騞然莫不中音. 合於桑林之舞, 乃中經首之會. 文惠君曰, 譆善哉, 技蓋至此乎. 庖丁釋刀對曰, 臣之所好者道也. 進乎技矣. 始臣之解牛之時, 所見無非牛者, 三年之後, 未嘗見全牛也. 方今之時, 臣以神遇, 而不以目視. 官知止, 而神欲行. 依乎大理, 批大郤導大窾, 因其固然.(「養生主篇」)

재경梓慶이 나무를 깎아 종틀을 만들었는데, 그것을 보는 사람마다 귀신의 솜씨 같다고 경탄하였다. 노 나라 임금이 그것을 보고 물었다. "그대는 무슨 기술로 그렇게 하였는가?" 이에 대하여 그는 다음과 같이 설명하였다. "……제가 종틀을 만들고자 할 때는 절대 심기를 소모시키지 않고 반드시 재계하여 마음을 깨끗이 합니다.……7일을 재계하면 전혀 마음이 움직이지 않고 제 자신이 사지와 육체를 지녔다는 것조차 잊고 맙니다. 이때가 되면 이미 조정의 권세는 마음에 없고 그 기술에 전념하여 밖에서 마음을 어지럽히는 것이 없어지고 맙니다. 그런 뒤에야 산의 숲으로 들어가 나무 본래의 자연스러운 성질이나 모습이 가장 좋은 것을 찾아봅니다. 그러고 나서 마음속에 이제 만들 종틀의 모양을 그려보고 손을 댑니다. 이렇게 하면 나무의 자연스러운 본성과 저의 자연스러운 본성이 하나가 됩니다. 제가 만든 것이 귀신의 솜씨 같다는 것은 이러한 때문인가 봅니다."

梓慶削木爲鐻. 鐻成, 見者驚猶鬼神. 魯侯見而問焉曰, 子何術以爲焉.

對曰,……臣將爲鐻, 未嘗敢以耗氣也. 必齊以靜心.……齊七日, 輒然忘吾
有四枝形體也. 當是時也, 無公朝. 其巧專而外滑消. 然後入山林, 觀天性
形軀至矣. 然後成見鐻. 然後加手焉. 不然則已. 則以天合天. 器之所以凝
神者, 其是與.(「達生篇」)

　이들 우화에서 장자가 찬미한 것은 그들이 생산한 물건의 정교함이
라기보다 그들이 그 과정에서 취한 '무의식적 상태'이다. 문명과 기술,
인위를 부정한 장자가 오히려 그러한 것의 가장 극단이라고 할 수 있
는 전문 기술자의 행위를 찬미한 것은 아이러니컬하기도 하다. 어쨌든
이들 도의 경지에 이른 전문 기술자들의 기술에 대한 연마 과정을 기
록한 우화는 장자학파에서 개인의 자연적 상태를 회복하기 위한 구체
적 방법론의 예화로서의 성격을 갖는다. 그들은 모두 정신 집중의 방
법을 통해 무의식의 상태에까지 이른 것으로 설명된다. 이러한 상태에
서는 신체의 각 기관의 본래부터 타고난 자연적 기능이 충분히 발휘된
다는 것이다. 장자에 있어서 이러한 신체 각 기관의 자연적이고 본래
적인 기능은 의식적 계산보다 정밀하고 완벽하다고 생각하고 있음을
암시하는 것으로 보인다.
　이 밖에도 많은 기술자에 대한 우화의 대부분이 같은 구성을 가지고
있다. 장자는 그러한 많은 예화를 통해 어떤 대상으로부터 자유롭기
위해서는 그 대상이 가진 자연적 성질과 자신의 타고난 자연적 본성이
빈틈없이 결합되어야만 한다는 것을 강조한다. 위의 첫 번째 인용문에
서 '신神'이란 일반적으로 말하는 정신이 아니라 의식이 배제된 상태를
뜻하며, 엄밀하게 말하자면 자연적으로 타고난 본능을 가리킨다. 따라
서 자신의 타고난 자연적 본성이 대상의 자연적 성질과 빈틈없이 결합
된다는 것은 무의식의 상태에서 대상의 자연적 본성과 결합된다는 것
으로서 대상에 대한 이성적 파악과는 다른 것이다. 그러므로 그러한

경지에 도달한 자의 기술은 대체로 설명될 수 없다고 한다.[68] 다만 그 과정으로서 정신집중과 그것을 통한 무의식의 상태가 설명될 뿐이다.

네 마음을 통일해서 귀로 듣지 말고 마음으로 들을 것이며, (가능한 한) 마음으로 듣지 말고 기氣를 통해 들어라. 귀는 소리를 들을 뿐이며 마음은 인상을 받아들일 뿐이지만 기라는 것은 텅 비어서 모든 대상에 대응할 수 있다. 오직 도만 이 텅 빈 곳에 깃드는데, 이 텅 빈 것이 심재이다.
若一志, 無聽之以耳, 而聽之以心. 無聽之以心, 而聽之以氣, 聽止於耳, 心止於符. 氣也者, 虛而待物者也. 唯道集虛, 虛者心齋也.(「人間世篇」)

육체의 욕망을 버리고 눈이나 귀 등의 감각의 작용을 없애며 이 육체를 떠나고 지식을 버려서 자연의 대도大道와 하나가 되는 것을 좌망이라고 한다.……도와 일체가 되면 편견이 없어지고 자연과 함께 변화해가면 속박이 없을 것이다.
墮肢體, 黜聰明, 離形去知, 同於大通, 此謂坐忘.……同則無好也, 化則無常也.(「大宗師篇」)

앞의 예문이 심재에 관한 설명이고, 뒤의 예문은 좌망에 관한 설명이다. 심재와 좌망을 구분하는 학자도 있지만,[69] 이 양자는 모든 인위적 요소의 제거를 통해 무의식의 상태에 도달하기 위한 방법으로서 서로 큰 차이가 없다. 장자는 현실적 인간의 구성 요소 가운데서 모든 비자연적 요소, 즉 모든 사회적 이념과 욕망을 제거함으로써 마음의 평화와 자유의 경지에 이를 수 있다고 생각한 것이다. 즉 심재나 좌망을 통해 "육체는 마치 마른 나무와 같고, 의식은 마치 꺼진 재와 같은"[70] 상태에 도달하게 된다는 것이다. 택전다희남澤田多喜男은 '꺼진 재와 같은' 상태는 심재의 상태와 같은 것으로 일반적인 감관, 혹은 인식기관이 작용하지 않는, 직감하는 정신 상태라고 설명한다.[71] 그러나 나는 '꺼진 재와 같은' 상태가 심재와 동일한 상태라는 견해에는 동의하지만, 그것을 '직감하는 정신 상태'라고는 생각하지 않는다. 나는 장자의 이 표현들은 진짜 아무 생각이나 의식이 없는 상태를 나타내는 말이라고 생각한다. 『장자』에서는 전편을 통해 '허虛'와 '정靜'의 상태가 강조되고 있는데, '정'은 의식의 동요가 없는 상태를, '허'는 무의식의 상태를 가리키는 것으로 보인다. 장자는 「대종사편」에서 무의식의 상태에 도달하기 위한 과정을 단계적으로 설명하고 있다.

> 나는 자연적 상태를 유지하면서 그에게 그러한 상태에 도달하는 방법을 일러준 지 3일만에 그는 세상의 모든 일을 잊게 되었다. 세상의 모든 일을 잊은 뒤 다시 그렇게 하였는데 그는 7일만에 외적 대상을 잊게 되었다. 외적 대상을 잊은 뒤에 다시 그렇게 하였는데 그는 9일만에 삶에 대한 욕망을 잊게 되었다. 삶에 대한 욕망을 잊은 뒤에 그는 조철朝徹할 수 있게 되었고 조철한 뒤에는 견독見獨할 수 있게 되었으며 견독한 뒤에는 고금古今의 시간적 변화에 대한 의식이 없어졌다. 고금의 시간적 변화에 대한 의식이 없어진 뒤에는 죽음도 없고 삶도 없는 경지에 도달하게 되었다.
>
> 吾猶守而告之參日, 而後能外天下. 已外天下矣, 吾又守之七日, 而後能外物. 已外物矣, 吾又守之九日, 而後能外生. 已外生矣, 而後能朝徹. 朝徹而後能見獨. 見獨而後能無古今. 無古今而後能入於不死不生.(「大宗師篇」)

여기서 관심을 끄는 것은 고금이라는 시간적인 구분이 없고, '죽음도 없고 삶도 없는', 즉 삶과 죽음에 대한 의식이 없는 상태에 도달하기 위해서는 우선 세상의 모든 일을 '잊고'[外天下], 외적 대상을 '잊고'[外物], 삶에 대한 욕망을 '잊는'[外生] 것이 선행되어야 한다는 것이며, 이것들이 순차적 과정으로 설명되고 있는 점이다. 여기서 설명한 방법을 '조철'이라고 부르는데, 이 '조철'의 방법과 좌망, 심재 등은 개인의 자연적 본성의 상태를 회복하기 위한 첫 번째 방법이다. 이러한 방법은 일반적인 학문이나 기술을 습득하는 방법과는 반대된다. 따라서 장자는 "세속적인 학문으로써 본성을 닦아 자신의 자연적 본성으로 돌아가려고 하고, 세속적인 생각으로써 욕망을 다스려 자신의 밝은 지혜[明知]를 구하려 하는 사람을 어리석은 자라고 한다"[72]라고 주장한다. 여기서 세속적인 학문이나 세속적인 생각이란 분석적·사변적인 방법이나 생각을 말한다.[73] 장자는 이러한 방법으로써는 인간에 대한 본질적인 물음에 대답할 수 없으며 그가 추구하는 자유로운 상태에 도달할 수 없다고 주장한다. 『도덕경』의 "학문을 익히는 것은 날로 (모르는 것을) 쌓아 가는 것이고 도를 수련하는 것은 날로 덜어내는 것이다"[74]라는 명제도 이 두 가지(학문을 익히는 것과 도를 수련하는 것)가 방법적으로 분명하게 차이가 있음을 강조하는 것이다. 장자는 자신이 추구하는 것이 비세속적이라는 의미에서 이것을 '무용지용無用之用'이라고 표현한다. 무용지용으로 대변되는 이상적 삶의 형태는 사회적으로 무능한 자의 그것을 가리킨다. 그러한 삶을 실천하는 자들에 대한 기록이 「양왕편」에 집약적으로 표현되어 있다. 곽말약의 해석에 따르면 '무용無用'이란 세속적인 의미에서는 쓸모가 없지만, 자신의 자연적 본성을 유지하고 타고난 삶을 온전히 한다는 의미에서는 쓸모 있는 것[之用], 즉 '대용大用'이다.[75] 따라서 장자가 추구하는 것은 사회적 유용성이라기보다 개인적 유용성이라는 것이다. 후세의 학자들은 장자의 이 점을 과장하여 그를 극단적 개인주의자라고 비판한다.[76]

2) 안명론

장자는 모든 객관적 실재와 현상은 끊임없이 운동·변화한다고 주장한다. 즉 그는 자연뿐만 아니라 모든 사회 현상이 끝없는 변화 속에 놓인 것으로 이해한다. 그는 또 자연적인 것과 인위적인 것에 대하여 전자를 내적인 것, 후자를 외적인 것으로 설명하기도 하는데,[77] 자연적 질서와 객관적 실재 사이에도 이러한 구분이 적용될 수 있을 것이다. 장자는 외적이고 인위적인 것은 변화하는 대로 따라가면서도 내적인 자연적 본성은 원래의 상태를 유지할 것을 요청한다. 그는 모든 운동과 변화를 자연적 질서의 필연적 결과라고 전제하고 그러한 필연성을 필연성으로 받아들이고 또 그것에 따라야 한다고 주장한다. 특히 그는 자연의 운동·변화하는 질서 가운데 인간의 능력으로 파악하거나 그것의 변화를 저지할 수 없는 측면을 '명命' 즉 '자연의 명령'이라고 강조하고 이에 대하여 인간이 거부할 수 없는 것이라고 한다.

사람의 삶과 죽음, 존속과 멸망, 궁핍과 영화, 가난과 부귀, 어리석음과 현명함, 비난과 영예, 배고픔과 목마름, 추위와 더위 등 모든 것은 상황의 변화에 기인한 것이고 이는 또 자연적 명령의 시행에 의한 것이다. 밤낮 우리 눈앞에서 전개되지만 우리의 지식으로써는 그 원인을 알 수 없는 것들이다.

死生, 存亡, 窮達, 貧富, 賢與不肖, 毁譽, 飢渴, 寒暑, 是事之變命之行也. 日夜相代乎前, 而知不能規乎其始者也.(「德充符篇」)

죽고 사는 것은 자연의 명령이다. 거기에 밤과 낮이 바뀌는 것처럼 일정한 규칙이 있는 것은 자연적으로 그러하다. 이처럼 인간이 간섭할 수 없는 부분이 있는 것은 모든 사물의 참 모습이다.

死生命也, 其有夜旦之常天也. 人之所不得, 皆物之情也.(「大宗師篇」)

『장자』에서 '자연의 명령'[命]은 대부분 '알 수 없다'거나 '간섭할 수 없다'는 의미의 술어를 수반한다. 따라서 '자연의 명령'은 자연의 운동·변화하는 질서 가운데 그 원인을 알 수 없거나 인간의 능력으로 그 변화를 간섭할 수 없는 부분을 강조하는 개념으로 이해된다. 즉 장자는 '자연의 명령'이기 때문에 알 수 없거나 간섭할 수 없다는 것이 아니라 알 수 없거나 간섭할 수 없기 때문에 '자연의 명령'이라고 한 것이다. 임계유는 위의 「덕충부편」의 예문을 인용하면서, 사람의 삶과 죽음, 존속과 멸망……등은 '명'이기 때문에 인간의 지혜로써는 원인을 알 수 없다고 설명한다.[78] 그러나 내 생각에는 장자는 어떤 특정한 것을 미리 '명'이라고 규정하고 나서 체념한 것이 아니라, 그것들의 원인을 규명하다가 실패하였을 경우에 그것을 '명'이라고 한쪽으로 제쳐두는 것으로 보인다. 「대종사편」의 "나는 나를 이 지경으로 만든 것이 무엇인가를 생각해 보았지만 알 수 없었다. 나의 부모가 어찌 내가 가난하기를 바라겠는가? 하늘은 사적인 감정으로 만물을 감싸주고 있는 것이 아니며, 땅은 사적인 감정으로 만물을 받쳐주고 있는 것이 아니다. 그러니 천지가 어찌 사적인 감정으로 나를 가난하게 하였겠는가? 나를 이 지경으로 만든 것이 무엇인가를 찾아보았지만 그 원인을 알 수가 없었다. 그럼에도 나는 이 지경이 되었으니 이것은 자연의 명령[命]인가보다"[79]는 구절이 좋은 증거라 할 수 있다. 어쨌든 장자에게 있어 '명'이란 인간의 지식과 능력 밖에 있는 것들이다. 이 때문에 인간에게 있어 그것은 "어찌할 수 없는 것"[80]으로 받아들여진다. 따라서 그는 "인간의 힘으로써는 어찌할 수 없는 것임을 알고 '자연의 명령'에 편안히 따르라"[81]고 충고한다. 이는 자연을 종교적 대상으로 파악하거나 인격적인 존재로 전제하여 도덕이나 인간의 도덕적 본성을 그것의 명령이라고 해석하는 유가 식의 천명론적 사고방식과는 구별된다. 장자는 이러한 알 수도 없고 간섭할 수 없는 '명' 즉 자연의 명령에 대해서는 차라리 적극적으로 따를 수밖에 없다고 주장하는 것이다.

임계유는 『장자』 내편을 장자 후학의 저작이라고 전제하고, 장자 후학은 필연성을 지나치게 숭배, 과장하였으며, 심지어 우연성마저도 필연성이라고 해석하였기 때문에 모든 것은 필연이고 모든 것은 운명이라는 결론에 도달하였다고 비판한다. 이러한 예로 그는 "신궁 예의 과녁 한 가운데서 놀고 있다고 치자. 가운데는 화살이 꽂히는 곳인데도 화살에 맞지 않았다면 그것은 '명'이다"[82]라는 구절을 들고 있다. 즉 이 예문은 화살에 맞는 것도 '명'이고 맞지 않는 것도 '명'이라고 주장하는 것이며, 따라서 필연성도 '명'이고 우연성도 '명'이라고 설명하는 결과가 되기 때문에 인간이 직면한 모든 것이 타고난 필연성, 즉 '명'에 의해 결정되는 것으로 이해된다고 비판한다. 그러므로 필연성과 우연성을 동일하게 취급하는 장자 후학의 견해는 인류가 객관적 세계를 개조할 가능성을 배제한 것이며 이로 인해 그들은 숙명론에 빠졌다고 지적한다.[83] 그의 이러한 주장은 타당성이 있으며 또한 일반적인 견해이다. 그것은 앞의 「덕충부편」의 "사람의 삶과 죽음, 존속과 멸망, 궁핍과 영화, 가난과 부귀, 어리석음과 현명함, 비난과 영예, 배고픔과 목마름, 추위와 더위 등 모든 것은 상황의 변화에 기인한 것이고 이는 또 자연적 명령의 시행에 의한 것이다.……"에서도 드러난다. 즉 장자는 여기서도 인간의 의지에 의해 충분히 개선될 수 있는 요소까지 포함하여 모두 '명'이라고 간주하고 있다. 그러나 장자가 그 필연성을 왜 운명적 필연성, 혹은 필연적 운명으로 보았는가에 주목해야 한다. 이에 대한 대답을 다음의 예문을 통해 찾아볼 수 있다. 앞에서도 인용되었지만 중복을 무릅쓰고 「대종사편」의 다음 구절을 다시 살펴보자. "나는 나를 이 지경으로 만든 것이 무엇인가를 생각해 보았지만 알 수 없었다. 나의 부모가 어찌 내가 가난하기를 바라겠는가? 하늘은 사적인 감정으로 만물을 감싸주고 있는 것이 아니며, 땅은 사적인 감정으로 만물을 받쳐주고 있는 것이 아니다. 그러니 천지가 어찌 사적인 감정으로 나를 가난하게 하였겠는가? 나를 이 지경으로 만든 것이 무엇인가를 찾아보았지만 그 원인을 알 수가 없었다. 그럼에도 나는 이 지경이 되었으니 이것은 자연의 명령[命]인가보다." 여기서도 장자는 빈곤의 원인을 '명' 즉 자연의 명령으로 이해하고 있다. 즉 장자는 당시의 빈부 격차가 사회의 물질적 관계에 기인하며, 그러한 관계 속에서 그가 수탈하는 쪽이 아니라 수탈 당하는 쪽에 속한 것이 우연적인 것이라는 점을 간과한 것이 아니라 그 극심한 격차가 장자와 같은 계층에 속한 인간으로서는 '어찌할 수 없는' 필연의 지경에까지 이르렀음을 의미하는 것으로 해석된다. 다시 말하면 일반적으로 우연적인 것으로 보이는 것이라 하더라도 그에게 있어서는 필연적인 것으로 인식될 수밖에 없는 상황에 처해 있었음을 나타낸 것이다. 즉 이것은 그가 처한 계층적 한계의 표현이다. 따라서 장자가 사용한 '명命'을 필연성으로 해석할 경우 그가 처한 계층의 사회적, 역사적 한계 속에서 이해할 필요가 있다. 어쨌든 자연의 명령에 대해서 적극적으로 따를 수밖에 없다는 장자의 주장을 좀더 따라가 보기로 한다.

> 그러므로 "인위적인 것으로 자연적인 것을 파괴하지 말고 의식적 행위[故]로써 자연의 명령[命]을 저버리지 말고 명성을 위해 타고난 본성을 희생하지 말라"고 하는 것이다. (자연, 命, 德 등의 상태를) 잘 유지하여 잃지 않는 것을 자연 상태(본래의 모습)로 돌아가는 것이라고 말한다.
> 故曰, 無以人滅天. 無以故滅命, 無以得殉名. 謹守而勿失. 是謂反其眞.(「秋水篇」)

"인위적인 것으로 자연적인 것을 파괴하지 말라"는 것은 학의 긴 다리를 잘라서 오리의 짧은 다리에 이어준다거나, 새를 잡아다가 인간의 음식과 음악을 들려주는 따위의 행위를 하지 말라는 것이며, "의식적 행위로써 자연의 명령을 저버리지 말라"는 것은 '열생오사悅生惡死—사는 것을 탐닉하고 죽기를 싫어하는 것—하지 않는 것을 말한다.

또 "명성을 위해 타고난 본성을 희생하지 말라"는 것은 인의예악 등의 이념을 추구하지 않음으로써 자연적 본성의 파괴를 막아야 한다는 것을 의미한다. 장자는 이러한 것들이 모두 외적인 것, 비본질적인 것으로서 인간의 자연스러운 본성의 발휘를 방해한다고 보았다. 따라서 그것들은 우리의 심리적 불안을 야기 시키는 원인이 되기도 하고 우리의 정신을 속박하여 자유롭지 못하게 하는 요소가 되기도 한다고 믿고 있다. 특히 그는 '명' 즉 자연적 명령의 가장 구체적인 것을 죽음과 삶이라고 지적한다.[84] 그는 인간이 죽고 사는 것은 인간의 의지와는 무관한 것이라고 하면서 삶에서 죽음으로 바뀌는 것을 자연의 거대한 변화의 하나인 자연의 명령으로 이해할 때 죽음의 공포로부터 자유로울 수 있다고 한다. 이러한 자연적 명령의 필연성을 깨닫고 그에 적극적으로 순응함으로써 마음의 평정 상태에 도달한 사람에 대하여 장자는 다음과 같이 설명하고 있다.

옛날의 진인은 살아 있는 것을 즐거워하지도 않았고 죽는 것을 싫어하지도 않았다. 세상에 태어나 살아가는 것을 기뻐하지도 않고, (죽음으로) 되돌아가는 것을 거부하지도 않았다. 재빠르게 갔다가 재빠르게 올 뿐이다. 자기의 생명이 비롯된 곳을 잊지도 않고 마치는 곳을 알려고 추구하지도 않는다. 생명을 받으면 그 자체를 기뻐하고 생명이 다하면 그것을 되돌려 줄 뿐이다. 이것을 인간의 의식으로써 자연의 질서를 손상하지 않는 것이라 하며, 인위적인 것으로써 자연적인 것을 간섭하지 않는 것이라고도 한다. 이런 사람을 진인이라고 한다.
古之眞人, 不知說生, 不知惡死. 其出不訴, 其入不距. 儵然而往, 儵然而來而已矣. 不忘其所始, 不求其所終, 受而喜之, 忘而復之. 是之謂不以心損道, 不以人助天, 是之謂眞人.(「大宗師篇」)

장자는 사는 것을 탐닉하고 죽기를 싫어하는 인간의 일반적인 태도는 자연스러운 삶을 더욱 질곡할 뿐이라 하고, 진인은 이러한 질곡으로부터 자유로운 사람이라고 말해준다. 앞에서 본 바와 같이 장자가 주장하는 인간의 자연적 본성이란 식욕과 성욕에 불과하며, 또 식욕과 성욕이란 개체 보존과 종족 번식의 욕구라는 점에서 이는 삶에의 욕구에 다름 아니다. 즉 '사는 것을 탐닉하고 죽기를 싫어하는' 것은 인간의 자연적 본성이다. 따라서 보통 사람들의 이러한 태도에 대한 장자의 비판은 그가 전제한 인간의 자연적 본성론에 비추어 볼 때 모순되는 것처럼 보인다. 그러나 의식적으로 삶과 죽음을 구분하고 어느 한 쪽에 집착한다는 것은 자연의 무의식적, 무차별적 질서와는 다른 것으로서 자연스럽지 못하다는 것이 장자의 견해이다. 장자는「덕충부편」에서 혜시惠施와의 문답을 통해 인간의 모습을 하고 있으되 인간의 정情—是非, 好惡, 悅生惡死 등의 의식이나 편견—을 가지지 않는 것이 바로 진정한 인간, 자연의 질서에 따르는 인간이라고 설명하면서, "좋아하거나 미워하는 감정 때문에 안으로 제 몸을 해쳐서는 안 된다"[85]고 충고한다. 또 "시간의 변화를 편하게 받아들이고 순리에 따르면 슬프거나 즐거운 감정이 끼여들 수 없다"[86], "사물의 자연스러움을 따르되 개인적인 것의 개입을 허용하지 않는다"[87] 등의 구절들에서 인간의 일상적 감정은 자연적 본성과 대립적이며, 따라서 그것은 자연적 본성을 해친다는 장자의 생각을 읽을 수 있다.[88] 그는 인간 내부의 이러한 모순은 인간이 동물이나 어린아이와 같이 삶과 죽음 자체에 대한 의식이 없는 상태에 도달하거나, 혹은 자연의 필연적인 질서에 대한 자각을 통해서만이 해소될 수 있다고 주장한다. 전자의 구체적 방법으로 제시된 것이 앞에서 살펴본 좌망·심재 등이라면, 안명론 등은 후자의 경우에 속한다. 따라서 안명론에서 중시되는 것은 자연적 필연성에 대한 자각과 그에 적극적으로 순응하는 태도이다. 장자는 이러한 자연적 필연성의 자각을 통해 정신적 갈등으로부터 자유롭게 된다는 것을 다음과 같이 구체적으로 설명한다.

> 아내가 죽자 처음엔 나도 어찌 슬프지 않았겠는가? 그러나 (태어나기 전의) 시원을 곰곰히 생각해 보니 본래 생명이란 없었다. 비단 생명만 없었던 것이 아니라 본래 육체도 없었다. 육체만 없었던 것이 아니라 본래 기氣도 없었다. 모든 것이 흐리멍덩한 채로 뒤섞여 있다가 변화가 생겨 기가 있게 되었고, 기가 변하여 육체가 있게 되었고, 육체가 변하여 생명이 있게 되었고, 지금 다시 그 생명이 변하여 죽어갔다. 이러한 현상은 춘하추동 등 사계절의 운행과 같다. 아내는 지금 천지라는 커다란 방에 누워 있는데 내가 소리를 지르고 또 곡을 한다면 내 스스로 자연의 필연적인 명령을 모르는 것이라 생각된다. 그래서 나는 곡을 그쳤다.
> 是其始死也, 我獨何能無概然. 察其始而本無生, 非徒無生也, 而本無形, 非徒無形也, 而本無氣. 雜乎芒芴之間, 變而有氣, 氣變而有形, 形變而有生. 今又變而之死, 是相與爲春夏秋冬四時行也. 人且偃然寢於巨室, 而我嗷嗷然, 隨而哭之, 自以爲不通乎命, 故止也.(「至樂篇」)

위의 예문은 장자가 자기 아내의 죽음에 대하여 곡을 하지 않은 이유를 설명한 것이다.[89] 그는 자연의 모든 객관적 실재는 기氣를 매개로 하여 끊임없이 한 사물에서 다른 사물로 전화되는 것이라고 생각한다. 즉 그는 모든 사물의 생성과 소멸을 기의 취산聚散으로 설명하고 있는데, 「지북유편」의 다음 문장이 가장 대표적이다. "사람의 삶은 기가 모인 것이다. 기가 모이면 삶이 되고 흩어지면 죽음이 된다. 죽음과 삶은 친구와 같은 것인데 내가 무엇을 걱정하겠는가. 그러므로 만물은 하나인 것이다.……그러므로, '온 천하에 한 종류의 기만 있을 뿐이다'라고 말하는 것이다."[90] 그는 기의 이합집산離合集散을 자연의 필연적인 변화 과정이라고 추측한 것이다. 즉 기가 모이고 흩어지는 과정에 인간의 의지를 개입시키거나 그 시점을 인간이 바꿀 수 있는 것이 아니다. 따라서 이러한 필연성을 인식하고 그것을 필연성으로 받아들일 때 인간은 자연과 일체가 될 수 있으며 또 우리의 마음을 속박하는 모든 질곡으로부터 자유로울 수 있다는 주장이다. 공자의 이름을 빌어 자연의 변화에 대해 설명하고 있는 「산목편」의 다음의 문장에 주목해 보자.

> 만물은 변화하지만 그 원인자를 알지 못한다. (객관적 존재나 그 변화가) 어떻게 끝나며 어떻게 시작되었는지를 어찌 알겠는가? 그러므로 자신을 바르게 하여 자연의 변화를 따를 뿐이다.……사람이 생긴 것은 자연에 의한 일이고 자연 역시 자연의 자체에 의해 생겼다. 사람이 때로 자연에 순응하지 못하는 것은 자기의 성(性 - 습성)에 사로잡히기 때문이다. 성인은 편안히 자연의 변화에 몸을 맡긴 채 자기의 삶을 끝마친다.
> 化其萬化, 而不知其禪之者. 焉知其所終, 焉知其所始. 正而待之而已耳.……有人天也. 有天亦天也. 人之不能有天性也. 聖人晏然體逝而終矣. (「山木篇」)

이 문장에서 '명'이라는 말은 보이지 않지만, 왜 인간이 자연의 변화에 따를 수밖에 없는가가 설명되고 있다. 위의 설명에 의하면 만물이 변화하는 원인과 그것의 시작과 끝을 '알 수 없기' 때문에 자연에 따라야 한다. 이것은 바로 모든 변화의 궁극적 원인은 우리 인간으로서는 알 수 없는 영역에 속하기 때문에 그것은 결국 '명' 즉 자연의 명령이라고 규정되며, 또 그러한 이유에서 그 원인의 추구는 무의미하다는 것이다. 따라서 오직 그 명령에 따를 수밖에 다른 방법이 없다는 결론이다. 그런데 인간이 현실적으로 자연의 무한한 변화에 따르지 못하는 근본적인 이유는 '성性' 때문이라는 것이다. 여기서 말하는 '성'은 자연적 본성을 뜻하는 말이 아니라 후천적으로 획득된 습성을 말한다.[91]

장자는 '명' 즉 자연의 명령을 인식할 수도 없고, 그것의 진행을 방해할 수도 없다고 한다. 장자에 따르면 '명'이라고 규정된 자연의 필연성에 대한 인식은 일반적인 인식과는 달리 인간의 감각 기관이나 사유를 통한 인식이 아니며, 그에 대한 순응도 장자가 비판하는 의식적(인위적) 행위가 아니다.[92]

장자의 "자연적인 것과 인위적인 것이 서로 대립되지 않는다"[93]는 명제에서 드러나듯이 자연의 필연성을 인식하고 그에 적극적으로 순응하는 진인은 자연적 본능과 사회적 의식이 내부에서 서로 갈등을 일으키지 않는다. 여기서 장자는 현실을 떠나지 않으면서도 현실에 질곡되지 않는 방법을 발견한다. 장자는 자연의 명령에 대한 인식을 통해 진지眞知에 도달한 사람의 구체적 삶을 "겉은 변화하지만 속은 변화하지 않는다"[94]고 설명한다. 장자에 있어서 겉[外]은 인간의 의식을 포함한 모든 객관적 실재와 그 현상을 의미하고, 속[內]은 자연적 본성, 혹은 자연적 질서를 의미한다. 말하자면 모든 객관적 실재가 자연적 질서를 따르듯이 인간의 의식과 행위도 자연적으로 타고난 본성의 명령에 따라야 한다는 것이다. 그러므로 지인至人은 현실적으로 인간 사회를 떠나지 않고 자연적, 사회적인 모든 변화에 순응하면서도 내부로는 자연적 본성의 상태를 유지한다는 것이다. 겉으로 모든 변화에 따른다는 것은 자기의 견해나 판단에 집착하거나 그것을 다른 사람에게 강요하지 않는 것이며, 속으로 자연적 본성의 상태를 유지한다는 것은 모든 의식의 배제를 의미한다. 이것은 결과적으로 앞에서 살펴본 좌망이나 심재의 경우와 동일한 상태에 도달함을 의미한다.

이제까지 장자가 제시한 정신적 자유에 도달하는 방법 혹은 마음의 평정을 얻는 방법에 대하여 살펴보았다. 이것은 그의 이른바 '진지'라는 참된 앎에 도달하는 방법이기도 하며, 또 자연과의 일치(혹은 조화)를 이루기 위한 방법이기도 하다. 나는 이것을 두 가지로 나누어 검토하였고 그것들의 결과가 동일하다는 것도 확인하였다. 실제로 장자는 이 두 가지 방법을 뚜렷하게 구분하지는 않지만, 이러한 두 가지 이론은 하나는 그의 인간관에, 다른 하나는 자연 인식에 각각 그 논리적 기반을 두고 있다. 즉 '버림의 방법'은 그의 인간관과 관련을 갖는 것으로서 현실적 인간의 구성 요소의 하나인 사회적 의식을 버리는 것을 강조한 것이며, '받아들임의 방법'은 그의 자연 인식과 밀접한 관련을 가진 것으로서 자연의 끊임없는 운동 변화에 주목하여 그것을 필연성으로 받아 들여야 한다는 데 초점을 맞춘 것이다. 『장자』 전편을 통해 볼 때 이 두 가지는 같은 목적을 가진 것으로서 방법상 뚜렷한 구분을 가지고 있다는 것이 나의 주장이다.

이제까지 논의된 것을 요약하면 다음과 같다. 장자가 주장하는 인간의 자연적 본성이란 바로 인간의 선천적 본능에 다름 아니며, 그가 비판하였지만 실제로 그가 규정하고 있는 현실 속의 인간은 의식을 가지고 자연과 대립하여 문명을 만들어 내는 존재이다. 따라서 그가 제기한 인간의 자연적 본성이란 본능적인 욕구 이외의 아무런 의식이 없는 상태를 가리키며, 그 모델을 그는 지인·진인이나 원시공동체 사회의 사람들에게서 찾는다. 반면 그는 지식이나, 인의예악으로 대표되는 이념과 물질적 욕구의 추구가 인간의 현실적인 모습이라고 지적한다. 그는 인간의 사회적 의식을 극복되어야 할 대상으로 설정하고, 역사의 발전을 퇴보의 과정이라고 설명하고 있다. 장자의 이러한 인간관과 역사의식은 피지배 하층민의 입장을 반영한 것이며, 그의 제가諸家 비판, 특히 유가와 묵가 및 법가에 대한 비판은 인간과 역사에 대한 이와 같은 이해에 근거한 것이다.

장자는 자연과의 일치, 혹은 마음의 평정을 얻는 방법으로써 두 가지를 든다. 즉 첫째는 심재나 좌망 등의 '버림의 방법'이고 다른 하나는 '명' 즉 자연의 명령에 대한 인식과 그것의 변화에 수동적으로 순응하는 '받아들임의 방법'이 그것이다. 전자는 인간의 비자연적·차별적 본성에 근거하고 있는 모든 이념적 요소를 제거해야 한다는 것이다. 그것은 인간의 비자연적·차별적 의식은 사회적 강제의 주된 도구로 작용하는 모든 이념이나 욕망의 기초가 된다는 그의 인간관에 바탕을 두고 있다. 또 후자는 자연과 사회의 필연적인 변화를 필연적인 것으로 인정하고 그에 순응하여야만 한다는 것이다. 그것은 자연과 사회의 필연적인 변화는 인간의 지식이나 능력으로써는 완전히 이해한다거나 회피할 수 없다는 그의 자연관에 근거한 것이다. 이 두 가지는 결국 사회적으로 획득된 모든 이념이나 욕망의 파기와 자연적 본성의 상태로의 복귀, 그리고 객관적·필연적 변화에 대한 순응의 방법을 뜻한다.

인간의 자연적 본성의 범위를 본능에 한정시키고 그 밖의 모든 이념적인 것과 비자연적인 욕구 등을 사회적인 것으로 귀속시킨 장자의 인간 이해는 매우 획기적인 것으로 평가될 수 있다. 즉 인의 등의 도덕적, 혹은 이념적 요소의 기원을 인간의 자연적 본성에 두고 있는 유가 및 그에 동조하는 사람들의 주장이나 믿음에 대하여 그것이 사회적인 것, 특히 차별성을 특징으로 하는 인간의 의식으로부터 발생된 것이라는 그의 지적은 의미 있는 것이다.

장자철학의 지향은 평등과 자유로 집약된다. 사회제도 및 제자諸子에 대한 강도 높은 그의 비판은 이러한 지향을 전제로 하고 있다. 즉 그의 비판과 반대의 초점은 불평등과 부자유의 원천, 혹은 그러한 상태의 조장이라고 판단되는 곳으로 모아진다. 자유와 평등에 대한 장자적 지향의 특색은 원시적 자연공동체 사회와 문명사회를 대립적 구도로 파악한다는 점에 있는데, 그는 그것을 무위와 유위, 자연과 인간 사이의 대립이라는 기본 구도의 연장선상에서 파악하고 있다. 장자에 따르면 모든 유위적 행위나 그로부터 파생한 이념·제도 등은 개인적·사회적 불평등과 부자유의 원천이며, 자연스러운 삶, 즉 자유롭고 평등한 삶이란 그와 같은 유위를 지양하고 자연의 무목적적·무의식적 작용에 따를 때만 가능하다. 장자는 이러한 인식에 기초하여 절성기지絶聖棄知와 무위를 현실 정치에서 실시할 것을 주장하면서 그 이상으로서 지덕지세至德之世라는 사회를 그리고 있다.

평등이나 자유의 추구는 장자에게서 갑작스럽게 제기된 것은 아니다. 평등과 자유는 도가 철학의 기본 출발점이라 할 수 있는 도의 개념 혹은 자연에 대한 관념 속에 이미 전제되어 있던 것이다. 장자는 그것을 보다 구체화하고 강조했을 뿐이다.

이제까지 많은 연구자들은 장자철학에서 자유와 평등에의 지향이 매우 큰 비중을 차지한다는 점을 인정하면서 그러한 생각을 중심으로 집필된 것이 「소요유편」과 「제물론편」이라고 설명한다. 즉 '소요유逍遙遊'는 자유를, 그리고 '만물제동萬物齊同'은 평등에 대한 장자의 견해를 각각 집약적으로 표현하고 있는 것이라고 이해한다. 나도 이러한 일반적 견해에 전면적으로 반대하지는 않지만, 「소요유편」과 「제물론편」의 주장만을 근거로 자유와 평등에 대한 장자의 견해를 평가하는 것은 자칫 장자가 주장한 자유와 평등은 현실적인 모든 문제를 도외시한, 개인의 관념 속에서나 가능한 것이라는 결론과 쉽게 타협할 위험성을 안고 있다. 이 장에서는 장자가 주장하고 있는 자유와 평등의 의미를 검토하고 그것의 사회적 실현 방안이 무엇인가를 살펴보기로 한다.

1. 평등 관념의 역사

장자가 활동하던 전국 중기는 사회적 대변혁의 시기로서 다양한 신분 계층이 공존하고 있었으며, 극심한 빈부격차가 중요한 사회문제의 하나로 대두되었다. 장자와 거의 같은 시기에 활동한 맹자는 식량난에 허덕이는 당시 백성들의 참상을 다음과 같이 묘사하고 있다.

> (백성들은) 위로는 부모를 제대로 봉양할 수 없고, 아래로는 처자를 부양할 수 없으며, 풍년이 들더라도 죽도록 고생을 해야 하고, 흉년이 들면 죽음을 면치 못한다. 이러한 상황에서는 죽지 않고 살아남는 것만도 어려운 일이다.
> 仰不足以事父母, 俯不足以畜妻子. 樂歲終身苦, 凶年不免於死亡. 此惟救死而恐不贍.(『孟子』「梁惠王上篇」)

그는 양梁 나라 혜왕惠王을 만나 "흉작으로 기근이 든 해에는 임금의 백성 가운데 노약자는 (굶주려) 개천과 골짜기에 나뒹굴고 젊은이는 흩어져 사방으로 도망가 버리는 자가 수천 명이나 되는데 임금의 곡식 창고는 가득하고 재물 창고는 꽉 차 있습니다"[1]라고 위정자와 관리들의 실정失政을 비판하고 있다. 맹자는 또 "(위정자들의) 주방에는 살찐 고기가 있고, 마구간에는 살찐 말이 있는데도 백성들에게서는 굶주린 기색이 엿보이며, 들에는 굶어 죽은 시체가 있다. 이것은 바로 짐승을 몰아다 백성을 잡아먹게 하는 행위"[2]이면서 동시에 정치로써 살인을 하는 것이라고 비판하고 있다. 위료자尉繚子 역시 당시 사회의 빈부격차에 대하여 비판한다. 그에 따르면 부유한 집은 모두 사치스러운 생활을 하고 겉치레에 몰두하면서 소와 말에게 금속과 나무에 수를 놓아 장식한 옷을 입히고 아무렇지도 않게 콩과 조를 먹이지만, 빈곤한 사람은 종일 노동에 시달려도 도리어 "짧은 갈포옷으로도 몸을 가리지 못하고 술지게미나 쌀겨로도 배를 채우지 못한다"고 비판하고 있다.[3]

이와 같은 심각한 빈부격차는 당시의 사회 경제적 발전과 깊은 연관을 가지고 있었다. 특히 그것은 철제 농기구의 보편적 사용과 불가분의 관계에 있었다. 전국시대는 철기가 광범위하게 사용되었다. 즉 전국 중기 이후로 철기는 "그 발전된 효능과 함께 종래의 목·석기를 몰아내고 생산도구로서의 주도적 지위를 차지하게 됨으로써 경기耕起·복토覆土·토양가공土壤加工·중경中耕·제초·수확 등 일련의 생산 과정을 더 효율화시켰을 뿐 아니라 구혁溝洫의 개착, 피당陂塘의 수건修建, 수정水井의 굴착 등 소규모 수리시설 및 국가 주도의 대규모 수리사업에도 더욱 박차를 가하게 해 주었고 그에 따라 농업 생산력도 획기적으로 발전될 수 있었다."[4] 이처럼 무기의 제조뿐만 아니라 생활 용구 및 농기구의 제조에서도 철이 동과 함께 사용되었는데, 특히 농기구에 있어서는 철이 주도적 위치를 차지하였다.

이러한 사실은 1950년에서 1951년에 걸쳐 하남성 휘현輝縣 고위촌固圍村의 5개의 대형 위묘魏墓 중 1호묘에서 발굴된 65건의 철기 가운데 58건이 농기구라는 점, 1953년 하북성 흥륭현 수왕분壽王墳 연 나라 야철터에서 출토된 철 거푸집 48조 87건 가운데 철제 농기구 거푸집은 28조 51건으로서 전체 철 거푸집의 60%에 이른다는 점, 요령성 무순

연화보蓮花堡의 연 나라 유적지와 하북성 석가장시 시장촌市莊村의 조趙 나라 유적지에서 출토된 농기구 가운데 철제 농기구가 각각 85%와 65%를 차지한다는 점 등으로부터 추론 가능하다.[5] 철제 농기구의 사용은 심경세작深耕細作을 가능하게 하였다. 고위촌 위묘에서 출토된 철제 농기구에는 우경牛耕의 보급을 말해 주는 V자형 보습과 함께 오지五枝 쇠스랑, 요자凹字형 삽, 일자一字형 삽, 6각형 호미 등이 포함되어 있는데, 이러한 것들은 심경세작이 가능하게 되었음을 알려주는 것들이다.[6] 장자의 "옛날 나는 벼농사를 지었는데, 밭을 대충 갈았더니 낟알이 듬성듬성 달렸었다. 제초 작업을 게을리 했더니 낟알이 역시 듬성듬성 달렸었다. 이듬해에는 방법을 바꾸어 땅을 깊이 갈고 흙을 잘게 부수어 주었다. 그러자 벼가 잘 자라서 나는 일 년 내내 배불리 먹을 수 있었다"[7]라는 기록에서도 당시에 심경세작이 이미 보편화되었음을 알 수 있다.

심경세작과 함께 대대적인 수리·관개사업 및 인분人糞의 사용 등으로 인하여 농업 생산력은 비약적으로 높아졌다. 특히 각 국에서는 보다 견고한 제방을 쌓아 농업 생산력의 발전에 기여하였을 뿐만 아니라 홍수의 범람으로부터 백성의 생명과 재산을 보호하였으며,[8] 대대적인 운하 건설을 통하여 군사적 경제적 발전을 도모하였다. 이 시기에 건설된 대표적인 운하는 위 나라에서 건설한 홍구鴻溝와 진秦 나라에서 건설한 민강岷江 유역 운하, 경수涇水 유역 운하이다.[9]

철기의 사용은 농업 부문뿐만 아니라 수공업의 발전에도 큰 영향을 끼쳤으며, 수공업의 발전과 상품 화폐 경제의 발전 및 도시의 발달 등은 서로 연관을 갖고 발전하면서 부의 집중 현상을 가져왔다. 즉 사회 전반에 걸쳐 경제적으로 비약적인 발전이 있었지만, 경제발전에 따른 부의 증가는 오히려 빈부격차를 심화시키는 원인으로 작용하였다. 예를 들면 상업 및 화폐의 발달은 상품경제의 발전을 촉진하였으며, 거부巨富 대상大商의 출현을 가능하게 하였다. 전국시대의 대표적 거부로 범려范蠡와 단목사端木賜, 여불위呂不韋 등을 들 수 있는데, 이들은 투기나 독점의 방법으로 대자본을 축적하였다.[10] 맹자는 "사람들은 누구나 부자가 되려 하고 귀한 신분이 되려 한다. 그러나 자기 혼자 부귀를 독차지하는 것은 독점[龍斷]하는 행위이다"[11]라는 계손季孫의 말을 인용하면서 "예전에 시장이라는 것은 자기가 가진 것을 없는 것과 바꾸는 곳으로 관리가 다스릴 뿐이었다. 그런데 어떤 천한 사람이 항상 높은 곳[龍斷]에 올라서서 좌우를 둘러보고 시장의 이익을 독차지하였다. 사람들이 모두 이러한 행위를 천하다고 하였기 때문에 그에게 세금을 부과하였다. 장사꾼들에게 세금을 부과하는 것은 바로 이 천한 사람 때문에 시작된 것이다"[12]라고 해석하고 있다. 농단龍斷에 대한 계손의 지적이나 맹자의 해석은 이러한 방법의 부당함을 비판한 것이다. 수공업이나 상업을 통해 대자본을 축적한 거부들은 고리대의 방법으로 농민에 대한 수탈을 강화하여 빈부격차를 더욱 심화시켰다.[13] 양관楊寬은 상인의 시장독점이나 화폐의 광범한 유통, 고리대의 성행, 도시의 번영 등은 전국시대 이전에는 찾아볼 수 없는 현상이라고 하면서 이러한 것들이 농촌 경제의 와해와 유랑 농민의 증가를 부채질하였다고 주장한다.[14] "백성들이 쉬지도 못한 채 일년 내내 일을 하고도 자기 부모조차 봉양하지 못하게 만들고, 또 꾸어 준 곡식에 이자를 더 얹어 받아냄으로써 늙은이와 어린아이의 시체가 개천과 골짜기에 나뒹굴게 만들어놓고 어떻게 그 백성들의 부모가 될 수 있겠는가?"[15] 맹자의 이 비판 속에서 고리대가 상인들의 독점물이 아니라 위정자나 관리들도 고리대업을 일삼았음을 쉽게 추론할 수 있다. 전국시대의 많은 사상가, 특히 법가 계통의 사상가들이 상업의 폐해를 지적

하고 중농억상重農抑商을 주장한 것은 상업 자본의 이러한 역기능을 간파한 데서 나온 것으로 이해된다.[16)

　정치적·경제적 불평등이 사회의 중요한 문제로 등장함에 따라 각 학파에서는 그것을 어떤 형태로든 해결해야 할 필요성을 절감하였다. 재화의 균등한 분배가 사회적 불평등의 문제를 해결하는 중요한 열쇠가 된다는 점에서는 대부분 일치된 견해였지만, 균등분배의 목적과 방법에 있어서는 학파나 정치 집단에 따라 크게 의견이 엇갈렸다. 선진 시대의 재부 분배론은 한편으로는 군주권의 강화와 안정을 위하여 또는 부유층의 자기 보호 의식에서 자각된 절제를 배경으로 최소한 피지배층의 생활을 보장하는 것을 내용으로 하는 균분론均分論으로 귀결되기도 하였고,[17) 다른 한편으로는 노동자나 민중의 입장에서 노동 산물은 노동자의 몫이 되어야 한다거나 모든 종류의 수탈을 부정하는 혁신적 평등론이 등장하기도 하였다. 말하자면 사회적(특히 경제적) 불평등 문제에 대한 각 학파의 견해는 다음과 같이 두 가지로 분류해 볼 수 있다. 첫째, 그것을 이론적으로 합리화하거나 개량적 조치로 정권의 안정을 도모하려는 경향을 가진 학파와 둘째, 그것의 불합리성을 논증함으로써 근본적으로 개혁되어야 한다는 주장을 펴는 학파가 그것이다. 앞의 견해를 가진 학파는 대체로 지배 계층의 입장에 서 있다고 볼 수 있는데 유가나 법가 계통의 학자들이 이에 속한다.[18) 뒤의 경우를 지지하는 학파는 대개 피지배 하층민의 입장에 서 있다고 볼 수 있는데 묵가나 도가 계통의 학자들이 이에 속한다. 여기서는 피지배 하층민의 입장에 서서 정치적·경제적 평등을 요구한 묵가의 학설을 중심으로 살펴보기로 한다. 그것은 다음에 고찰할 장자의 평등론과 여러 가지 점에서 비교가 되기 때문이다.

사회적 부의 균등한 분배에 대한 문제는 춘추시대에도 이미 제기되었다. 공자의 "한 나라를 다스리는 자는 (노동력이) 적은 것을 근심하지 말고 (재화의 분배가) 균등하지 못한 것을 걱정해야 한다"[19]라는 주장은 정치에 있어서 부의 균등한 분배의 중요성을 그가 어느 정도 인식하고 있었음을 암시하는 것으로 이해된다. 그러나 그의 주장은 피지배 하층민의 입장에서 제기된 것이라기보다는 지배 계층의 입장에서 계층 간 대립의 완화, 즉 화和를 도모하기 위해 제기된 것이다.[20] 이러한 그의 입장은 위의 문장에 이어지는 "가난한 것을 걱정하지 말고 안정되지 못한 것을 걱정해야 한다. 대개 균등하면 가난한 자가 없어지고, 화합하면 (노동력의) 부족이 없어질 것이며, 안정되면 나라를 망치지 않을 것이다"[21]라는 데서 분명해진다. 송대의 주희朱熹는 공자가 말한 이 구절 가운데 '균均'은 '각기 그 분分을 얻는 것', '안安'은 '상하가 서로 편안한 것'을 각각 의미하며, 봉건 사회에서는 각자의 등급과 지위가 같지 않기 때문에 그 수입도 차이가 있게 마련인데, 지위가 다른 사람들이 각기 다른 몫을 획득하는 것이 '균'이며, 따라서 공자가 말한 '균'은 실제 불균不均을 전제로 한 것이었다[22]고 한다.[23] 주희의 이 해석이 정당하다면 공자의 주장은 평등을 지향하는 것이 아니며, 특히 피지배 하층민의 입장에서 말한 것은 더더욱 아니라는 것이 확실하다.

공자의 이러한 입장과는 달리 묵자는 철저하게 하층민의 입장에서 평등의 문제를 제기한다.[24] 묵자의 대표적 구호는 겸애兼愛와 교리交利로 집약되는데, 이것은 정치적 평등과 경제적 평등에 다름 아니다.[25]

묵자는 인간을 이기적 본능을 가진 동물로 간주한다. 많은 학자들은 『묵자』에는 인성에 대하여 구체적으로 거론한 곳이 없다고 주장한다.[26] 그러나 묵자의 다음과 같은 진술은 인간이 구체적 현실 속에서 이기적 본능에 따라 행위하는 동물이라는 점을 분명하게 보여주고 있다. "자식이 자기만 사랑하고 아버지를 사랑하지 않기 때문에 아버지에게 손해를 입히면서 자기의 이익을 챙긴다. 동생이 자기만 사랑하고 형을 사랑하지 않기 때문에 형에게 손해를 입히면서 자기의 이익을 챙긴다. 신하가 자기만 사랑하고 임금을 사랑하지 않기 때문에 임금에게 손해를 입히면서 자기의 이익을 챙긴다. 이것이 소위 난亂이다.……아버지가 자기만 사랑하고 자식을 사랑하지 않기 때문에 자식에게 손해를 입히면서 자기의 이익을 챙긴다. 형이 자기만 사랑하고 동생을 사랑하지 않기 때문에 동생에게 손해를 입히면서 자기의 이익을 챙긴다. 임금이 자기만 사랑하고 신하를 사랑하지 않기 때문에 신하에게 손해를 입히면서 자기의 이익을 챙긴다.……"27) 소공권蕭公權의 "묵자의 정치사상은 이해를 기점으로 삼고 있다"라든가 "(묵자에 있어서) 추리趨利(이익을 좇는 것)와 피해避害(손해를 피하는 것)는 인간 본성의 참모습이다"28)라는 등의 설명은 묵자의 인성에 대한 보다 정확한 견해의 표현으로 보인다. 인간이 천부적으로 가지고 있는 그러한 이기적 본능 때문에 인간 사회에는 "강자가 약자를 협박하고 많이 가진 자가 적게 가진 자를 위협하며, 간사한 자가 어리석은 자를 속이고 신분이 높은 자가 비천한 자에게 오만을 부리며, 외부로부터의 침입과 내부의 도적이 한꺼번에 발생하여 그치게 할 수 없는"29) 총체적 병리현상이 나타났다는 것이 묵자의 현실 인식이다. 다시 말하면 당시에 나타난 모든 사회적 혼란은 인간들이 본래부터 가지고 있는 이기적 욕망을 충족시키기 위해 "남을 해치면서까지 자기의 이익을 도모"[虧人自利]하는 데 그 원인이 있다는 것이다. 묵자에 따르면 당시의 잦은 전쟁의 원인도 바로 이 이기적 본능에 기인한 것이다.30) 그러므로 사회적 혼란을 종식시키기 위해서는 겸애가 요청된다고 한다. 이런 점에서 볼 때 묵자는 겸애의 근거를 유가에서처럼 인간의 본성에서 찾는 것이 아니라 공리적 필요성에 두고 있음을 알 수 있다. 묵자의 다음과 같은 설명은 이 점을 보다 뚜렷하게 해 준다. "남을 사랑하는 사람은 남도 따라서 그를 사랑해 줄 것이며, 남을 이롭게 해주는 사람은 남도 따라서 그를 이롭게 해줄 것이다. 남을 미워하는 사람은 남도 따라서 그를 미워할 것이며, 남을 해치는 사람은 남도 따라서 그를 해칠 것이다."[31] 그런데 맹자는 「등문공하편」에서 겸애를 주장한 묵자를 '무부無父'(아버지 없는 사람)라고 비판하였다. 맹자의 이 비판은 겸애가 혈연적 종법질서를 위협하는 것이라는 데 초점이 맞추어져 있지만, 다른 한 편으로는 인仁은 인간의 자연적 본성에 근거한 것이지만 겸애는 그러한 필연성을 갖지 못한, 부자연스러운 구호일 뿐이라는 견해를 드러낸 것으로도 보인다. 묵자 겸애론의 공리적 경향 때문에 그것이 실제로는 유가의 인仁보다 더 큰 사랑, 무차별 평등애[32]를 지향하고 있으면서도 그의 이론이 성악설적 경향을 가지고 있다는 지적도 정당성을 가질 수 있게 된다.[33]

묵자의 겸애와 교리의 이론은 유가의 인·의에 대한 견해와 대립된다. 공자는 "부모에게 효도하고 손윗사람을 공경하는 것은 인의 근본이다"[34]라고 하여 인을 실천하기 위한 구체적 방법으로써 효孝를 들고 있는데, 그것은 바로 인이 종법제도하에서 발생한 것으로서 친족을 중심으로 한 차별적, 배타적 사랑을 의미한다는 해석을 가능하게 해주는 것이다. 맹자의 "부모를 친애하는 것이 인仁이고 윗사람을 공경하는 것이 의義이다"[35], "내 집안의 노인을 공경하는 마음을 남의 집 노인에게까지 확대하고, 내 집안의 어린아이를 보살피는 마음을 남의 집 어린아이에게까지 넓혀 나간다"[36]라는 주장은 이 점을 보다 명확하게 설명해 주는 것이다. 유가의 인은 묵자가 비판한 차별애[別]의 범주에

속한다. 묵자도 겸애를 인이라고 표현하기는 하지만 그것을 특히 '겸
애'라고 강조한 것은 그것이 유가에 대한 비판의 의미를 띠고 있기 때
문이다.[37] 차별애에 대한 묵자의 일관된 비판에 비추어 볼 때 유가에서
주장하는 인은 바로 인간의 이기적 본능의 이념적 형태에 불과한 것이
다.

> 그러면 오늘날 세상의 중대한 해악은 무엇인가? 큰 나라로서 작은 나
> 라를 공격하는 일, 큰 가문으로서 작은 가문을 어지럽히는 일, 강자로서
> 약자를 협박하는 일, 부자가 가난한 사람을 업신여기는 일, 많이 가진
> 자가 적게 가진 자를 괴롭히는 일, 간사한 사람이 어리석은 사람을 속이
> 는 일, 지위가 높은 자가 낮은 자에게 오만을 부리는 일 등, 이 모든 것
> 이 세상의 큰 해악이다.……이제 이 많은 문제들이 어디서부터 생기는지
> 그 원인을 알아보자. 그것은 어디서 생기는가? 그것은 남을 사랑하고 남
> 을 이롭게 하는 데서 생기는가? 결코 그렇지 않다. 그것은 반드시 남을
> 미워하고 남을 해롭게 하는 데서 생긴다. 천하 사람들이 남을 미워하고
> 해롭게 하는 것은 겸애인가, 별애인가? 그것은 분명히 별애라고 해야 한
> 다. 사람들이 서로 별애하는 것은 천하의 큰 해악이 아닌가? 이 때문에
> 묵자는 "별애는 나쁘다"라고 주장하는 것이다.
> 然當今之時, 天下之害孰爲大. 曰, 若大國之攻小國也, 大家之亂小家也,
> 强之劫弱, 衆之暴寡, 詐之謀愚, 貴之敖賤, 此天下之害也.……姑嘗本原若
> 衆害之所自生, 此胡自生. 此愛人利人生與. 卽必曰非然也. 必曰從惡人賊
> 人生. 分名乎天下惡人而賊人者, 兼與別與. 卽必曰別也. 然卽之交別者,
> 果生天下之大害者與. 是故別非也.(『墨子』「兼愛下篇」)

묵자는 바로 인간 개개인, 혹은 집단이 가지고 있는 이기적 본성이
극복되고 만인에 대한 무차별적 평등애가 실천될 때만 사회의 모든
무질서가 종식된다고 주장한다. 즉 "겸애로써 별애를 대체해야 한다"
[兼以易別]는 묵자의 야심 찬 구호는 유가적 차별주의를 극복하려는
의도를 분명히 드러낸 것이다.

묵자가 주장한 겸애는 정치적 평등으로 이해될 수 있지만, 그것이 계층적 신분 질서의 폐지를 의미하는 것으로 해석될 수는 없다. 그것은 바로 정치 과정에 능력 있는 자라면 누구나 참여할 수 있는 가능성을 확보하자는 것으로 이해되어야 한다. 왜냐하면 묵자의 상동설尚同說은 바로 묵자가 철저한 계층적 신분 사회를 지향하고 있음을 보여주는 것이며, 겸애는 바로 그러한 체제 안에서 지배 계층이나 피지배 하층민 내부의 사람들이 서로 무차별적으로 사랑해야 할뿐만 아니라 지배 계층과 피지배 하층민 역시 서로 다른 계층의 사람을 무차별적으로 사랑해야 한다고 강조하기 때문이다.

유가에서 의義와 이利를 대립적으로 설명한 것과는 달리 묵자는 이利가 의義의 기준이라고 생각한다. 노동에 대한 다음과 같은 중요한 언급은 이利의 문제와 긴밀한 연관을 가지고 있다.

> 인간은 본래부터 날짐승이나 길짐승, 즉 사슴이나 새들과는 다르다. 날짐승이나 길짐승, 사슴이나 새들은 (자기의) 깃과 털로 옷을 삼고, 발굽이나 발톱으로 신발을 삼고, 물과 풀로 음식을 삼는다. 이 때문에 비록 수컷이라 하더라도 밭갈이나 씨뿌리는 일을 하지 않아도 되고, 암컷은 실을 뽑아 옷감 짜는 일을 하지 않아도 옷과 음식물은 본래부터 다 구비되어 있다. 그러나 인간은 이와 다르다. 자신의 힘[力 : 노동]에 의존하는 자는 살고 자신의 힘에 의존하지 않는 자는 살지 못한다.
> 今人固與禽獸麋鹿蜚鳥貞蟲異者也. 今之禽獸麋鹿蜚鳥貞蟲因其羽毛以爲衣裳, 因其蹄蚤以爲絝屨, 因其水草以爲飮食. 故唯使雄不耕稼樹藝, 雌不紡績織紝, 衣食之財, 固已具矣. 今人與此異者也. 賴其力者生, 不賴其力者不生.(『墨子』「非樂上篇」)

묵자는 인간이 동물과 구별되는 중요한 점은 바로 노동에 있다고 생각한 것이다. 노동은 인간의 생존을 결정하는 중요한 요소이며, 그 산물인 이利의 획득을 위해 수행되는 것이다. 묵자는 노동의 산물인이利를 누구의 몫으로 할 것이냐 하는 문제에 깊은 관심을 기울인다. 이를 의·불의의 기준이라 할 때, 자신의 이를 확보하기 위하여 타인의 이를 침해하는 행위[虧人自利]는 불의로 규정된다. "지금 어떤 사람이 남의 밭에 들어가 복숭아나 자두나 참외나 생강을 훔쳤다고 치자. 그것을 위에서 알면 그에게 벌을 내릴 것이고 많은 사람들이 듣고서는 그를 비난할 것이다. 이것은 무엇 때문일까? 대답하자면, 그것은 그가 노동에 참여하지 않고 그 열매만 땄기 때문이고, 자기의 것이 아닌 남의 것을 가져갔기 때문이다. 따라서 남의 집 담장을 넘고 남의 집 자녀를 끌고 간다든가, 남의 집 창고를 뚫고 금이나 옥이나 비단을 훔친다든가, 남의 집 외양간에 들어가 소나 말을 훔친다든가 하면 그에 대한 처벌과 비난은 말할 것도 없다……지금 세상의 제후들은 남의 나라를 침략하고 공격하여 빼앗고 있으니, 이것은 한 사람의 죄 없는 사람을 죽이는 것보다 수천만 배나 더 나쁘다. 이것은 또 남의 집 담장을 넘고 남의 집 자녀를 끌고 간다든가, 남의 집 창고를 뚫고 금이나 옥이나 비단을 훔친다든가, 남의 집 외양간에 들어가 소나 말을 훔친다든가, 남의 밭에 들어가 복숭아나 자두나 참외나 생강을 훔치는 것보다 수천만 배나 더 나쁘지만 자기들은 그것을 의義라고 한다. 그러므로 묵자는 말한다. '이렇게 의를 어지럽히는 자는 검은 색과 흰색, 단맛과 쓴맛의 구별을 혼란스럽게 하는 것과 무엇이 다른가?'"[38)

묵자가 주장한 교상리交相利는 자신의 이뿐만 아니라 타인의 이利도 동등하게 존중하여야 한다는 것을 뜻한다. 거기에는 또 부당하게 축적된 지나친 부를 사회적으로 환원하여야 한다는 의미도 포함되어 있다. "남는 힘을 버려둘지언정 남을 돕지 않고, 훌륭한 학식을 숨겨둘지언정 남을 가르치지 않고, 남아도는 재산을 냄새가 나도록 썩힐지언정 남에게 나누어주려고 않으니 천하의 혼란이 짐승과 같은 지경에 이르렀다",39) "힘있는 자는 애써 남을 돕고, 재산이 있는 자는 부지런히 남에게 나누어주어야 한다"40) 등의 구절들에서 이런 의미를 읽어낼 수 있다. 그러나 교상리는 산술적으로 균등한 분배가 이루어져야 한다는 의도에서 제기된 것이 아니라 노동과 능력에 따라 분배되어야 한다는 점을 강조한 것이다.

묵자의 주장에서 겸애와 교리는 별개의 것으로 논의되지 않는다. 겸兼은 신분상의 차등을 두지 않는 것이고 애愛의 실질 내용은 이利를 보장해 주는 데 있다41)고 보고 있기 때문이다.

> 이제 여기서 천하의 모든 이익이 어디서부터 생기는지 그 원인을 생각해 보자. 그것은 어디서 생기는가? 그것은 남을 미워하고 남을 해치는 데서 생기는? 결코 그렇지 않다. 그것은 반드시 남을 사랑하고 남을 이롭게 하는 데서 생기는 것이다. 천하 사람들이 남을 사랑하고 남을 이롭게 하는 것은 겸애인가, 별애인가? 그것은 반드시 겸애라고 해야 한다. 그렇다면 서로 사랑하는 것이야말로 천하를 크게 이롭게 하는 것이 아닌가?
>
> 姑嘗本原, 若衆利之所自生, 此胡自生. 此自惡人賊人生與. 卽必曰非然也. 曰必從愛人利人生. 分名乎天下愛人而利人者, 別與兼與. 卽必曰兼也. 然卽之交兼者, 果生天下之大利者與.(『墨子』「兼愛下篇」)

위의 문장은 "인인仁人의 임무는 천하의 이익을 일으키는 데 힘쓰고 세상의 해악을 제거하는 데 있다"42)라는 묵자의 교리에 대한 신념을 겸애와 연결 지어 설명한 것이다. 여기서 묵자는 천하의 모든 이利가 겸애에서 나온다고 선언한다. 이利는 분명 노동에서 나오지만, 그것이 천하라는 공동체 전체의 유익함으로 성립되기 위해서는 정당한 분배가 전제되어야 함을 뜻한다. 따라서 겸애는 교리를 통해 실현된다는 것을 알 수 있다. 즉 겸애는 교리를 통해 실현되지만, 동시에 겸애의 목적은 교리에 있음을 말한 것이다. 『묵자』를 구성하는 주요 편명이기도 한 '비공非攻', '비악非樂', '절장節葬', '절용節用' 등은 모두 겸애의 이념을 표방하면서 지배 계층이 자신들의 특권을 이용하여 백성의 신체적 자유를 속박하고 노동 산물을 수탈하는 현실을 공격한 것[43]으로서 결국 교리의 실현을 겨냥하고 있다.

앞에서 본 것처럼 차별애에 대한 묵자의 비판은 주로 유가의 기본 이념 속에 숨어 있는 정치적·경제적 차별을 지양하고자 하는 의도를 담고 있으며, 동시에 그것은 계층적 신분질서의 부정이 아니라 그 질서의 재편성에 역점을 두고 있다. 따라서 실천적 측면에서 평등의 구현은 세습 귀족의 사회적 특권의 부정으로 관심이 모아진다. 묵자는 그러한 세습적 특권[世卿世祿]의 폐지의 대안으로 지식과 능력에 따라 인재를 등용하자는 상현사능론尙賢使能論을 제기한다. 『묵자』「상현편尙賢篇」의 주된 내용은 종족 위주의 세습적 신분제도에 대한 비판이다.[44]

묵자는 종족 중심의 혈연적 지배 체제의 불합리성에 대하여, "백 명의 사람도 다스릴 줄 모르는 자를 천명을 다스리는 관직에 앉도록 하고, 천명의 사람도 다스릴 줄 모르는 자를 만 명을 다스리는 관직에 앉도록 한다"[45]고 비판하고 있으며, 심지어는 정권을 장악하고 있는 이들에 대하여 "앉은뱅이, 벙어리, 귀머거리, 장님과 같고 포악하기는 걸주와 같다"[46]라고 거세게 비난한다. 그는 또 그 때문에 "상賞은 결코 현자에게 돌아가지 못하고, 벌은 항상 폭군에게 미치지 못하며",[47] "(그들에게) 나라의 창고를 맡기면 도적질을 하고 성을 지키게 하면 배반하며, 군주에게 어려운 일이 있어도 목숨을 바치지 않고 군주가 망명하면 따라가지 않으며, 판결을 내리도록 하면 사리에 맞지 않고 재화를 나누어주도록 하면 고르지 못하다"[48]고 주장한다.[49] 묵자는 이러한 불합리는 현자를 등용함으로써만 지양될 수 있다고 강조한다. 그에 따르면 현자를 등용하는가, 않는가는 국가 통치의 성패를 좌우하는 관건이다.[50] 그는 현자가 크고 작은 관직에 등용되면 국가의 질서가 잡히고 법의 집행이 올바르게 되며, 나라의 창고에 재물이 쌓이고 백성들은 충분한 식량을 공급받을 수 있다고 주장한다. 다음은 이러한 묵자의 생각을 가장 잘 표현하고 있는 곳이다.

현자가 나라를 다스리면 아침 일찍 입조하고 저녁 늦게 퇴조하며 송사訟事와 정사政事를 처리한다. 이 때문에 국가는 다스려지고 형벌과 법이 바로잡힌다. 현자가 관청의 책임자가 되면 밤 늦게 자고 새벽에 일어나 국경과 시장과 산림과 호수와 교량 등에서 나오는 수익을 거두어들여 관청의 창고를 채운다. 이 때문에 관청의 창고는 견실해지고 재화는 새나가지 않는다. 현자가 고을을 다스리면 들판에 일찍 나오고 늦게 들어가며 농사짓고 나무 심고 곡식을 거두어들인다. 이 때문에 곡식이 많아져 백성들이 먹기에 충분하다.
賢者之治國也, 蚤朝晏退, 聽獄治政, 是以國家治而刑法正. 賢者之長官也, 夜寢夙興, 收斂關市山林澤梁之利, 以實官府, 是以官府實而財不散. 賢者之治邑也, 蚤出莫入, 耕稼樹藝聚菽粟, 是以菽粟多而民足乎食.(『墨子』「尙賢中篇」)

물론 유가에서도 현자의 등용을 주장하지 않은 것은 아니다. 예를 들면 "현자와 유능한 자를 등용하라"[51]고 한 공자의 주장이나, "현자를 존중하고 능력 있는 자를 등용하라"[52], "현자를 존중하고 재능 있는 자를 육성해야 한다"[53]고 한 맹자의 주장 등은 현자의 등용을 중시한 것임은 분명하다. 그러나 유가의 경우는 어디까지나 귀족적인 신분제에 기초하고 있다.[54] 이처럼 유가에 있어서 존현사능尊賢使能의 원칙은 "정치사상의 중요한 지주의 하나"[55]이지만, "국가사회의 구성 단위의 종족이 갖는 특권, 국가권력이나 국가적 원리에 의해서도 간섭되지 아니하는 세습제와 족적결합族的結合의 폐쇄성·배타성이라는 특권을 시인"[56] 한 점이 인정되기 때문에 그들의 존현사능의 원칙은 타협적이고 불철저하였다고 지적할 수 있다. 뿐만 아니라 유가에서 가리키는 현자와 묵자가 가리키는 현자의 실질적 내용은 서로 다르다.

묵자가 주장한 '현賢'은 유가의 효제충신孝悌忠信이 아니라 사업의 성취도를 말한다. 그에게 있어 사업의 성취 여부는 인격이나 덕성보다 중요한 것이다.[57] 묵자의 현자는 기본적으로 겸애와 교리의 실천자이어야 한다. 그런데 그의 주장의 특색은 농부나 공인, 상인 등과 같이 비천한 지위에 있는 사람이라 하더라도 탁월한 능력을 발휘하는 자라면 '현능자賢能者'의 범주에 포함된다는 점이다.

> 그러므로 옛날 성왕이 정치를 할 때는 덕이 있는 자를 벼슬자리에 앉히고 현자를 존중하였다. 비록 농업이나 공업, 상업에 종사하는 사람이라 하더라도 능력이 있으면 그를 등용하여 그에게 높은 작위를 주고 많은 봉록을 주며 정사를 위임하고 결단을 내릴 수 있도록 명령권을 주었다.
> 故古者聖王之爲政, 列德而尙賢. 雖在農與工肆之人, 有能則擧之. 高予之爵, 重予之祿, 任之以事, 斷予之令.(『墨子』「尙賢上篇」)

이러한 그의 주장은 당시로서는 매우 파격적인 것이었으며, 세경세록世卿世祿으로 대변되는 구귀족의 세습제를 옹호하거나 혹은 일정 정도 유보적 입장을 취한 유가의 개량주의적 태도에 대한 강한 반론으로서 기능하였다. 겸애와 교리를 실천하는 현자가 지배하는 사회, 다시 말하면 백성에 의해 선출된 현자가 지배하는 사회를 묵자는 상동尙同 사회라고 부른다. 상동 사회는 묵가 집단의 이상이 집약적으로 표현된 사회로서 "현능자에 의한 능력 본위의 정치권력 장악을 정당화시킨 이론"이며, "가부장적 통치체제의 파괴"를 지향하고 있다[58]는 점에서 혁명적 성격을 띠고 있다. 묵자는 당시 세습귀족 중심의 혈연적 지배

체제의 부당성에 대하여 다음과 같이 비판한다.

> 오늘날 위정자들이 정치하는 방법은 이것(성왕의 정치)과는 반대이다. 예를 들면 이들은 자기가 총애하는 사람이나, 친척, 부형, 친구 등을 곁에 불러놓고 모든 관직의 수장으로 임명한다. 백성들은 수장을 임명한 상부의 조치가 백성을 위한 것이 아니라는 점을 알고 있다. 이 때문에 백성들은 (자신들의 이익을 지키기 위해) 각기 사조직을 만들어 자신들의 일을 은폐하면서 윗사람의 뜻에 따르려고 하지 않는다. 그러므로 상하의 의견이 다르게 된다. 만약 상하의 의견이 다르면 상으로써도 선을 권장할 수 없고 형벌로써도 악을 막을 수 없게 된다.……
> 今王公大人之爲刑政, 則反此. 故以爲便嬖宗族父兄故舊, 以爲左右, 置以爲正長. 民知上置正長之非正以治民也. 是以皆比周隱匿, 而莫肯尙同其上. 是故上下不同義. 若苟上下不同義, 賞譽不足以勸善, 而刑罰不足以沮暴.……(『墨子』, 「尙同中篇」)

묵자의 이 주장은 "관리는 영원히 높은 신분으로 있는 것이 아니고 백성은 항상 비천한 신분으로 있는 것이 아니다. 능력이 있는 자는 등용하고 능력 없는 자는 내쫓아야 한다"[『墨子』「尙賢上篇」: 官無常貴, 民無常賤. 有能則擧之, 無能則下之]라는 능력 본위론에 근거한 것으로서 그것은 전국시대 초기까지는 아직 일정 정도 정치적 실력을 행사하고 있던 구 귀족에게는 명백하게 위험한 논리였으며, 이에 대한 맹자의 즉각적 반론(無父)은 구 귀족이 느끼고 있던 위기의식을 반영한 것이었다고 설명될 수 있다.

이상에서 논의된 묵자의 평등사상과 그것이 가지는 의의를 요약하면 다음과 같다. 첫째 묵자의 겸애론은 무차별 평등박애를 표방하고 있지만 그것은 계층적 신분질서의 폐지가 아니라 누구나 능력에 따라 정치 과정에 참여할 수 있도록 문호를 개방하라는 것이고, 둘째 노동을 통해 획득된 이利는 수탈 당하지 않도록 해야 한다는 것이며, 셋째 이러한 그의 주장들은 "골육지친骨肉之親"이라고 표현되는 친족과 "무고부귀無故富貴"라고 표현되는 그들의 근거 없는 특권, 즉 지배 귀족의 정치·경제적 세습체제에 대한 강한 반발의 의미를 가지고 있다는 점 등이다.

묵자의 이러한 논리는 묵자보다 120년쯤 뒤에 활동하였지만 그와 같은 사회 하층민의 입장을 대변하고자 했던 장자의 평등론을 이해하는 데 많은 도움을 준다.

2. 만물 평등의 이상

모든 인간이 인간으로서 공통된 그 무엇을 가졌다는 것, 또 인간이 그 공통된 범위 내에서 평등하다는 사상은 말할 것도 없이 그 연원이 매우 오래된 것이다.[59] 장자는 모든 인간이, 그리고 모든 동물이 생명 보존 및 종족 번식의 욕구가 있다는 점에서, 그리고 그러한 욕구는 서로 아무런 질적인 차이를 갖지 않는다는 점에서 인간을 포함한 모든 동물이 본질적으로 평등하다고 생각한다. 장자는 또 인간과 인간뿐만 아니라 모든 존재에는 귀천의 차별이 없다고 강조한다. 장자의 이러한 주장의 근거는 인간의 자연 상태에 대한 그의 관찰과 추론을 통해 얻어진 것이다. 자연 상태에서 인간은 자연인으로서 동물과 다를 것이 없고, 지식이나 인의仁義 등의 이념에 물들지 않는다. 그리고 지배·피지배의 구분도 없고 국가도 없으며, 모두 자유롭고 평등하게 살 수 있다. 장자에 따르면 인간은 이러한 자연 상태에 있을 때만 완전한 평등과 자유를 보장받는다. 따라서 장자의 이러한 평등은 '자연 앞에서의 평등'[60]이라고 규정되기도 한다.

장자는 우선 귀천이니, 대소大小니 하는 우리의 차별적 가치판단이 절대적인 것이 아니라는 점을 지적하면서 그러한 편견으로부터 벗어날 것을 제의한다.

하백河伯은, "사물의 외부와 사물의 내부 가운데 어디에서 귀천의 구별이 생기며, 어디서 대소의 구별이 생기는 것인가?"라고 물었다. 북해약北海若은 다음과 같이 말하였다. "도의 입장에서 보면 어떤 사물도 귀천의 구별은 없다. 사물의 입장에서 보면 스스로를 귀하다 하고 상대방을 천하다고 생각한다. 세속적인 입장에서 보면 귀천을 구별하는 기준은 자기(혹은 대상 그 자체)에게 없다. 차별이라는 관점에 서서 크다는 생각으로 어떤 것을 크게 보면 만물 중에 크지 않은 것이 없고, 작다는 생각으로 어떤 것을 작게 보면 만물 가운데 작지 않은 것이 없다.……귀천의 발생 근원과 대소의 원인을 네가 어떻게 알 수 있겠는가?"

河伯曰, 若物之外, 若物之內, 惡至而倪貴賤. 惡至而倪小大. 北海若曰, 以道觀之, 物無貴賤. 以物觀之, 自貴而相賤. 以俗觀之, 貴賤不在己. 以差觀之, 因其所大而大之, 則萬物莫不大. 因其所小而小之, 則萬物莫不小.……女惡知貴賤之門, 小大之家.(「秋水篇」)

이 문장은 무한한 시간과 공간 속에서 인간 존재와 그가 가지고 있는 지식이 얼마나 왜소하고 보잘것없는가를 설명하는 것 가운데 일부분이다. 이에 앞서 장자는 인간의 보잘것없는 지식을 우물 안 개구리의 편견과 같은 것이라고 비판한다. 위의 인용문에서 귀와 천, 대와 소가 각각 어떻게 구별되는가를 묻는 하백의 질문에 북해약은 귀·천의 차별에 대한 세 가지 관점을 제시한다. 도의 관점(절대적), 자기중심적 관점(이기적·주관적), 세속의 관점(편견) 등이 그것이다. 뒤의 두 가지 관점은 모두 상대적이며, 따라서 그러한 관점에는 귀·천을 구분하는 절대적 기준이 없을 뿐만 아니라 그것은 잘못된 관점이라고 한다.

일부 학자는 위에서 인용한 장자의 글은 귀천이라는 계층적 신분질서를 부정한 것으로 해석하고 있다.[61] 위의 인용문에서 말하는 귀천은 사회적 계층을 의미하는 말이라기보다 가치평가적 의미가 더 강하다. 그러나 사회적 계층을 뜻하는 귀천의 의미가 완전히 배제된 것이라고 보기 어려운 면도 없지 않다. 아무튼 장자는 여기서 자기중심적 관점과 세속적 관점에서의 귀천에 대한 판단은 개인의 주관과 시대적 상황에 의존하는 것이라고 하면서 귀천의 문제를 자연적 질서[道]의 차원에서 논의할 것을 강조한다. 이것은 무한한 시공간 속에서 인간 존재나 인류가 만들어놓은 문명이라는 것이 매우 하찮은 것과 같이, 도의 차원에서 볼 때 현실적으로 존재하는 모든 대소나 귀천의 구별은 무의미하다는 것을 알려주고자 하는 것이다. 이러한 주장은 귀천이라는 현실적 차별을 '세속적인 것', 혹은 '편견에 의한 것'으로 보이게 함으로써 실제로 그 속에 내재된 갈등과 모순을 희석시켜 버리는 부정적 측면이 있다.

그러나 다른 한편으로 이러한 주장은 귀천이나 대소는 절대적인 것이 아니기 때문에 그것을 절대적인 것, 자연적으로 고정된 것이라는 편견으로부터 해방되어야 한다는 의미도 함께 포함하고 있다는 점에서 적극적인 측면도 가지고 있다. 즉 위의 주장은 현실 속의 귀천이라는 사회적 차별이 영구불변의 고정적인 것이 아니라, 언젠가는 귀에서 천으로 천에서 귀로 바뀔 가능성을 항상 가지고 있음을 암시하고 있다. 위의 문장에 이어 북해약이 하백에게 끝없이 순환·변화[反衍]하는 사물의 운동을 설명하고 있는 점에서도 확인된다.

모든 존재에는 본질적으로 귀천의 차별이 없다는 장자의 주장은 「제물론편」의 중심 주제의 하나라 할 수 있는 만물의 자연적 평등[天鈞, 天均], 혹은 만물일체 사상과 일치한다. "만물에는 본디부터 옳은 점이 있고 또 본디부터 좋은 점이 있다. 어떤 사물도 옳지 않은 것이 없으며 어떤 사물도 좋지 않은 것이 없다"[62]는 말은 만물은 그 존재의의에 있어서 평등하다는 것을 주장하는 것이다. 따라서 그는 본래 무차별 평등한 만물을 강제로 나누어 진위眞僞를 가리고 시비是非를 정하는 것은 진실을 해칠 뿐이라고 잘라 말한다. 만물은 본래 평등한 자격으로 서로 연관되어 있으며, 그러한 의미에서 만물은 일체라는 것이다.[63] 장자의 이러한 만물제동萬物齊同 사상은 "천지는 나와 함께 태어났고, 만물은 나와 함께 하나가 된다"[64]라는 유명한 명제를 탄생시켰다.

「제물론편」의 만물일체 사상은 종법 사회의 등급 관념과 전통적 가치관의 기초를 부정하고 있다. 즉 '대소유별大小有別', '장유유서長幼有序', '귀천유등貴賤有等'이라는 전통적 가치관에 기초한 종법사회에서는 '대大'·'미美'·'귀貴'를 가치판단의 표준으로 삼고 있었는데,[65] 장자는 모든 가치판단은 상대적이라는 점을 들어 종법사회가 이념적으로 기대고 있는 전통적 가치관을 부정함으로써 만물일체적 평등론의 출발점으로 삼고자 한다. 이 점은 장자가 여러 가지 상대적 가치 체계 가운데서 특히 귀천의 차별에 대하여 가장 민감하게 반응한 이유이기도 하다.[66]

장자는 인류 역사의 일정 시기에 실제로 인간과 인간, 인간과 사물 사이에 귀천의 대립이 존재하지 않은 물무귀천物無貴賤의 사회가 존재하였다고 지적하면서 그러한 사회가 바로 인류 사회의 진정한 모습이고, 그러한 사회에서만이 개인과 사회의 평등과 자유가 보장된다고 믿는다. 따라서 그는 현실적으로 존재하는 모든 차별과 불평등은 인류 사회 본래의 모습, 즉 자연 상태의 모습은 아니라고 주장한다. 즉 "지덕지세에서 인간은 동물과 함께 생활하였고 만물과 함께 뒤섞여 있어 구분이 없었으니, 어떻게 군자나 소인의 구별을 알았겠느냐"[67]는 것이다. 장자에 따르면 귀와 천, 군자와 소인, 군주와 신하 등 차등적 신분

질서는 사회적으로 형성된 것이지 결코 자연적인 것이 아니다. "이렇게 보면 왕권을 두고 다투거나 양보하는 것, 요堯나 걸桀의 행동에 나타난 잘잘못, 귀함과 비천함 등은 상황에 따른 것이지 고정불변의 것은 아니다"68), "비록 번갈아 군주가 되기도 하고 신하가 되기도 하지만, 그것은 일시적인 것이다. 시대가 바뀌면 천대받는 사람은 없어진다"69) 등의 구절은 이러한 그의 생각을 분명하게 보여주고 있다. 장자의 이러한 주장은 무사無私 즉 무차별성을 특징으로 하는 자연[天]에 대한 그의 정의로부터 연역된 것이다. 다시 말하면 원시사회에서 오직 자연적 질서에 따라 살아가는 사람들에게는 아무런 차별 의식이 없기 때문에 지배·피지배의 구별이 발생할 틈이 없다고 생각한 것이다. 그러므로 그는 군자, 소인의 차별적 질서를 떠나 자연, 혹은 자연적 질서에 따라 살아야 한다는 점을 강조한다. "소인이 되지 말고 하늘을 따르라. 군자가 되지 말고 하늘의 이치를 따르라"70)는 말은 이러한 그의 생각을 잘 보여주고 있다.

평등에 대한 장자의 요구가 얼마나 확고한 것인가 하는 것은 천자天子나 일반 백성이 근본적으로 동등하다는 주장에서도 알 수 있다. 즉 그는 백성들 위에 절대자로 군림하는 천자라 하더라도 자연 앞에서는 일반 사람들과 다를 것이 없다고 하면서 다음과 같이 설명한다.

> 내적으로 아무런 편견을 갖지 않는 자는 하늘의 동반자이다. 하늘의 동반자는 천자나 자기나 모두 하늘의 자식이라는 (점에서 동등하다는) 것을 알게 된다.
> 內直者, 與天爲徒. 與天爲徒者, 知天子之與己, 皆天之所子.(「人間世篇」)

천을 근거로 하여 인간의 평등성을 이처럼 명백하게 보여주는 것은 장자 이전에는 찾아 볼 수 없다.71) 장자 이전에는 최고 군주만이 천자라고 부를 수 있었거나, 혹은 모든 사람을 천생天生이라고 부르기는 하였지만, '천생'에는 차등이 있었다. 장자는 오히려 천자와 일반 사람들이 모두 '하늘의 아들'[天之所子]이라는 점을 지적한다. 여기서 말하는 '하늘'은 신이 아닌 자연을 가리킨다. 천자와 자기가 똑같이 자연에서 나왔다는 점에서 귀천의 구분이 없다는 것이다. 장자의 이러한 천부적 평등사상은 당시의 계층적 신분 질서에 대한 가장 유력한 비판이었으며, 그것은 개인의 자아해방을 지향하는 것이었다.[72)]

묵자의 평등론이 노동의 결과물이 노동자의 몫이 되도록 하고, 세습 귀족의 정치적·경제적 특권을 폐지하려는 데 목적이 있었다면, 장자의 그것은 계층적 신분질서의 폐지를 지향한다는 점을 특징으로 하고 있다. 이러한 특징은 이제까지의 논의에서도 추론이 가능하지만 다음의 우화에서 보다 선명하게 드러나고 있다.

> 장자가 초 나라로 가다가 해골을 발견하였다. 해골은 앙상하게 마른채 형체만 남아 있었다. 그는 말채찍으로 해골을 두드리면서 물었다. "너는 삶을 탐내다가 도리를 잃고 이렇게 되었느냐? 나라를 망쳐 놓고 처형되어 이렇게 되었느냐? 또는 착하지 못한 짓을 하여 부모나 처자에게 부끄러운 꼴을 보이기 싫어 이렇게 되었느냐? 춥고 굶주리고 병들어 이렇게 되었느냐? 혹은 너의 수명이 다해서 이렇게 되었느냐?"……(해골은) "대체로 네가 말한 것들은 모두 살아 있는 인간의 괴로움이다. 죽으면 그런 것들이 없다.……죽음의 세계에는 위로 군주가 없고 아래로 신하도 없으며, 또 각 계절마다 해야 할 일도 없다. 편안하게 몸을 맡긴채 천지와 함께 타고난 수명을 누린다. 제왕의 즐거움인들 이에 미치지 못할 것이다"라고 대답하였다.……
> 莊子之楚. 見空髑髏, 髐然有形. 撽以馬捶, 因而問之. 曰, 夫子貪生失理, 而爲此乎. 將子有亡國之事, 斧鉞之誅, 而爲此乎. 將子有不善之行, 愧遺父母妻子之醜, 而爲此乎. 將子有凍餒之患, 而爲此乎. 將子之春秋故及此乎.……諸子所言, 皆生人之累也. 死則無此矣.……死無君於上, 無臣於下. 亦無四時之事. 從然以天地爲春秋. 雖南面王樂, 不能過也.……(「至樂篇」)

위의 인용문은 '촉루우화髑髏寓話'라고 이름 붙여진 유명한 이야기의 일부분이다. 이 우화는 삶을 혐오하고 사후의 세계를 찬양한, 논지가 천박한 글이라는 비판을 받기도 한다. 그러나 이 우화는 사후의 세계를 찬양하려는 데 그 목적이 있는 것으로 보이지 않으며, 실제로 장자는 사후의 세계를 인정하지 않는다.73) 여기서 '장자'가 던진 물음을 통해 현실 속의 인간이 겪는 다양한 고통이 설명되고 있으며, 장자의 꿈에 나타난 '해골'의 대답을 통해 현실적 고통이 없는 이상적 삶이 설명되고 있는데, 그것은 바로 죽음의 세계라는 가공의 형식을 빌고 있다. 즉 이 문장은 장자가 지향하는 이상과 그가 처한 현실을 뚜렷하게 대비시키고 있으며, 처음의 절망(해골)과 희망(장자)을 후반부에서 희망(사후의 세계)과 절망(고통스런 현실 세계)으로 역전시킴으로써 극적인 효과를 노리고 있는 것으로 해석하여야 할 것이다. 다만 그 이상과 희망이 사후의 세계에 설정되어 있는 것은 누구나 언젠가는 거기에 도달할 수 있지만, 그러나 그것은 현실적으로는 도달할 수 없는 세계를 의미한다는 점에서 장자와 같은 계층에 속한 사람들의 이상이 절망적으로 보이게 한다. 말하자면 사후의 세계를 부정하는 장자의 입장에서 볼 때 이것은 결국 그에게 아무런 희망이 없음을 암시하는 것이다. 아무튼 여기서 주목하고자 하는 것은 "위로 군주가 없고 아래로 신하도 없다"는 점이다. 아마도 장자는 위의 우화에서 이 점을 강조하고 싶었을 것이다. 이것은 그가 귀천뿐만 아니라 군신君臣마저도 없는 사회를 지향하고 있음을 명확하게 보여주는 구절이다.

3. 문명 - 불평등의 기원

앞서 장자의 인간론을 분석하면서 장자는 인간의 '온전한 삶'을 지향한다고 설명하였다. 이제 그 어떤 것과도 바꾸려 하지 않은 '온전한 삶'의 실현을 위한 장자의 제안이 무엇인가를 보다 구체적으로 해명해야 할 차례이다. '온전한 삶'이란 바로 모든 사람이 자연적 평등 상태를 유지하면서 아무것에도 구속받지 않는 자연스럽고 자유로운 삶을 말한다. 장자는 인간 불평등의 기원에 관심을 갖고 나름대로 견해를 제시한 인류 역사상 최초의 철학자라고 할 수 있다.[74] 여기서 불평등의 기원과 그것을 조장하는 여러 가지 요소들에 대한 장자의 비판을 검토해 보기로 한다.

장자는 인류사회에 지배하는 자와 지배받는 자의 구별이 발생하지 않은, 평화롭고 자유로운 원시공동체 사회가 인류의 진정한 모습이라는 점을 상기하도록 촉구한다. 오직 그러한 사회에서만 모든 인류가 타고난 삶을 마음껏 향유할 수 있다는 것이다. 그는 그러나 이러한 이상적 사회는 역사의 진행과 함께 불평등, 부자유, 억압, 폭력 등으로 대체되었다고 주장한다.

> 황제黃帝가 천하를 다스릴 때는 백성들의 의식이 통일되도록 하였다. 사람들 가운데는 제 어버이의 죽음에 곡하지 않는 자가 있어도 비난받지 않았다. 요堯가 천하를 다스릴 때는 백성들이 혈육을 사랑하는 마음을 갖도록 만들었다. 자신의 어버이를 위해 소원한 관계에 있는 사람을 소홀히 대하는 자가 있어도 사람들은 나무라지 않았다. 순舜이 천하를 다스릴 때는 백성들이 경쟁의식을 갖도록 만들었다.……우禹가 천하를 다스릴 때는 백성들의 의식을 (크게) 바꾸어 놓았다. 사람들은 각기 다른 생각을 품게 되고 무기를 사용하여 싸우게 되었다. 도둑을 죽이는 것은 살인에 해당하지 않는 것으로 생각하였고 사람마다 자기 생각만 옳다고 여기게 되었다.

黃帝之治天下, 使民心一. 民有其親死不哭, 而民不非也. 堯之治天下,
使民心親, 民有爲其親殺其殺, 而民不非也. 舜之治天下, 使民心競.……禹
之治天下, 使民心變. 人有心而兵有順. 殺盜非殺人, 自爲種而天下耳.(「天
運篇」)

　　모든 인간이 자연적 본성에 따라 살아가는 세상인 지덕지세에서 인간
은 동물과 함께 생활하였고, 만물과 함께 뒤섞여 있어 구분이 없었으니,
어떻게 군자나 소인의 구별을 알았겠는가? 멍한 상태로 아무 지식도 갖
지 않았기 때문에 자연적 본성을 잃지 않았다. 멍한 상태로 아무 욕망도
없기 때문에 소박하다 할 수 있었다. 소박하므로 곧 백성의 자연스러운
본성도 온전했다. 그런데 성인이 나타나 애써 인仁을 행하도록 하고 억
지로 의義를 실천하도록 해서 온 천하 사람들이 비로소 서로를 의심하
게 되었으며, 제멋대로 음악을 연주하도록 하고 번잡하게 예禮를 실천
하도록 만들어 천하에 비로소 차별이 생기게 되었다.
　　夫至德之世, 同與禽獸居, 族與萬物竝, 惡乎知君子小人哉. 同乎無知,
其德不離, 同乎無欲, 是謂素樸. 素樸而民性得矣. 及至聖人, 蹩躠爲仁踶
跂爲義, 而天下始疑矣. 澶漫爲樂, 摘僻爲禮, 而天下始分矣.(「馬蹄篇」)

　　위의 첫 번째 인용문은 인간의 의식의 분화와 그에 따른 사회적 차
별성의 심화 과정을 설명하고 있다. 황제에서부터 요와 순을 거쳐 우
에 이르기까지 백성들의 의식은 통일 상태에서 친소의 구별, 경쟁, 변
질이라는 과정을 밟았으며, 그에 따라 사회는 무차별적 자연 상태에서
친소의 차별, 강자와 약자의 대립, 계층간의 대립 등의 단계로까지 나
아가게 되었음을 보여주는 것이다.[75] 장자는 중국 고대의 다른 철학자
들과 마찬가지로 과거의 역사 속에서 자신이 이상적으로 생각하는 사
회의 모델을 이끌어 낸다. 그러나 그는 다른 철학자들과는 달리 인류
가 문명의 단계로 접어들기 이전의 시대에 그 모델을 설정하고 있는
데, 이러한 모델들은 주로 당시의 현실에 대한 비판의 기틀을 마련하
려는 의도에서 도입된 것이다. 장자의 이상사회 모델로서의 원시공동

체 사회에 대해서는 다음 절에서 구체적으로 분석해 볼 것이다. 여기서는 평등하고 자유로운 상태의 인간사회가 어떤 계기에 의해 파괴되었는가의 부분에 주목하기로 한다. 위의 인용문 가운데 첫 번째 문장에서 장자는 어떠한 차별도 없는 평등하고 자유로운 원시공동체 사회가 인간의 의식에 의해서 파괴되었다고 지적하고 있으며, 두 번째 문장에서는 그것이 인의예악이라는 유가적 이념에 의해 파괴되었다고 주장하고 있다. 위의 두 번째 인용문에서 '멍한 상태'는 지식이나 인의예악 등과는 대립되는 무의식, 무차별의 상태를 의미하는 것으로서 첫 번째 인용문에서 말한 '백성들의 의식이 통일'되어 있는 상태를 뜻한다. 장자에 따르면 인간의 의식이나 그것으로부터 발생한 지식 및 인의예악 등이 인간의 자연적 본성의 파괴자이다. 이것들은 내 것과 네것, 좋음과 나쁨, 군자와 소인 등을 구별하는 특징을 가지고 있다. 따라서 장자는 이것들을 인간사회의 불평등과 부자유의 원천이라고 규정한다.

묵자는 상현사능을 통해 사회적 불평등이 지양될 수 있다고 보았으며, 실제로 그것은 세습 귀족의 특권을 제한하는 논리로 작용하였다. 그러나 장자는 모든 종류의 지식과 지식인이 바로 사회적 불평등의 원인이라는 논리에서 그것들을 부정한다. "최고의 덕이 실행되던 세상에서는 현자를 존중하지도 않았고 유능한 자를 등용하지도 않았다"[76)]는 그의 주장은 명백하게 묵자의 상현론까지도 부정하는 발언이다.

현자를 등용하면 백성들은 서로 다투게 되고 지식인에게 벼슬을 맡기면 백성들은 서로를 속이게 된다. 이러한 것들은 백성들의 삶을 윤택하게 할 수가 없다. (현자와 지식인에게 정사를 맡기면) 백성들은 이익의 추구에 급급하여 자식으로서 아비를 죽이는 자도 있을 것이고 신하로서 군주를 죽이는 자도 있을 것이며, 대낮에 도둑질을 하거나 한낮에 남의 집 담장을 뚫고 들어가는 일이 발생할 것이다.

擧賢則民相軋, 任知則民相盜. 之數物者, 不足以厚民. 民之於利甚勤,
子有殺父, 臣有殺君, 正晝爲盜, 日中穴坏.(「庚桑楚篇」)

여기서 장자는 현자와 지식인을 채용해서는 안 되는 이유를 구체적
으로 설명한다. 그것은 바로 무지·무욕한 백성들을 물질의 노예가 되
게 하며, 그것은 또 사회적으로 분쟁과 불신을 조장한다는 것이다. 이
러한 그의 주장은 노자의 "현자를 존중하지 않음으로써 백성들이 다투
지 않도록 하라. 얻기 어려운 재물을 소중하게 생각하지 않음으로써
백성들이 도둑이 되지 않도록 하라. 탐낼 만한 것을 내보이지 않음으
로써 백성들의 마음이 혼란스럽지 않도록 하라"[77]는 주장과 같은 논리
이다.

전국시대는 실제적 행정 능력과 정치적 식견을 갖춘 유능한 인재가
대거 필요하게 됨에 따라 신분상의 귀천에 관계없이 철저한 능력 본위
로 인재를 등용해야 한다는 인식이 보편화되어 있었다.[78] 앞에서 살펴
본 묵자의 상현사능이나 맹자의 존현사능 등은 그러한 인식에 기초하
여 나온 대표적 주장들이다.[79] 그런데 상현의 풍조는 이론상으로만 논
의되었던 것이 아니라 실제로 지식과 능력을 갖춘 신진 지식인들이
각 국의 현실 정치 과정에 참여하기도 하였다. 상앙商鞅이 진秦 효공
孝公의 구현정책求賢政策에 응하여 진 나라의 변법을 주도했던 것이
나,[80] 정 나라에서 낮은 벼슬을 하던 신불해申不害가 학술을 통해 한
나라 소후昭侯에게 등용되어 재상이 된 것이나, 말단 관리였던 이사李
斯가 진秦 나라의 승상이 된 것 등이 그 대표적인 예이다.[81] 또 공자나
맹자가 각 국을 유세하면서 자신들의 학설을 선전한 것이나, 각 나라
의 제후들이 학자들을 초빙하여 학술을 토론하게 한 것 등은 바로 춘
추전국기의 상현 풍조를 반영한 것이다.

전국시대의 여러 학파에서 주장한 '현賢'이나 지식의 실질적 내용은

각기 조금씩 달랐지만 그들의 공통된 상현론은 전국시대의 사회상을 반영한 것이며, 그것은 당시까지 명맥을 유지하고 있던 구 귀족 세력을 크게 위협하는 주장이었다. 그 가운데 묵자나 법가의 주장은 세습적 귀족 사회의 전면적 퇴장을 촉진하는 것이었다. 전국 시대의 일곱 개 강대국, 즉 전국칠웅戰國七雄으로 일컬어지는 제, 초, 연, 한, 조, 위, 진 등에서 시행된 변법운동의 보편적 현상 가운데 하나가 지식인과 유능한 인재를 중용重用하는 것이었다.[82] 법가 계통의 학자 중 신도愼到 같은 경우는 지식인의 존중[尙賢]은 첫째 군주 권력의 극대화에 나쁜 영향을 끼친다는 점에서, 둘째 법의 권위를 무너뜨린다는 점에서 반대하였다.[83] 그러나 오기吳起의 "무능한 사람을 쫓아내고, 쓸모 없는 사람을 몰아내고, 불요불급한 관직을 줄이고, 사적인 청탁을 없앤다"[84]라든가, 신불해申不害의 "능력에 따라 관직을 부여한다"[85]는 변법의 원칙들은 유능한 자의 등용을 강조하고 있는 것이다. 정치에 있어서 상현사능의 중요성은 『한비자』에 이르러 더욱 강조되고 있음을 알 수 있다. 지식인과 유능한 인재의 등용을 주장하는 한비자의 견해가 비교적 잘 드러나 있는 문장으로 다음과 같은 것들이 있다.

> 이익을 늘리고 해악을 물리치려고 하면서 지식인과 유능한 자를 임용할 줄 모른다면 이것은 사려 깊지 못한 데서 나타나는 병폐이다.
> 欲進利除害, 不知任賢能, 此則不知類之患也.(『韓非子』「難勢篇」)

> 똑똑한 군주는 공에 따라 작록을 주고 능력에 맞게 일을 맡긴다. 천거된 자는 반드시 현명해야 하고, 등용된 자는 반드시 유능해야 한다. 현명하고 유능한 인재가 들어가면 세도가의 청탁은 그칠 것이다. 공을 세운 자가 많은 봉급을 받고 능력이 있는 자가 높은 관직에 앉으면 협객이 어떻게 사적인 일에 용기 부리기를 그만두고 적을 막는 데 힘쓰지 않을 수 있겠으며, 관리가 되려고 하는 인재가 어떻게 세도가를 거절하고 청렴결백에 힘쓰지 않을 수 있겠는가. 이것이 지식인과 유능한 인재들을

모아서 권세가의 무리들을 해산시키는 방법이다.

明主者, 推功而爵祿, 秤能而官事. 所擧者必有賢. 所用者必有能. 賢能之士進, 則私門之請止矣. 夫有功者受重祿, 有能者處大官, 則私劍之士, 安得無離於私勇而疾距敵, 游宦之士, 焉得無撓於私門而務於淸潔矣. 此所以聚賢能之士, 而散私門之屬也.(『韓非子』「人主篇」)

이러한 상황에서 지식인의 정치 참여를 부정하는 노자나 장자의 주장은 자칫 구 귀족을 옹호하는 논리로 해석될 수 있는 소지를 안고 있다. 그러나 장자는 상현 즉 지식인의 정치 참여뿐만 아니라 낡은 사회의 이념적 지주였던 인의예악 등도 강력하게 부정하고 있으며, 노동의 중요성을 역설하고 있다. 이런 점으로 볼 때 장자의 현자 및 지知의 부정이 곧바로 그를 몰락 노예주 귀족의 옹호자로 단정할 수 있는 근거가 될 수 없음은 명백하다. 특히 당시의 지식인 존중 풍토에 따라 지식이 출세의 수단으로 인식되었다는 점에 주목할 필요가 있다. 즉 군주권의 인재 요구에 편승한 능력 지상주의와 출세주의의 풍조는 사회 전반에 걸친 신분 상승 욕구를 더욱 부채질했고 그에 따라 행정 기술이나 병법의 교육을 통해 관료 예비군을 배출하는 학단도 증가하였다. 『한비자』는 집집마다 상앙·관중의 법령서法令書와 손빈孫臏·오기吳起의 병서兵書를 소장하고 있다고 풍자하고 있으며(「五蠹篇」), 특히 위魏 나라 중모현中牟縣의 중장中章과 서기胥己가 수신과 박학으로 천거되어 중대부中大夫가 되자 중모현 사람 가운데서 농사짓기를 그만두고 집과 밭을 팔아 글공부로 업을 삼는 자가 반이나 되었다고 우려하고 있다(「外儲說左上」).[86]

지식과 지식인에 대한 장자의 부정은 이러한 사회적 풍토를 반영하고 있다. 장자에 따르면 지식과 인의예악은 치부[利]의 도구이거나 명예[名]를 획득하기 위한 수단이다. 그것은 개인적으로 인간을 외물의 노예로 만들고, 정치적으로 대도大盜로 표현되는 위정자의 수탈 도구로 기능하며, 경제적으로 빈부격차를 심화시켜 피지배 하층민의 삶의 파괴라는 결과를 가져온다고 생각한 것이다. 위의 상현의 풍조에 따라 만연된 출세주의가 농업의 위기로 결과한다는 한비자의 우려는 지식과 인의에 대한 장자의 비판이 구체적으로 무엇을 의미하고 있는가를 암시해 준다. 이 점을 보다 명백히 하기 위해 장자의 절성기지론絶聖棄知論을 분석해 볼 필요가 있다.

장자의 절성기지론은 인류 문명에 대한 총체적 비판이다. 노자는 "성인을 끊어 버리고 지혜를 버리면, 백성들의 이익이 백 배가 될 것이다"[87]라고 선언하였다. 장자의 절성기지론은 물론 노자의 이 주장을 계승·발전시킨 것이다.

> 옛날 황제가 나라를 다스릴 때 처음으로 인의仁義로 인간들의 의식을 속박하였다.……삼왕三王 때 이르러 천하는 크게 혼란스러워졌다. 한편에서는 걸桀과 도척盜跖이 나타났고 다른 한편에서는 증참曾參과 사추史鰌가 나타났으며 유가와 묵가가 들고일어났다. 이에 따라 한쪽에서는 즐거워하고 다른 한쪽에서는 화를 내면서 서로를 의심하고, 어리석은 자와 지혜로운 자가 서로를 속이고, 좋다 나쁘다 서로를 비난하고, 거짓이다 사실이다 서로 헐뜯어 세상이 차츰 쇠퇴해져 갔다. 타고난 본성은 달라지고 생명이 파괴되었다. 천하 사람들은 지혜를 좋아하게 됨에 따라 백성들은 매우 혼란에 빠졌다. 이 때문에 도끼나 톱으로 사람들을 강제하고 오랏줄이나 묵형으로 사람들을 죽이며 몽치나 끌로 사람들의 목숨을 끊었다. 천하는 크게 혼란스러워졌다. 그 죄는 인간의 의식을 속박한 데 있다. 그러므로 현명한 자는 큰 산 속의 높은 바위 밑에 숨어 버리고, 만승萬乘 대국의 군주는 조정의 마루 위에서 두려움에 떨고 있다. 지금 세상에서는 처형된 자들이 서로를 베고 누워 있고, 목에 칼을 쓰고 발목에 족쇄를 찬 자들이 서로 밀치며, 형벌을 받은 자들이 서로를 바라보고 있다.……성인이나 지혜가 칼과 족쇄를 조이는 쐐기가 아닌지, 인의가 수갑과 족쇄를 단단하게 조이는 자물쇠가 아닌지 나는 모르겠다. 증참과 사추가 걸과 도척의 효시가 아닌지 어떻게 알겠는가? 그러므로

"성인을 끊어 버리고 지혜를 버려라"고 한 것이다.

昔者, 黃帝始以仁義攖人之心.……夫施及三王而天下大駭矣. 下有桀跖
上有曾史而儒墨畢起. 於是乎, 喜怒相疑, 愚知相欺, 善否相非, 誕信相譏,
而天下衰矣. 大德不同, 而性命爛漫矣. 天下好知, 而百姓求竭矣. 於是乎,
鈇鋸制焉, 繩墨殺焉, 椎鑿決焉, 天下脊脊大亂. 罪在攖人心. 故賢者伏處
大山嵁巖之下, 而萬乘之君憂慄乎廟堂之上. 今世殊死者相枕也, 桁楊者
相推也, 刑戮者相望也.……吾未知聖知之不爲桁楊接槢也, 仁義之不爲桎
梏鑿枘也. 焉知曾史之不爲桀跖嚆矢也. 故曰, 絕聖棄知而天下大治.(「在
宥篇」)

여기서 장자는 무지·무욕한 인간의 자연적 본성이 인의나 이기적
본능에 의해 파괴되었음을 지적한다. 장자의 지적대로 인의와 이기적
본능은 유가와 묵가에서 각각 인간의 본성이라고 선전하는 것들이다.
그러나 장자는 지식과 인의 등이 인간의 의식 속에 감추어진 이기적
본능과 명예욕을 자극하여 세상이 혼란에 빠진 것이라고 설명한다.[88]
이러한 논리는 바로 인의나 성지聖知가 인간을 외물外物의 노예로 만
들었다. 「변무편」에서는 그 과정을 다음과 같이 설명한다. "작은 착각
은 방향을 바꾸지만 큰 착각은 본성을 바꾸어버린다. 어떻게 그러는
줄 아는가? 우씨虞氏(舜)가 인의를 가져다가 천하를 소란스럽게 한 이
래로 천하 사람들은 목숨을 걸고 인의로 달려들지 않는 자가 없었다.
이것이 바로 인의로 그 본성을 바꾸는 것이 아닌가? 예를 들어 증명해
보자. 하·은·주 삼대 이후로 세상 사람들은 사물로 자신의 자연적 본
성을 바꾸지 않은 자가 없었다. 소인은 재물을 위해 제 몸을 바치고,
선비는 이름을 위해 제 몸을 바치고, 대부는 가문을 위해 제 몸을 바치
고, 성인은 천하를 위해 제 몸을 바쳤다. 그러므로 이 여러 사람들은
하는 일이 다르고 명성이나 칭호도 달랐지만 자연적 본성을 해치고
제 몸을 어떤 것의 희생물로 삼았다는 점에서는 모두 같다."[89] 이것은

인의나 성지聖知가 개인들 사이에 차별 의식을 심어 주고 결과적으로 사회적 혼란의 원인이 된다는 장자의 일관된 주장의 확인이다. 따라서 절의를 지키기 위해 수양산 아래서 굶어 죽은 백이伯夷나 재물을 추구 하다가 동릉산 위에서 죽은 도척을 놓고 누구는 군자고 누구는 소인이 라든가, 누구는 옳고 누구는 그르다는 일반적인 평가는 무의미하다는 것이다.[90]

장자는 노자의 '절성기지'라는 말을 다시 한 번 인용하면서 위와는 조금 다른 각도에서 성지를 비판하고 있다.

성인이 죽지 않으면 큰 도둑도 그치지 않는다. 성인을 존중하고 천하 를 다스린다고는 하지만 그것은 결국 도척盜跖을 존중하고 이롭게 하는 셈이 된다. 되를 만들어 용량을 재려 하면 되까지 훔쳐가 버린다. 저울 을 만들어 무게를 재려고 하면 그 저울까지 훔쳐가 버린다. 신표[符]나 도장[璽]을 만들어 믿게 하려고 하면 신표나 도장 모두를 훔쳐가 버린 다. 인의의 법도를 세워 질서를 바로잡으려 하면 인의까지도 모두 훔쳐 가 버린다. 어떤 근거로 그런 사실을 알 수 있는가? 띠쇠[鉤]를 훔친 자 는 사형 당하고 나라를 훔친 자는 제후가 된다. 이 제후의 가문에는 인 의라는 명분이 보존된다. 그러니 이는 인의와 성지까지 훔쳐간 것이 아 닌가? 그러므로 큰 도둑의 방법에 따라 제후의 지위를 빼앗고, 인의와 되·저울·도장 등의 이기利器까지 훔친 자에게는 높은 벼슬이라는 상으 로도 선을 행하게 할 수 없고 부월斧鉞(사형을 집행하는 도끼)의 위협으 로도 악을 범하지 않게 할 수 없다. 이처럼 도척 같이 흉악한 자를 크게 이롭게 해 주고 (그들의 악행을) 금할 수 없게 한 것은 바로 성인의 잘 못이다.……그러므로 성인을 끊어 버리고 지혜를 버리면 큰 도둑은 바로 그칠 것이다.

聖人不死, 大盜不止. 雖重聖人而治天下, 則是重利盜跖也. 爲之斗斛以 量之, 則幷與斗斛而竊之. 爲之權衡以稱之, 則幷與權衡而竊之. 爲之符璽 以信之, 則幷與符璽而竊之. 爲之仁義以矯之, 則幷與仁義而竊之. 何以知 其然邪. 彼竊鉤者誅, 竊國者爲諸侯. 諸侯之門而仁義存焉. 則是非竊仁義 聖知邪. 故逐於大盜, 揭諸侯. 竊仁義幷斗斛權衡符璽之利者, 雖有軒冕之賞, 不能勸, 斧鉞之威, 不能禁. 此重利盜跖, 而使不可禁者, 是乃聖人之過也.……故絶聖棄知, 大盜乃止.(「胠篋篇」)

위 인용문은 「거협편」 전체의 주제라고 할 수 있는 지식(혹은 지혜)은 "큰 도둑을 위해 준비해 둔 것"[爲大盜積者]이다는 생각을 구체적으로 설명한 것이다. 큰 도둑이란 바로 "나라를 훔친 자"이며, 동시에 백성들의 자연스럽게 살 권리, 즉 평등하고 자유롭게 살 권리를 훔쳐 가는 도둑을 말한다. 여기서 지식은 부절符節, 옥새玉璽, 말, 저울, 성인의 법, 육률六律, 간슬竿瑟(악기), 구승규구鉤繩規矩[91], 문장文章, 오채五采 등 인류가 발명하고 발전시켜 온 모든 지적·문화적 유산의 총칭이다. 장자는 그것들이 인류의 삶을 윤택하게 하는 것이 아니라 지배자의 수탈의 도구가 되어 오히려 백성들의 삶을 질곡한다고 경고한다. 장자는 그에 관한 구체적인 예를 실제 역사 속에서 찾는다. 춘추오패의 한 사람인 제 나라 환공桓公은 자신의 친형을 죽이고 형수를 아내로 맞아 들였는데도 관중管仲은 그의 신하가 되어 제 나라의 경제 부흥을 도왔고, 전성자田成子는 기원전 481년에 제 나라의 군주 간공簡公을 죽이고 평공平公을 세우면서 자신은 재상이 되어 제 나라 정권을 전횡하여 대대로 세습하였다. 그것은 명백하게 나라를 훔친 반역 행위였는데도 공자는 그의 예물을 받아 들였다.[92] 뿐만 아니라 그들은 정권을 공고히 하고 유지하는 데 성지聖知를 이용하였다. 「거협편」의 다음과 같은 설명이 그 좋은 증거이다.

그런데 전성자는 하루아침에 제 나라 군주를 죽이고 그 나라를 훔쳤다. 도둑질 한 것이 어찌 나라뿐이겠는가? 그 나라의 '성지의 법'[聖知之法]까지 몽땅 훔쳤다. 그러므로 전성자에게는 도둑이라는 이름이 붙었지만 몸은 요순과 같은 평안을 누렸다. 작은 나라는 감히 비난하지 못하였고 큰 나라도 감히 그를 죽이지 못하였다. (그리하여 전씨가) 12대에 이르도록 제 나라를 소유하였다. 이것이 바로 제 나라를 훔치고 성지의 법까지 함께 훔쳐서 그 도적의 몸을 지킨 것이 아닌가?

然而田成子一旦殺齊君而盜其國. 所盜者, 豈獨其國邪, 幷與其聖知之
法而盜之. 故田成子有乎盜賊之名, 而身處堯舜之安. 小國不敢非, 大國不
敢誅. 十二世有齊國. 則是不乃竊齊國, 幷與其聖知之法, 以守其盜賊之身
乎.(「胠篋篇」)

이러한 것들은 바로 인의예악이나 인류의 지적 유산이 인류의 삶을
풍요롭게 하는 것이 아니라 지배 계층의 수탈을 정당화시켜 주고 그것
을 더욱 조장하는 데 이용되는 도구임을 증명하는 것이라는 주장이다.

인류 문명이 가지고 있는 모든 적극적 측면을 송두리째 부정하고
있다는 점에서 장자의 이 주장은 퇴영적이라고 비판 받기도 하지만,
그의 이러한 경고 속에는 지식의 이데올로기적 속성과 지배 계층의
본질을 간파한 날카로운 통찰이 담겨져 있다.

장자에 따르면 자연 상태의 인류사회의 파괴자라는 의미에서든 지
배 계층의 백성에 대한 수탈의 도구라는 의미에서든 인의나 성지聖知
는 '백성의 삶을 윤택하게'[厚民] 할 수 없다. 장자는 오히려 성지를 버
려야 한다고 주장한다. "성인을 끊고 지혜를 버리면 백성들의 이익이
백 배가 될 것이다"라는 노자의 절제된 표현 속에는 성인과 지혜를
버림으로써 얻을 수 있는 '백배의 이익'이 구체적으로 무엇인지 언급되
어 있지 않지만, 그것은 자연 상태의 삶, 외적 대상으로부터 해방된
자유로운 삶과 수탈로부터 벗어난 평등한 삶을 의미하는 것이라고 추
측하는 것은 어렵지 않다. 그것은 바로 억압 받는 자들의 꿈이지 지배
귀족의 꿈은 아니다. 특히 당시의 절박한 현실 속에서 백성들이 바라
는 구체적 '이익'이 무엇이었는가에 대하여 장자는 대하여 다음과 같이
설득력 있게 말하고 있다.

장주가 집이 가난하여 감하후監河侯에게 곡식을 빌리러 갔다. 감하

후가, "좋소. 나는 곧 세금을 거두어 들여 선생께 300금金의 돈을 빌려 드리겠소. 그러면 되겠소?"라고 말하였다. 장주는 발끈 성을 내면서 다음과 같이 말하였다. "제가 어제 여기로 오는데 도중에 부르는 자가 있었습니다. 돌아보았더니 수레바퀴로 패인 자국에 붕어가 있더군요. 제가 '붕어야, 무엇 때문에 불렀느냐?'라고 물었더니, '나는 동해의 파도를 담당하는 신하입니다. 당신은 물 한 바가지 퍼다가 나를 살려주지 않겠소?'라고 부탁하더군요. 제가 '좋다. 내가 지금 남쪽의 오 나라와 월 나라의 왕에게 가서 서강西江의 물을 끌어다가 너를 맞이하도록 하겠다. 그러면 되겠느냐?'라고 했더니 붕어는 발끈 성을 내며 '나는 나와 항상 함께 있던 물을 잃었기 때문에 있을 곳이 없어졌소. 나는 한 바가지의 물만 있어도 살아날 수 있소. 그런데 당신은 이처럼 성의 없이 말하는 군요. 차라리 건어물 가게에서 나를 찾는 것이 나을 것이오'라고 말하더 군요."

莊周家貧. 故往貸粟於監河侯. 監河侯曰, 諾. 我將得邑金. 將貸子三百金. 可乎. 莊周忿然作色曰, 周昨來, 有中道而呼者. 周顧視, 車轍中有鮒魚焉. 周問之曰, 鮒魚來. 子何爲者邪. 對曰, 我東海之波臣也. 君豈有斗升之水而活我哉. 周曰, 諾. 我且南遊吳越之王, 激西江之水而迎子. 可乎. 鮒魚忿然作色曰, 吾失我常與. 我無所處. 吾得斗升之水然活耳. 君乃言此. 曾不如早索我於枯魚之肆.(「外物篇」)

이 우화는 장자의 궁핍한 삶을 묘사하고 있지만, 실제로는 당시 백성들의 절박한 요구가 무엇이었는가를 웅변하고 있다. 위의 글은 백성의 실상에는 무관심하면서 겉으로만 짐짓 백성을 위하는 척하는 위정자들의 위선적인 모습을 담고 있다. 당시 백성들의 주된 문제는 묵자의 표현을 빌면 "굶주린 자는 먹을 것을 얻지 못하고, 추위에 떠는 자는 옷을 얻지 못하며, 늙은이는 안식을 얻지 못하는"93) 데 있었다. 즉 배고프고 춥고 지친 것이 당시 백성의 구체적인 모습이었다. 굶주리고 추위에 떨며 지친 백성들에게 거창한 이념은 한낱 공허한 헛소리에 불과한 것이다. 물에서 말라 죽어가는 붕어에게 한 바가지의 물이 필요하듯이 그들에게 당장 필요한 것은 인의나 도덕 따위가 아니라 한 바가지의 식량일 뿐이라는 것이다. 지식이나 인의에 대한 장자의 비판 속에는 잦은 전쟁과 가혹한 수탈로 말미암아 삶 그 자체를 위협받는 피지배 하층민의 이와 같은 절박함이 숨어 있다.

이제까지 논의된 것을 통해 볼 때 장자의 주장은, 모든 인간이 평등을 누리던 원시공동체 사회를 상기시키면서 본래의 자연 상태로 돌아갈 것을 주장한 루소의 다음과 같은 주장과 기본적으로 일치하는 면이 있다.

> 어떤 토지에 울타리를 두르고 "이것은 내 것이다"라고 선언할 것을 생각해 내고, 그것을 그대로 믿을 정도로 얌전한 사람들을 맨 처음에 발견한 자는 정치사회(국가)의 참된 창립자였다. 그 말뚝을 뽑아 버리거나 도랑을 메우면서, "그런 사기꾼의 말을 듣지 말게. 이 과일은 만인의 것이며 토지는 누구에게도 속해 있지 않다는 것을 잊어버리면 그야말로 자네들은 신세 망치네"라고 동료들을 향해 외친 자가 있었던들 그 사람은 얼마나 많은 범죄와 전쟁과 살인에서 벗어나게 하고 또 얼마나 많은 참상과 공포를 인류에게 면하게 해 주었을까.[94]

사유재산이 불평등의 기원이었다고 주장한 루소는 서양의 역사에서 울타리의 말뚝을 뽑은 자를 발견하지 못하였다. 인류의 문명이 불평등과 부자유의 씨앗이었으며, 유묵儒墨 등이 선전한 갖가지 이념들은 그러한 불평등과 부자유를 조장하는 것이라는 장자의 주장은 자신이 믿고 있는 불평등의 말뚝을 뽑고 부자유의 도랑을 메우려는 힘겨운 외침으로 들린다.

4. 이상 사회의 조건

억압과 수탈로부터의 해방은 장자철학이 지향하는 최고의 목표이다. 『장자』 전편은 때로는 고도의 추상적 언어로, 때로는 기발하고 황당무계한 우화로 짜여져 있는데, 그 모든 것이 의도하는 것은 바로 독단, 권위, 폭력, 수탈, 빈곤, 기아, 전쟁, 죽음… 등 인간의 자연스럽고 자유로운 삶을 질곡하는 모든 억압으로부터의 해방이다. 장자는 또 인간을 억압하는 빈부, 귀천, 궁달窮達, 이해, 고락, 영욕, 훼예毁譽, 화복, 성패, 현우, 미추, 선악, 진위, 시비, 정사正邪, 의불의義不義, 연불연然不然, 가불가可不可 등의 대립으로부터 벗어나고자 한다. 인간의 자유에 대하여 장자처럼 절실하게, 그리고 투철하고 집요하게 천착한 철학자는 중국 고대에서 찾아볼 수 없다.

앞에서 지식과 인의예악은 치부[利]의 도구이거나 명예[名]를 획득하기 위한 수단으로서 인간을 외물의 노예로 만든다는 점을 지적하면서 거기에 대해서 구체적으로 설명하지 않았다. 이제 지식과 인의예악이 인간을 속박하는 질곡이며 그로부터 벗어나는 것이 자유에 이르는 한 가지 길이라는 장자의 주장을 들어볼 차례이다.

장자는 물욕과 권세욕을 추구하는 사람을 15가지 종류로 나누고 이들에 대하여 다음과 같이 비판한다.

> 탐욕스러운 자는 재물이 쌓이지 않으면 괴로워하고, 권력욕이 강한 자는 권력이 커지지 않으면 슬퍼한다. 권력과 재물을 추구하는 자들은 세상에 변란이 일어나는 것을 즐거워한다. 이들은 상황의 변화에 따라 그것을 이용하면서 그에 사로잡히기 때문에 무위할 수가 없다. 이들은 모두 세상의 변화에 따라 끌려 다니면서 외물에 따라 변화되는 자들이다. 스스로의 육체와 정신을 바쁘게 움직여 온갖 외물에 매몰된 채 죽을 때까지 본래의 상태를 회복하지 못하는 것이다.

錢財不積則貪者憂, 權勢不尤則夸者悲. 勢物之徒樂變, 遭時有所用, 不能無爲也. 此皆順比於歲, 不物於易者也. 馳其形性, 潛之萬物, 終身不反. (「徐無鬼篇」)

장자는 이와 같이 모든 외적인 대상(외적이라고 해서 반드시 육체 밖에 있는 것만을 가리키는 것이 아니라 인간의 자연적 본성 이외의 모든 것을 말한다)에 속박된 상태나 그러한 상태에 있는 사람을 '둔천지형遁天之刑', '질곡桎梏', '천지륙민天之戮民', '도치지민倒置之民', '폐몽지민蔽蒙之民' 등으로 표현하고 있으며, 그로부터 벗어나는 것을 '현해縣解', 혹은 '질곡으로부터의 해방'[解其桎梏]이라고 부른다.

『장자』에는 노담老聃이 죽었을 때 진실秦失이 조문하러 가서 세 번 곡을 하고 나와 버리자, 노담의 제자가 그에게 '친구로서 그렇게 무심할 수 있느냐'고 항의하는 이야기가 실려 있다. 그 제자의 항의에 대하여 진실은 다음과 같이 자신을 변명한다.

나도 처음에는 저들처럼 하는 것이 그를 위한 행동인 줄 알았지만, 지금은 그렇지 않다. 아까 내가 조문하러 들어갔을 때 늙은이는 제 자식을 잃은 듯이 울어대고, 젊은이는 제 어미를 잃은 듯이 울어댔다. 그들은 굳이 조문할 필요가 없는데도 떠들어대고, 굳이 울 필요가 없는데도 탄식하고 슬퍼하기 위해 이곳에 모인 것이다. 이것은 자연의 도리와 진실을 거역하는 것이며, 하늘로부터 받은 생명의 본질을 망각한 행동이다. 옛날에는 이런 것을 자연의 이법을 어김으로써 받는 형벌이라고 하였다. 그가 어쩌다 이 세상에 태어난 것은 태어날 때를 만났기 때문이며, 그가 어쩌다 이 세상을 떠난 것도 죽어야 할 이치를 따른 것이다. 시간의 변화를 편하게 받아들이고 순리에 따르면 슬프거나 즐거운 감정이 끼어들 수 없다. 옛날에는 이것을 자연의 형벌로부터의 해방이라고 하였다.

始也吾以爲其人也. 而今非也. 向吾入而弔焉, 有老者哭之如哭其子, 少者哭之如哭其母. 彼其所以會之, 必有不蘄言而言, 不蘄哭而哭者. 是遁天倍情, 忘其所受. 古者謂之遁天之刑. 適來夫子時也. 適去夫子順也. 安時而處順, 哀樂不能入也. 古者謂是帝之縣解.(「養生主篇」)

　　여기서 장자는 죽음을 슬퍼하는 일반인의 감정이 자연의 이치를 모르기 때문에 나온 것이라고 하면서 그것을 '자연의 이법을 어김으로써 받는 형벌'[遁天之刑]이라고 부르며, 그로부터 벗어나는 것을 '자연의 형벌로부터의 해방'[縣解]이라고 부른다. '사는 것을 탐닉하고 죽기를 싫어하는'[悅生惡死] 인간의 일반적인 감정은 그 자체가 하나의 질곡으로 자연스러운 삶을 해친다고 생각하기 때문이다. 「대종사편」에는 이와 거의 비슷한 문장이 다시 나오는데, 왜 그것이 질곡인가 하는 것이 간략하게 설명되고 있다. 즉 인간이 사는 것을 탐닉하고 죽기를 싫어하는 감정으로부터 해방되지 못하는 것은 그가 외물에 얽매여 있기 때문이며, 또 어떠한 존재도 자연의 거대한 변화로부터 자유로울 수 없기 때문에 자연의 필연성을 인정하고 받아들여야 한다는 것이다.[95]

　　장자에 있어 자연스러운 삶은 곧 자유로운 삶을 의미한다.[96] 장자는 일상적인 감정뿐만 아니라 인의와 지식도 인간의 자연스러운 삶을 억압한다고 지적한다. 그는 「덕충부편」에서는 명예욕과 지식욕에 사로잡혀 있는 공자를 천형天刑을 받은 자로 묘사하고 있으며,[97] 「대종사편」에서는 인간이 '인의의 실천'[仁義之行]과 '시비의 논쟁'[是非之辯]에 속박되면 어떤 자유도 있을 수 없다는 것을 다음과 같이 지적하고 있다.

　　의이자意而子가 허유許由를 만났다. 허유는 "요堯는 너에게 무엇을 가르쳐 주었느냐?"라고 의이자에게 물었다. 의이자는 "요 임금은 저에게 '너는 반드시 인의를 실천하고 시비를 분명하게 밝혀라'고 하였습니다"라고 대답하였다. 그러자 허유는, "그렇다면 너는 무슨 일로 여기까지 왔느냐? 요는 너에게 인의로써 묵형墨刑(얼굴에 문신을 뜨는 형벌)을 주었으며 시비로써 의형劓刑(코를 베는 형벌)을 가했다. 네가 어떻게 자유분방하고 변화무쌍한 도의 세계에서 노닐 수 있겠느냐?"라고 말하였다. 의이자가 "그러나 저는 그 근처에서나마 노닐고 싶습니다"라고 애원하자, 허유는 다시 다음과 같이 말하였다. "그렇지 않다. 소경은 예쁜 얼굴을 볼 수 없고, 장님은 아름다운 빛깔이나 무늬를 볼 수 없다."

意而子見許由. 許由曰, 堯何以資汝. 意而子曰, 堯謂我, 汝必躬服仁義, 而明言是非. 許由曰, 而奚爲來軹. 夫堯旣己黥汝以仁義, 而劓汝以是非矣. 汝將何以遊夫遙蕩恣睢轉徙之塗乎. 意而子曰, 雖然, 吾願遊於其藩. 許由曰, 不然, 夫盲者無以與乎眉目顔色之好, 瞽者無以與乎靑黃黼黻之觀.(「大宗師篇」)

인의와 시비가 인간의 타고난 본성을 손상하고 구속하기 때문에 자득自得·방탕放蕩·변화變化의 세계에 들어갈 수 없다는 것이다.[98] 즉 인의와 시비는 인간의 자유와 대립된다. 따라서 장자는 인간이 자유롭기 위해서는 반드시 그러한 모든 제약으로부터 해방되어야 한다는 것을 강조한다. 심재·좌망, 안명·체서 등은 바로 이러한 해방에 도달하기 위한 방법이며, 무의식과 자유에 도달하기 위한 방법이기도 한 것이다. 그러나 그것은 어디까지나 개인적이며 정신적인 것에 불과하다. 이러한 개인적이고 정신적인 자유는 흔히 절대자유라고도 일컬어지는데, 이것은 『장자』 전편을 통해 고루 발견되지만, 특히 「소요유편」은 바로 이 절대자유를 주제로 삼고 있는 것으로 유명하다.[99] 장자는 여기서 "천지의 정기正氣를 타고 육기六氣의 변화를 따르면서 끝없는 곳에서 노니는 자"[100], 즉 지인·신인·성인과 "구름을 타고 비룡을 몰아 사해 밖에서 노니는"[101] 막고야산藐姑射山 신인의 자유로움을 설명하고 있으며, 「응제왕편」에서는 조물자(자연)와 벗이 되어 까마득히 높이 나는 새를 타고 육극六極 밖에 나가 '무하유지향無何有之鄕'에서 노닐고 광막한 들에서 사는 무명인無名人의 경지를 설명하고 있다.[102] 그러나 이것들은 실제 사실을 설명하는 것이 아니라 세속의 인의·시비·명리·

귀천·생사·존망 등에 대한 집착으로부터 벗어남으로써 얻어지는 개인의 정신적·심리적 자유에 다름 아니다.

그러나 장자는 개인적이고 정신적인 측면의 자유에만 관심을 기울인 것은 아니다. 그는 개인뿐만 아니라 전 인류가 모든 억압과 속박으로부터 해방된 자유로운 삶을 영위할 수 있는 이상사회, 즉 '지덕지세至德之世'의 청사진을 그리고 있다. 앞에서 지덕지세에 관하여 언급한 적이 있지만, 여기서는 그것이 모든 사람의 자유와 평등이 보장되는 해방 공간을 의미한다는 점에 초점을 맞추어 분석해 보기로 한다.

장자의 이상사회론은 주로 외·잡편에 분포되어 있다. 특히 이상사회를 지덕지세라고 표현하고 있는 곳은 「마제편」, 「거협편」, 「천지편」 등이다. 그러나 이 밖에 「선성편」, 「산목편」, 「도척편」, 「양왕편」 등에서도 지덕지세라는 말을 쓰지는 않지만 이상사회를 설명하고 있다. 최대화에 따르면 장자의 이상세계(至德之世)의 명칭은 다음과 같이 두 가지 유래를 가지고 있다. ①고대 씨족, 혹은 지방국가에서 빌어온 명칭이다. 예를 들면 『춘추좌씨전』의 "재신이 대정씨의 창고에 올라가 멀리 바라보았다"[103]라는 기사에 대하여 두예杜預는 "대정씨는 옛 나라 이름으로 노 나라 성안에 있었는데 노 나라에서는 그곳에 창고를 지었다"[大庭氏, 古國名, 在魯城內, 魯於其處作庫]라고 주석하였다. 또 춘추시대의 '진방암晋邦盦'의 명문銘文에는 "황조 당공이 무왕을 도와 널리 사방을 다스렸으니 대정에 이르기까지 (조공을 바치러)오지 않는 나라가 없었다"[『三代吉金文存』: 皇祖唐公, 左右武王, 廣治四方, 至於大庭, 莫不來□]라는 기록이 있다. 이러한 기록들은 대정씨大庭氏가 주 나라 초기의 지방국가 명칭임이 확실하다는 것을 보여 준다. 따라서 『장자』 「거협편」에 대정씨와 함께 나오는 용성씨容成氏, 백황씨伯皇氏, 중앙씨中央氏, 율륙씨栗陸氏, 여축씨驪畜氏, 헌원씨軒轅氏, 혁

서씨赫胥氏, 존로씨尊盧氏, 축융씨祝融氏, 복희씨伏戲氏, 신농씨神農
氏 등은 모두 종주시대宗周時代의 옛 나라 이름이라는 것을 유추할
수 있다. ②인류가 동물 상태로부터 이탈한 최초의 행위방식으로부터
유래한 명칭이다. 예를 들면 원시사회의 생활에 대하여『예기』에서는
"집이 없어서 겨울에는 굴에 들어가 살았고 여름에는 나무 위에 둥지
를 만들어 살았다. 아직 불로 익혀먹을 줄 몰라 초목의 열매를 먹고
조류나 짐승의 고기를 먹고 피를 마시고 털을 씹었다. 베옷이나 실이
없어서 동물의 깃이나 털옷을 입었다"[104]라고 기록하고 있으며,『한비
자』에서는 "상고시대에는 사람은 적고 금수는 많았기 때문에……"[105]
라고 묘사하고 있는데, 원시사회에 대한 이러한 관념은 전국시대에 유
행하던 것임을 알 수 있다. 즉 전국시대의 사상가들은 동물상태에서
이탈한 최초의 인간 모습을 소거巢居, 불의 사용, 경작 등이라고 생각
하였다. 장자의 '유소씨지민有巢氏之民', '지생지민知生之民', '수인씨
지민燧人氏之民', '신농지세神農之世' 등은 이러한 상태를 표현하는 것
이다.[106] 위와 같이 두 가지 유래를 갖는 갖가지 명칭의 의미는 각각에
따라 약간씩 달라지기도 하지만 지덕지세는 여러 상이한 명칭들을 포
괄, 대표할 수 있다는 점에서 이 책에서는 지덕지세라는 명칭으로 통
일하여 사용한다.

　내편에서 개인의 정신적 자유의 세계를 의미하는 '무하유지향'은 외·
잡편에서 모든 인류의 자유와 평등의 세계를 의미하는 '지덕지세'로 대
체되고 있음을 알 수 있다. 즉 장자에서의 이상적 삶의 규모는 '아무
할 일도 없는 마을'이라는 작은 규모에서 '최고의 덕이 실현되는 세상'
(혹은 '모든 사람들의 본성이 완전히 발휘되는 세상'), 즉 '세계'로 바뀌
고 있다.[107] 지덕지세로 대표되는 장자의 이상세계는 무하유지향과는
달리 현실 정치에 대한 강한 비판과 함께 제기된다. 이것은 지덕지세가

개인의 관념이나 과거의 시간 속에만 머물러 있는 세상이 아닌, 현실적 불평등과 부자유를 극복할 수 있는 유일한 대안으로, 반드시 이루어야 할 미래의 세상으로 제기되고 있음을 보여주는 것이다.

내 생각에는 천하를 잘 다스리는 자는 그런 짓을 하지 않는다. (이상적인 사회의) 백성들에게는 자연으로부터 부여받은 참된 본성이 있다. (그 가운데 하나는) 스스로 옷을 짜서 입고 밭을 갈아먹는 것인데, 이를 자연적 본성과의 일치[同德]라고 한다. (또 다른 하나의 특징은) 모든 사람이 한결같아서 편을 가르지 않는 것인데, 이것을 자연으로부터 부여받은 자유[天放]라고 한다. 따라서 지덕지세의 사람들은 걸음걸이가 느릿느릿하고, 시선이 또렷했다. 이때 산에는 작은 길도 없고 물에는 배나 다리도 없었다. 만물은 무리 지어 생겨나서 서로 뒤섞여 살았다. 새와 짐승은 떼를 이루고 초목은 마음껏 자랐다. 그러므로 짐승은 끈을 매서 함께 놀 수가 있었고 까치둥지에 올라가 그 속을 들여다 볼 수가 있었다. 모든 인간이 자연적 본성에 따라 살아가는 세상에서 인간은 동물과 함께 생활하였고 만물과 함께 섞여 있어 구분이 없었으니, 어떻게 군자나 소인의 구별을 알았겠는가? 멍한 상태로 아무 지식도 갖지 않았기 때문에 자연적 본성을 잃지 않았다. 멍한 상태로 아무 욕망도 없기 때문에 소박하다 할 수 있었다. 소박하므로 곧 백성의 자연스러운 본성도 온전했다.

吾意, 善治天下者, 不然. 彼民有常性. 織而衣, 耕而食. 是謂同德. 一而不黨, 命曰天放. 故至德之世, 其行塡塡, 其視顚顚. 當是時也, 山無蹊隧, 澤無舟梁. 萬物群生, 連屬其鄕. 禽獸成群, 草木遂長. 故其禽獸可係羈而遊, 鳥鵲之巢可攀援而闚. 夫至德之世, 同與禽獸居, 族與萬物竝. 惡乎知君子小人哉. 夫至德之世, 同與禽獸居, 族與萬物竝. 惡乎知君子小人哉. 同乎無知, 其德不離, 同乎無欲, 是謂素樸. 素樸而民性得矣.(「馬蹄篇」)

옛날에는 새나 짐승이 많았고 사람이 적었다. 그래서 사람들은 모두 나무 위에 집을 짓고 살면서 짐승의 해를 피했고, 낮에는 도토리나 밤을 주워 먹고 밤에는 나무 위에 올라가 잠을 잤다. 이 때문에 이들을 유소씨有巢氏의 백성이라 부른다. 옛날 사람은 옷이라는 것을 몰랐고 여름에 장작을 많이 쌓아 두었다가 겨울에 땠다. 이 때문에 이들을 '살아갈 줄 아는 백성'[知生之民]이라 부른다. 신농씨 시대의 사람들은 누우면 편안하고 일어나면 자유로운 생활을 누렸다. 그들은 자기의 어머니는 알아도 아버지를 몰랐으며, 사슴과 같은 동물과 함께 살았다. 그들은 밭을 경작하여 먹고살고 옷감을 짜서 옷을 만들어 입으면서 서로 해치는 마음을 품지 않았다. 이것이 지덕至德이 번성한 세상이다.

古者禽獸多而人民少. 於是民皆巢居以避之, 晝拾橡栗, 暮栖木上. 故命之曰有巢氏之民. 古者民不知衣服, 夏多積薪, 冬則煬之. 故命之曰知生之民. 神農之世, 臥則居居, 起則于于, 民知其母, 不知其父, 與麋鹿共處, 耕而食, 織而衣, 無有相害之心. 此至德之隆也.(「盜跖篇」)

'지덕지세'는 노예제사회도 봉건제사회도 아닌, 지배하는 자와 지배받는 자의 구별이 나타나기 이전의 원시공동체 사회를 모델로 한 것이지만, 장자의 이상이 가미된 형태를 띠고 있다. 위의 인용문에서도 알수 있듯이 장자가 제기한 이상사회의 가장 큰 특징은 인간의 자연적본성이 모든 사회적·문화적 제약을 받지 않고 타고난 그대로 유지되도록 한다는 데 있다. 위의 두 번째 인용문에서 동물과 거의 구분이 없는 채집경제 시대, 불을 사용하기 시작한 시대, 농사를 짓기 시작한 시대 등 세 가지의 시대가 구분 없이 모두 '지덕이 번성한 시대'로 묘사되고 있는 점에 주목하여야 한다. 장자의 이러한 표현은 역사의 객관적 발전 과정과 일치하는데, 지덕지세는 문화적으로 극히 저급한 단계에 속하며, 사적 소유가 발생하기 전 단계에 속한다. 장자에 따르면바로 이러한 세상이야말로 인간사회의 가장 바람직한 본연의 모습, 즉지덕지세이다. 앞의 두 번째 인용문을 다음의 진술과 비교해 보자.

옛날 사람은 혼돈 속에서 살았으며 모든 세상 사람들과 함께 깨끗하고 고요한 생활을 하고 있었다. 이러한 시대에는 음양은 조화를 이루어안정되었고, 귀신은 소란을 피우지 않았고, 사시는 절도를 유지하였고,

만물은 상해를 입지 않았고, 뭇 생명들은 요절하지 않았다. 사람들은 지식이 있어도 그 지식을 쓸데가 없었다. 이 상태를 자연과의 완전한 일치라고 한다. 이러한 시대에는 사람들이 의식적으로 무언가를 하려고 하지 않고 항상 저절로 (본능적으로) 행위하였다. 자연적 본성이 쇠퇴해갈 때 수인燧人과 복희伏羲가 천하를 다스리기 시작하자 사람들은 자연의 질서에 순응하기는 하지만 그것과 일치될 수는 없었다. 자연적 본성이 좀더 쇠퇴하고 신농神農과 황제黃帝가 천하를 다스리게 되자 사람들은 자연적 질서를 좋다고 여기지만 그에 순응할 수 없게 되었다. 자연적 본성이 좀더 쇠퇴하고 요堯와 순舜이 천하를 다스리게 되자 (이때부터) 정치와 교화의 기풍이 시작되었고 (백성들은) 순박함이 파괴되었으며 자연적 질서를 이탈하여 인위적 행위를 일삼았고 자연적 본성을 해치면서 의식적 행위를 일삼게 되었다. 그런 뒤로 사람들은 타고난 본성을 버리고 각기 의식[心]을 따르게 되었으며 서로의 마음속을 엿보아 천하는 안정될 수 없었다. 그 후 화려한 언어와 풍부한 지식을 덧붙였으나 화려한 언어는 소박한 본성을 잃게 하고 풍부한 지식은 사람의 마음을 빼앗았다. 그런 뒤로 백성들은 혼란에 빠지기 시작하여 본래의 타고난 자연적 본성으로 돌아가 처음의 모습을 회복할 수 없게 되었다.

古之人, 在混芒之中, 與一世而得澹漠焉. 當是時也, 陰陽和靜, 鬼神不擾, 四時得節, 萬物不傷, 群生不夭. 人雖有知, 無所用之. 此之謂至一. 當是時也, 莫之爲而常自然. 逮德下衰, 及燧人伏戱始爲天下. 是故順而不一. 德又下衰, 及神農黃帝始爲天下. 是故安而不順. 德又下衰, 及唐虞始爲天下, 興治化之流, 澆醇散朴, 離道以善, 險德以行. 然後去性而從於心. 心與心識, 知而不足以定天下. 然後附之以文, 益之以博. 文滅質, 博溺心. 然後民始惑亂, 無以反其性情, 而復其初.(「繕性篇」)

여기서 장자는 인간이 아무런 사회적 의식도 갖지 않은 원시적 자연 상태로부터 수인燧人과 복희伏羲, 신농神農과 황제黃帝를 거쳐 요순堯舜의 시대에 이르기까지 의식의 분화 과정을 설명하고 있는데, 내가 특히 주목하고자 하는 것은 장자가 전혀 의식이 없는, 즉 혼돈 속에서 산 '옛날 사람'[古之人]의 상태를 가장 이상적으로 생각하고 있기는 하지만, 요순 이전, 즉 신농과 황제의 시대까지는 '반기성정反其性情'(자연적 본성의 회복), 혹은 '복기초復其初'(처음 상태의 회복)할 가능성이 있음을 인정하면서 이 시대까지를 긍정하고 있다는 점이다.

앞에서 말한 지덕지세의 '지덕'이란 바로 타고난 본성(혹은 생명)의 완전한 보존을 의미한다. 이러한 세상에 사는 사람들은 무지·무욕한 생활을 한다는 점에서 모두 지인至人이라고 할 수 있다. 즉 「소요유편」과 「재유편」의 '무기無己',[108] 「제물론편」의 '상아喪我',[109] 「재유편」의 '망기忘己'[110] 「대종사편」과 「외물편」의 '양망兩忘'[111] 등은 모두 지인至人이라는 이상적 인격의 의식 상태를 설명하는 말이다. 이것들은 모두 지인이 인의, 시비, 명예욕, 이욕 등뿐만 아니라 '자의식'(Self-consciousness)이 없다는 점을 분명하게 보여주는 말들이다. 이런 점에서 지인의 의식 상태와 지덕지세를 사는 일반 사람들의 그것은 일치한다고 보아야 한다. 장자에 따르면 지덕지세의 사람들은 자연 상태로 주어진 모든 것을 즐기고 만족할 줄 알며 그 밖의 것에 대해서는 알지도 못하고, 따라서 욕망도 없다. 즉 지덕지세의 "백성들은 새끼줄을 묶어 기호로 사용하고 자신들에게 주어진 음식을 맛있게 먹으며, 자신들이 입고 있는 옷을 훌륭하게 생각하고 자신들의 풍속을 즐기며, 자신들이 살고 있는 집을 편안하게 생각한다. 이웃 나라를 서로 바라다보고 있으며, 닭이나 개 울음소리가 서로에게 들리지만 백성들은 늙어 죽을 때까지 오가지 않는다."[112]

장자의 지덕지세는 대부분 과거의 원시공동체 사회를 모델로 하고 있지만, 「산목편」에서는 현실적으로 존재하는 원시적 사회를 소개하고 있다. 시남의료市南宜僚가 노 나라 임금을 만나 다음과 같이 그곳의 실정을 설명하면서 그와 같은 사회를 실현할 것을 권하고 있다. "남월南越에 건덕지국建德之國이라는 나라가 있는데, 그곳 백성들은 우매하고 소박하며 사심이나 욕망이 적고 경작할 줄은 알면서도 저장할

줄 모르며, 남에게 무언가를 줘도 보답을 바랄 줄 모르고 의로운 것이
좋은 것인 줄 모르며 예를 실천할 줄도 모릅니다. 그들의 행동은 거칠
것 없이 마음대로인데도 대도大道에 맞습니다. 그들의 삶은 즐거움이
넘치고 죽으면 묻힐 뿐입니다."113) 남월은 지금의 광동지방과 광서지
방을 가리키는데, 『서경』 「우공편」의 '구주지역九州之域'이나 『주례』
의 '직방지한職方之限'에서도 제외될 정도로 중원지방에서 멀리 떨어
진 매우 낙후된 지역이었다.114) "남만南蠻의 왜가리같이 떠벌이는 사
람"이라는 맹자의 비난115)에서도 알 수 있듯이 유가에서는 남월인뿐만
아니라 초나라 사람까지 매우 천시하였다. 그러나 장자는 오히려 이들
의 사회를 이상적 사회로 묘사하면서 유교의 본고장인 노 나라에 가서
유교적 정치를 펴고 있는 그곳 임금에게 유교적 풍속을 버리고 도가의
도를 실천하도록 설득하는 초 나라 사람 시남의료를 가상적으로 만들
어 낸 것이다.116)

이상에서 설명한 지덕지세는 다음과 같이 네 가지 가지 특징을 가지
고 있다.117) 첫째, 지덕지세는 정치적으로 지배하는 자와 지배 받는 자
의 구별이 없고 국가 기구도 없다. 즉 지덕지세에서는 어떠한 작은 이
익집단도 없고[一而不黨], 군자나 소인이라는 사회적 차별도 존재하지
않으며, 사람들 사이에 경쟁 관계도 성립하지 않고 폭력도 존재하지
않는다. 그러므로 사람들은 "남을 해치려는 마음을 먹지 않고"[無有相
害之心], "남을 망하게 해서 자기의 성공을 도모하려 하지 않고, 남을
비천하게 만들어 자기의 출세를 도모하지 않으며, 시운을 만나 자기
이득을 얻으려 하지도 않는다."118)

둘째, 경제적으로 채집경제, 혹은 원시적 농업경제가 이루어진다.
"낮에는 도토리나 밤을 줍고 밤에는 나무 위에 올라가 잠잔다"거나
농사를 지을 줄은 알아도 그것을 저장할 줄은 모르는 상태로서 사유라

는 것이 존재할 수 없다. 따라서 지덕지세에서는 수탈도 없다[無求]. 이 사회는 또 공동노동·공동분배[共利共給][119]의 원칙이 적용되는 자급자족적 사회[耕而食, 織而衣]인데, 그것은 바로 '자연적 본성과 일치되는 삶[同德]의 조건이다. 그러나 그러한 노동은 강제적이라기보다 자발적으로 이루어지며, 모든 사람이 노동에 참여한다. 노동은 장자에게서 매우 특별한 의미를 가지고 있다. '노동'이라는 말이 『장자』「양왕편」에서 처음 쓰인 데서도 알 수 있듯이 그는 노동을 매우 중시하고 있다. 순 임금이 선권善卷에게 천하를 넘겨주려 하자 선권은 사양하면서 그 이유를 다음과 같이 들었다. "저는 이 우주 한 가운데 위치하여 겨울에는 모피를 입고 여름에는 갈포옷을 입습니다. 봄에는 땅을 갈아 씨를 뿌리고 (여름이면) 육체는 노동하기에 충분하고 가을에는 곡식을 거두어들이고 (겨울이면) 몸을 충분히 쉬면서 먹을 수 있습니다. 해가 뜨면 일하고 해가 지면 쉬면서 천지 사이에 자유롭게 살며 마음은 흡족합니다. 제가 무엇 때문에 천하나 다스리는 일을 하겠습니까?"[120] 선권의 해명 속에서 노동은 육체적·정신적 자유의 조건으로 설명된다. 노동이란 자연물을 변화시키는, 즉 인간이 생활자료를 획득하기 위해 자신에게 적합한 형태로 자연물을 변화시키는 유목적적 행위를 말한다. 인위적인 것으로 자연적인 것을 손상하지 말아야 한다는 것[無以人滅天]을 주장하고, 인간의 모든 의식적·유목적적 행위를 부정하는 장자철학의 일반적 원칙에 비추어볼 때 노동은 부정되어야 마땅하다. 그런데도 장자는 직접 노동에 종사하는 사람들의 삶을 미화하고, 나아가 공자와 같이 노동하지 않는 지식인들을 비난하기도 한다.

이는 저 노 나라의 교활하고 위선적인 사람 공자가 아니냐? 그렇다면 내 대신 가서 이렇게 전해라. 너는 말을 만들고 꾸며내서 함부로 문왕과 무왕을 들먹이고, 요란스럽게 장식한 관을 쓰고, 소가죽으로 만든 허리

띠를 띠고 다니면서 틀린 소리를 자꾸 지껄인다. 너는 농사도 짓지 않으면서 음식을 먹고, 옷감도 짜지 않으면서 옷을 입는다. 그리고 입술과 혀를 놀려 함부로 시비를 논하여 천하의 군주를 미혹에 빠뜨리고 천하의 학사들을 그 원래 뿌리로 되돌아가지 못하게 하며 멋대로 효제孝悌라는 것을 만들어내서 제후나 부자들에게 요행을 바라고 있다.

此夫魯國之巧僞人孔丘非邪. 爲我告之. 爾作言造語, 妄稱文武, 冠枝木之冠, 帶死牛之脅. 多辭謬說. 不耕而食, 不織而衣. 搖脣鼓舌, 擅生是非, 而迷天下之主, 使天下學士, 不反其本, 妄作孝悌, 而儌倖於封侯富貴者也.(「盜跖篇」)

「도척편」의 이 인용문에서 장자는 도척의 입을 빌어 다소 거칠게 공자를 비판하고 있다. 그러나 실은 그가 말하고 싶은 것은 공자에 한정된 것이 아니라 위정자나 그에 빌붙어 백성들을 억압하고 수탈하는 데 앞장서면서 노동을 천시하는 교활한 지식인을 싸잡아 비판하고 있는 것이다. 『장자』에 나오는 많은 기능인들은 대부분 육체 노동에 종사하는 자들이라고 할 수 있는데, 장자는 이들에 대하여, 그리고 이들의 기술에 대하여 찬양하고 있다. 우리는 물론 의식이 없는 노동, 즉 '최초의 동물적이고 본능적인 노동형태들', 다시 말하면 본능적 수준에서 진행되는 노동이 인간에 의해 행해질 수 있다는 것을 인정해야 하지만, 그것은 합목적적 활동으로서의 노동의 범주에서 제외된다. 장자 철학에서는 자연에의 복종과 무의식적 행위가 강조되지만 그것은 보다 큰 원칙, 즉 '타고난 생명의 완전한 보존'이라는 대원칙에 따르기 위해서, 즉 인간의 생존을 위한 가장 기초적인 수단으로서의 노동이 인정되는 것이다. 장자는 인간에게 있어 '색色'·'미味'·'성聲'·'취臭' 등은 생명 활동을 위한 필수적 요소이지만, '오색五色'·'오미五味'·'오성五聲'·'오취五臭' 등은 오히려 인간의 자연적 본성과 생명을 해치는 것이라고 하여 부정하고 있다.[121] 이와 마찬가지로 그는 생명활동을 위한 필수적 수단으로서의 '자급자족적 노동'을 중시하고 또 그것을 자연적인 것으로 생각하지만, 잉여 생산이 가능한 노동에 대해서는 부정한다. 이것은 기계의 사용 등을 통한 생산성의 향상에 그가 부정적인 태도를 취하고 있는 점이나,[122] 경작은 하되 저장할 만큼 하지 않는 것[知作而不知藏]을 이상적으로 생각한 점 등에서도 확인된다. 이것은 그가 생명활동을 위한 자급자족적 노동은 필수적이지만, 잉여산물이 축적될 정도의 노동은 오히려 불평등을 초래하고 결국 자연스러운 삶 그 자체를 위협한다고 생각하고 있기 때문인 것으로 풀이된다. 말하자면 장자철학에서 자급자족적 노동은 인간에게 있어서 자연스러운 행위이고, 그것은 또 인간의 생명활동과 자연적 본성의 유지를 위한 가장 기본적인 조건 가운데 하나이며, 인간이 자연으로부터 부여받은 자유를 누릴 수 있는 필수적 수단의 하나로 간주되고 있다.

앞의 순과 선권의 이야기로 다시 되돌아가 보자. 「양왕편」이 생명 존중 사상을 중심으로 전개되고 있는 점과 「양왕편」 전체의 흐름을 감안한다면 장자에 있어서 노동은 바로 생명활동의 근본이며, 자유의 조건으로서 지식이나 인의 등과는 대립하는 것으로 이해되고 있음을 알 수 있다. 개인의 자유를 결정짓는 노동이 지덕지세에서는 모든 사람에 의해 수행된다는 것은 바로 모든 사람이 육체적, 정신적으로 자유로울 수 있는 조건을 구비하고 있다는 점을 말하는 것이다.

셋째, 백성의 일상적인 생활의 측면에서 보면, 지덕지세의 사람들은 정신적으로든 물질적으로든 무지몽매한 생활을 한다. 그들에게는 아무런 도덕적·사회적 책임이 주어지지 않으며, 오직 자연 속에서 태어나 자연 속에서 살고 자연 속에서 죽어 간다[其生可樂, 其死可葬]. 그들의 삶은 동물의 그것과 거의 구별되지 않는다. 즉 "만물이 하나의 무리를 이루어 함께 이웃하여" 살며, "새와 짐승을 끈에 매어 놀 수가 있고 까치 둥지에도 올라가 그 속을 들여다 볼 수"도 있다. 따라서 사람뿐만 아니라 동식물들도 타고난 그대로의 생명을 손상 받지 않고 천수를 누릴 수 있으며[123] 자연스럽고 자유로운 삶을 살 수 있다[天放]. 이처럼 그들의 삶에서는 모든 문명적인 것이 배제된다. 백성들은 문자 대신 노끈을 묶어 사용하고, 산에는 길이 없고 물에는 배도 다리도 없다. 그러나 그러한 생활은 그들에게 아무런 불편이나 불안, 불만이 없는 것으로 받아들여진다.

넷째, 지덕지세의 백성들에게는 사회적으로 형성된 의식이 없으며[124], 자신의 행위에 대한 반성도 없다.[125] 그러므로 무언가를 하더라도 흔적이 없고, 후세를 위해 물려주는 것도 없다.[126] 그들은 일차적 욕망만 충족시킬 줄 알며, 그 이상의 욕망은 알지도 못하고 추구하지도 않는다. 그저 "먹을 것을 입에 넣고는 기뻐하면서 배를 두드리며 놀 뿐"[127]이다. 윤리나 도덕에 관한 의식도 없지만, 그렇다고 부도덕하거나 비윤리적인 사회는 아니다. 즉 지덕지세의 백성들은 "행동이 단정하면서도 그것이 의義라는 것을 알지 못하고, 서로 사랑하면서도 그것이 인仁이라는 것을 알지 못하며, 진실하면서도 그것이 충忠이라는 것을 알지 못하고, 언행이 일치하면서도 그것이 신信이라는 것을 알지 못하며, 동물처럼 (아무 생각 없이) 움직이면서 서로 도와주더라도 은혜를 베푸는 것이라고 생각하지 않는다."[128] 이것은 바로 노자의 "의식을 비우게 하고, 배를 채우게 해야 한다"[129]는 주장과 일치한다. 노장에 있어서 일차적 욕망 이외의 것은 모두 부정된다. 그것은 바로 인간의 자연적 본성을 질곡하는 것이 되며 불평등과 부자유의 근원이 된다고 생각하기 때문이다.

만인의 자연스러운 삶, 즉 모든 사람이 자유롭고 평등한 삶을 살 수 있는 지덕지세는 무하유지향과도 구별되며, 여타 학파의 이상세계와도 구별된다. 이제까지 대부분의 연구자들은 인간의 자유에 대한 장자의 견해를 주로 무하유지향과 같은 개인적·정신적인 측면에 한정하여 논의하였다. 그러나 장자에 있어서 인간을 속박하는 모든 억압으로부터의 해방은 두 가지 측면에서 설명된다는 것이 간과되어서는 안 될 것이다. 그 한 가지는 개인적인 측면이고, 다른 한 가지는 사회적인 측면이다. 전자의 경우는 앞에서 살펴본 것과 같이 심재·좌망, 안명·체서 등의 방법으로 도달할 수 있는 개인의 정신적 자유이고, 후자의 경우는 절성기지·무위지치 등을 통해 실현될 수 있는 인류의 자연적·원시공동체적 삶, 즉 지덕지세이다. 이 두 가지는 동시에 주장된 것이 아니라 후자가 전자보다 시기적으로 나중의 것이며, 보다 발전된 형태의 것으로 생각된다. 그러나 이 두 가지 모두에 공통되는 것은 개인이나 사회의 본래의 모습, 즉 타고난 자연 상태의 모습을 회복하자는 데 있다.

무하유지향과 지덕지세에 공통하는 특성, 즉 인간의 타고난 자연 상태를 존중하고 그 상태에 아무런 외적 강제도 부여해서는 안 된다는 장자 이상세계의 특성은 다른 학파에서 제기된 이상세계와 근본적으로 구별지어 주는 것이다. 이 점을 확인하기 위하여 유가와 묵가의 이상사회에 대한 견해를 간략하게 살펴보기로 한다.

유가의 대표적 이상사회는 대동사회大同社會이다. 『예기』「예운편」의 두 번째 단락에 묘사된 세계가 대동사회에 대한 기록의 전부이다.

대도大道가 실행되면 천하는 공적 소유가 된다. 현자와 유능한 자를 뽑아서 신의信義와 화목和睦의 도덕을 가르치게 한다. 그래서 사람들은 자기의 부모만을 친애하지 않으며 자기의 자식만을 사랑하지는 않는다. 노인들은 편안히 인생을 마칠 수 있고, 젊은이들은 자기 능력을 충분히 발휘할 수 있고, 어린이들은 잘 양육 받을 수 있고, 홀아비나 과부, 고아나 자식 없는 노인 및 병든 사람들은 모두 부양을 받을 수 있다. 남자는 모두 직업을 갖고 여자는 모두 결혼한다. 재물이 땅에 버려지는 것을 싫어하지만 결코 자기의 소유로 삼지 않는다. 자기가 노동에 참여하지 못하는 것을 싫어하지만 결코 자기만을 위해서 일하지는 않는다. 이 때문에 음모가 일어날 틈이 막혀 버리고, 도둑이나 폭도도 발생하지 않는다. 그러므로 바깥문은 잠그지 않는다. 이것이 바로 대동세계이다.

大道之行也, 天下爲公, 選賢與能, 講信修睦. 故人不獨親其親, 不獨子其子, 使老有所終, 壯有所用, 幼有所長, 矜孤寡獨廢疾者皆有所養, 男有分, 女有歸. 貨惡其棄於地也, 不必藏於己. 力惡其不出於身也, 不必爲己. 是故謀閑而不興, 盜竊亂而不作, 故外戶而不閉. 是謂大同.(『禮記』「禮運篇」)

여기서 '대동'은 평화를 의미한다. 따라서 대동세계란 매우 평화로운 세계라는 뜻이다. 이 세계에서는 현자와 유능한 자가 존중되고 도덕이 철저하게 실천된다. 또 권리와 의무라는 형식적 평등의 관계를 넘어서서 실질적으로 모든 사람들이 서로 협조하고 사랑한다.[130] 『예기』에서는 그러나 이러한 대동사회는 공적 소유였던 천하가 개인의 소유로 전환되고, 무차별 평등박애가 차별애로 바뀌고 공동노동·공동소유가 사유재산과 개별 노동으로 대체되면서 파괴되었다고 설명한다.[131] 초기 유가에서 『예기』를 제외하면 대동사회에 대한 언급이 없다는 점과 "군주는 군주다워야 하고 신하는 신하다워야 한다"[132]라든가, "서인은 정사를 논의해서는 안 된다"[133]라는 생각을 가진 공자의 귀족적이고 전제적인 정치적 태도와는 모순된다는 점[134], 묵자의 겸애를 '아버지 없는 사람'[無父]의 주장이라고 비판한 맹자의 사상과 배치된다는 점 등에서 볼 때 그것을 유가를 대표하는 이상사회라고 할 수 있을지 의문스럽기도 하다. 그러나 공자의 사상에서도 비록 모순적이기는 하지만 "널리 베풀고 많은 사람을 구제"하는 것을 극찬한 것이나[135], 맹자도 "내 집안의 노인을 공경하는 마음을 남의 집 노인에게까지 확대하고, 내 집안의 어린아이를 보살피는 마음을 남의 집 어린아이에게까지 확대한다"(「양혜왕상편」)는 것을 이상으로 생각하고 있다는 점에서 대동사회의 이상을 유가에서 제외시킬 필요는 없을 것 같다.

묵자는 겸애와 교리, 즉 정치적·경제적 평등이 실현되는 사회를 이상적인 사회라고 주장한다. 그러한 이상이 실현되는 사회, 혹은 실현 방법으로 그는 상동사회를 들고 있다. 묵자는 사회의 모든 혼란은 '정장正長, 즉 정치적 지도자가 없는 데서 연유한다는 점을 지적하면서,136) 겸애와 교리를 실천할 수 있는 현능자를 뽑아 '정장'으로 삼아야 한다고 역설한다. 즉 묵자는 개개인의 타고난 이기심을 극복하고 겸애와 교리를 실천하여 천하의 이利를 실현하기 위해서는 동물의 세계와 같은 사회를 바르게 이끌어 갈 강력한 지도자가 필요하다고 보고 그 지도자를 '정장'이라고 한 것이다.137) 그가 주장한 상동사회의 특징은 첫째, '차별 없는 사랑'[愛無差等]이라는 겸애의 원칙이 철저히 적용되기 때문에 친소의 구분이 없다. 따라서 약자에 대한 강자의 억압도 없고 가난한 자에 대한 부자의 폭력도 없다. 둘째, 모든 사람이 공동노동을 하고 공동분배한다. 사람들은 각자의 능력에 따라 노동을 하고 충분한 재산이나 식량을 소유한다. 가진 자는 못 가진 자에게 재산을 나누어주고, 강한 자는 약한 자를 도와준다. 셋째, 전쟁이 없는 평화로운 세계이다. 넷째, 묵자가 제창한 상동사회는 '천하의 근심거리가 닥치기 전에 근심하는'[先天下之憂而憂] 영도자와 '임사任士'라고 불리는 구성원으로 조직된 일종의 종교단체이다.138)

일반적으로 대부분의 이상사회는 전쟁과 분쟁이 없는 평화로운 세상, 자유와 평등이 보장되는 세상으로 그려지기 마련이다. 위에서 살펴본 장자의 경우뿐만 아니라 유가나 묵가의 이상사회도 평화와 평등이 이상사회의 전제조건으로 설명되고 있다. 그러나 그 평화나 평등에 어떻게 도달하고 유지되는가 하는 것은 서로가 다르다. 장자의 입장에서 볼 때 유가의 대동세계나 묵가의 상동사회는 겸애나 인의 등의 외적 강제를 필요로 한다는 점에서 인간의 자연스럽고 자유로운 삶을 해치며, 현자와 유능한 자를 존중한다는 점에서 평등을 보장받을 수 없다. 유가(맹자)의 경우 대동세계가 궁극의 이상이긴 하지만 그것은 인, 즉 차별애를 통하여 평등이 실현된다고 강조한 점은 장자에 있어서는 극히 받아들이기 어려운 주장이며, 묵가가 열망하는 인인仁人에 의한 강력한 통치 체제 역시 장자에게는 결코 용납될 수 없는 발상이다. 그러한 것들은 이미 앞에서도 검토하였듯이 인간사회의 불평등을 조장하고 인간을 질곡하는 것에 다름 아니다. 장자의 지덕지세에서 요구되는 것은 인의나 겸애의 실천을 통해 도달되는 것도 아니며, 현능자賢能者나 정장正長의 교화, 혹은 지배에 의한 것도 아닌, 자연 상태 그대로인 것이다.

공자는 "(인간)은 새나 짐승과 함께 어울려 살 수 없다"[139]는 점을 강조하면서 자연에 묻혀 생산 노동에 종사하는 이른바 은둔자들을 비판하였다. 맹자는 "배불리 먹고 따뜻한 옷을 입으며 편안히 생활하면서 교육을 받지 않으면 동물에 가깝기"[140] 때문에 인륜이 필요하다고 설명한다. 인간과 동물을 구별지어 주는 도덕적 원리(仁·義·禮·智 등 四德)의 확충을 통해 인간이 동물 상태에서 벗어나야 한다는 것이다. 그리고 "옛날, 사람들이 원시적 생활을 하고 법률이나 제도가 발생하지 않았을 때는 사람마다 주장이 달랐다.……천하는 동물의 세계와 같이 어지러웠다"[141]라는 설명에서도 알 수 있듯이 묵자는 도덕도 없고 질서도 없는 인간의 동물 상태(자연 상태)를 부정적으로 설명한다. 이러한 견해들은 매우 상식적이고 당연한 것이다. 그러나 장자는 도덕이나 사회적 질서가 인간을 자연적 상태로부터 벗어나게 해 주는 것이고, 동물과 구별지어 주는 것임을 인정하지만, 그것이 반드시 모든 인간의 삶을 질적으로 고양시킨다는 주장에는 동의하지 않는다. 말하자면 장자의 입장에서 볼 때 유가나 묵가 등에서 강조하는 도덕이나 사회적 윤리 규범 등은, 앞에서도 살펴보았듯이, 인간의 자연적 본성에 근거한 것이 아닐 뿐만 아니라 개인의 삶을 질곡시킨다는 주장이다. 장자는 특히 그것들이 지배자의 백성에 대한 수탈과 강제의 도구로 이용될 수 있다는 점을 강조하려고 한다. 이런 이유에서 그는 상하·귀천의 등급 질서가 존재하지 않고, 심지어 동물과도 아무런 구분 없이 함께 뛰어 놀 수 있는 원시적 사회를 찬양하고 있는 것이다. 이것은 바로 개인이 자연적 본성을 그대로 유지하고 인류가 자연 상태로 남아 있는 것이 그의 강력한 희망임을 증거하고 있는 것이다. 아울러 그것은 그의 자유에의 열망이기도 하다.

5. 무위 정치와 자유

장자의 무위의 정치론은 위에서 설명한 자유와 평등의 사회를 현실 속에서 구현하기 위한 가장 구체적인 조치로서 제기된 것이다. 정치적 조치로서의 '무위'는 유가의 '예치'와 법가의 '법치'에 반대하여 나온 것이다. 예치와 법치에 대한 장자의 견해를 먼저 살펴보자.

전국시대에는 유가, 묵가, 법가, 도가 등이 서로 대립 관계에 있었다. 이들은 각기 이념과 출신 배경을 달리하면서 서로 치열하게 비판·대립하였다. 그 가운데서도 실제 정치 무대에서 영향력을 발휘하면서 가장 첨예하게 대립한 학파는 유가와 법가라고 할 수 있다. 그들은 구귀족과 신흥 지주의 대립에서 각각 한 쪽 진영에 기반하면서 권력다툼의 이론적 기초를 제공하였다. 그들의 주장은 법과 예, 변법과 반변법으로 요약된다. 장자가 활동하던 시대에는 전국적으로 법가를 주축으로 한 변법이 강력한 추진력을 가지고 진행되고 있었으며 변법에 반대하는 세력의 저항 또한 집요하였다. 인의예악에 의한 지배나 법률과 상벌에 의한 지배 모두를 비판한 장자의 주장은 당시의 이러한 변법운동과 깊은 관련을 가지고 있다.

삼군오병三軍五兵의 대군을 동원하는 것은 덕의 말짜이며 상이나 벌로 보상을 하거나 보복을 하고 오형五刑의 형벌을 시행하는 것은 교화教化의 말짜이다. 예제禮制와 법령 및 여러 가지 규정을 만들고 실제와 명분을 정밀하게 비교하여 검토하는 것은 정치의 말짜이다. 종이나 북등의 음악과 깃털이나 털 장식의 춤은 음악의 말짜이다. 곡을 하고 삼베옷을 입고 삼베로 머리띠를 두르고 복상에 차별을 두는 것은 상례의 말짜이다. 이 다섯 가지 말짜는 정신과 마음이 움직여야 비로소 발생하는 것들이다. 말짜 학문은 옛사람들에게도 있었지만 강조하지는 않았다.

三軍五兵之運, 德之末也. 賞罰利害, 五刑之辟, 教之末也. 禮法度數, 刑名比詳, 治之末也. 鐘鼓之音, 羽旄之容, 樂之末也. 哭泣衰経, 降殺之服, 哀之末也. 此五末者, 須精神之運, 心術之動, 然後從之者也. 末學者, 古人有之, 而非所以先也.(「天道篇」)

위에서 장자는 유가와 법가의 정치 방식을 모두 '말짜'[末]라고 비판하고 있다. 장자에 따르면 그런 것들은 정치의 도구일 뿐 정치의 정도는 아니다. 그것은 윗사람을 섬기기 위한 도구이지 아랫사람을 위한 정치의 방법이 아니라는 이유에서이다.[142] 장자의 이러한 비판은 앞의 절성기지와 같은 논리에서 출발한 것이다. 따라서 여기서는 중복을 피하기 위하여 유가나 법가의 정치론(특히 법가 계통의 변법가들에 의해 제기된 외적 강제에 의한 정치론)을 중심으로 장자의 비판을 검토해 보기로 한다.

하·은·주 세 왕조[三代] 이후로 위정자들은 소란스럽게 다투며 상벌을 능사로 여겨 왔다. 이러한 상황에서 백성들이 본래의 자연스러운 상태에 편안하게 머물러 있을 틈이 어디 있었겠는가? 눈이 밝은 것을 좋아하면 아름다운 색채에 현혹되고, 귀가 밝은 것을 좋아하면 음악에 현혹된다. 인仁을 좋아하면 자연적 본성[德]을 손상시키게 되고, 의義를 좋아하면 자연의 이치[理]에 어긋나게 된다. 예禮를 좋아하면 기교를 조장하게 되고, 음악을 좋아하면 탐닉을 조장하게 된다. 성인을 좋아하면 세속적 학문을 조장하게 되고, 지식을 좋아하면 남에 대한 비방을 조장하게 된다. 천하의 사람들이 모두 본래의 자연스러운 상태를 누리고 있다면 위의 여덟 가지 것들은 있어도 그만이고 없어도 그만이다. 천하의 사람들이 모두 본래의 자연스러운 상태를 누리고 있지 못한다면 위의 여덟 가지가 비로소 얽히고 설켜 세상을 혼란스럽게 만든다. 그런데도 세상 사람들은 그것을 존중하고 아낀다. 천하의 미혹이 이렇듯 심각하다.

自三代以下者, 匈匈焉終以賞罰爲事. 彼何暇安其性命之情哉. 而且說明邪, 是淫於色也. 說聰邪, 是淫於聲也. 說仁邪, 是亂於德也. 說義邪, 是悖於理也. 說禮邪, 是相於技也. 說樂邪, 是相於淫也. 說聖邪, 是相於藝也. 說知邪, 是相於疵也. 天下將安其性命之情, 之八者, 存可也, 亡可也. 天下將不安其性命之情, 之八者乃始臠卷傖囊而亂天下也. 而天下乃始尊之惜之. 甚哉, 天下之惑也.(「在宥篇」)

장자는 위의 예문에서 유가나 법가에서 주장하는 것과 같은 외적 강제를 중심으로 한 정치는 인간의 자연스러운 삶을 해치고 여러 가지 물욕을 조장하여, 결국 천하 혼란의 근본 원인으로 작용한다는 점을 지적하고 있다. 장자에 따르면 하왕조·은왕조·주왕조 등 세 왕조[三代]는 천하 혼란이 시작되는 시대이다.[143] 이 세 왕조에서 시작된 혼란은 정치적으로 인의예악이나 상벌을 수반한 법률로 나라를 다스린 데 그 원인이 있으며, 결과적으로 백성들은 무위·염담恬淡을 버리고 '본성을 깎고'[削其性], '자연성을 해쳐'[侵其德] 사회적 대혼란이 시작되었다는 것이다. 장자는 특히 법률적 강제를 통한 정치의 폐해에 대하여 다음과 같이 보다 구체적인 예를 들면서 그것이 누구의 잘못인가를 묻고 있다.

　(노자의 제자 柏矩가) 제 나라에 이르렀을 때 형벌로 죽은 시체를 보
았다. 그는 그 시체가 매달린 기둥을 밀어서 쓰러뜨리고 시체를 땅에 눕
힌 뒤 예복을 벗어 덮어 주고 하늘을 향해 통곡하였다. "그대여, 그대여,
세상에는 큰 재앙이 있는데 그대가 먼저 당했구나. (위정자들은) '도둑질
하지 말라', '살인하지 말라'라고 말하지만, 명예와 치욕을 구별하기 때문
에 사람들에게 병폐가 생기는 것이고, 재화가 모이기 때문에 다투게 되
는 것이다. 지금 (위정자들은) 사람들에게 병폐가 될 만한 것과 사람들
이 다툴 만한 것들을 한 곳에 모아 놓고 그들의 육체를 끝없이 괴롭히면
서 쉴 틈을 주지 않는다. 이런 형벌을 당하지 않으려 해도 그것이 가능
하겠는가?……(지금 위정자들은) 사물을 감추어 두고 알지 못하면 어리
석다 하고, 어려운 일을 만들어 놓고 용감하게 해 내지 못하면 죄를 뒤
집어씌우고, 중책을 맡기고는 감당하지 못하면 벌을 주고, 먼 길을 가게
하여 도달하지 못하면 죽여 버린다. (이 때문에) 백성들은 지식이 모자
라면 거짓으로 둘러댄다. 그래서 나날이 거짓이 많아지게 되었는데, 백
성들이 어떻게 거짓을 일삼지 않을 수 있겠는가? 대개 능력이 모자라면
거짓으로 둘러대고, 지식이 부족하면 남을 속이며, 재물이 모자라면 훔
치기 마련이다. 이러한 도둑질은 누구의 책임인가?"

　至齊, 見辜人焉. 推而强之, 解朝服而幕之, 號天而哭之, 曰, 子乎子乎,
天下有大菑, 子獨先離之. 曰, 莫爲盜, 莫爲殺人, 榮辱立, 然後覩所病, 財
貨聚, 然後覩所爭. 今立人之所病, 聚人之所爭, 窮困人之身, 使無休時. 欲
無至此, 得乎. 古之君人者, 以得爲在民, 以失爲在己, 以正爲在民, 以枉爲
在己. 故一形有失其形者, 退而自責. 今則不然. 匿爲物而愚不識, 大爲難
而罪不敢, 重爲任而罰不勝, 遠其塗而誅不至. 民知力竭, 則以僞繼之. 日
出多僞, 士民安得不僞. 夫力不足則僞, 知不足則欺, 財不足則盜, 盜竊之
行, 於誰責而可乎.(「則陽篇」)

　장자에 따르면 당시 사회의 이러한 총체적 혼란은 어리석은 군주나
간사한 신하로 대변되는 위정자들의 책임이다. 다소 거친 어조를 띤
다음과 같은 비판은 바로 이점을 지적한 것이다. "지금 어리석은 군주

와 혼란을 일으키는 관리들이 다스리는 세상에 살면서 고달프지 않기를 바란다고 그것이 어떻게 가능하겠는가?"[144] 『장자』에는 제 나라의 정치·사회에 대한 비판이 많이 등장한다. 제 나라는 전환공田桓公[145] 때 수도 임치臨淄에 직하학궁稷下學宮을 세워 각 국의 학자들을 초빙, 학문을 토론하도록 하였으며, 위왕威王 때는 법가 계통의 학자 추기鄒忌를 재상에 임명하여 정치·경제상의 개혁을 단행하였다. 이 개혁에서 직하 출신의 학자 순우곤淳于髡은 고문 역할을 담당하여 개혁의 목표와 방향을 결정하는 데 크게 기여하였다. 제 나라 개혁 정책은 다음과 같이 몇 가지로 요약된다.[146] ①상벌을 분명히 한다. ②인재를 중용한다. ③천하의 언로言路를 널리 개방한다. ④황무지를 개간하며 생산력 발전을 도모한다. ⑤군대를 정비하여 무력을 강화한다. ⑥법률을 정비하고 관리의 비리를 감독한다. 법가에 의해 주도된 변법의 목표는 항상 '부국강병富國强兵'과 왕권 강화였다. 제 나라도 예외는 아니다. 변법운동에서 노동력의 효율적 관리와 민중의 전면적 장악, 그리고 생산력 발전 등은 큰 비중을 차지하였다. "정치가와 사상가들은 모두 생산의 발전을 중시하였는데, 이것은 필연적으로 사회적 생산력 발전의 문제가 가장 중요한 위치에 놓이게 하였다. 생산력의 발전 없이 생산의 발전만 논의한다는 것은 공리공담에 불과하기 때문이다. 묵자의 '자신의 힘에 의존하는 자는 살고 자신의 힘에 의존하지 않는 자는 살지 못한다'라는 명제에서의 '힘'[力]은 노동력을 가리킨다. 이회李悝의 '토지의 생산력을 잘 이용해야 한다는 가르침[盡地力之教]은 한 걸음 더 나아가 '농사일에 근면을 권장하는'[治田勸勤] 문제를 제기하였다. 경제적 측면에서 볼 때 맹자의 '민이 귀하고 사직은 그 다음이다'라는 설명에서의 '민' 역시 노동력을 말한다. 이 밖에 상앙이 주장한 '벽지辟地'(황무지 개간 정책), '내민徠民'(백성의 이주 정책) 등은 보다 명확하게 농업 생산력을 발전시키는 중요한 요소인 노동력과 토지를 가장 필수적인 목표로 삼았음을 보여준다."147) 지주의 지배 질서를 강화함과 동시에 부국강병을 목표로 하는 변법운동은 그 자체로 사회적 생산력의 발전에 유리한 것이지만,148) 장자의 입장에서 볼 때 그것은 인간의 자연스러운 삶을 저해하는 극히 부적절한 정책 가운데 하나이다. 장자에 따르면 유가나 법가, 묵가 등에서 정치나 교화의 방법으로 중시하는 외적 강제력 없이도 사회는 그 자체로 자연이 부여한 일정한 법칙에 의해 잘 다스려지며, 오히려 그러한 강제력이 없을 때만 사회는 완전한 질서를 이루고 제 기능을 다한다.

> 천하에는 참된 질서 즉 상연常然이라는 것이 있다. 상연이란 예를 들면 다음과 같다. 굽어도 구鉤(곡선을 그리는 도구)에 의하지 않고, 곧아도 승繩(직선을 그리는 먹줄)에 의하지 않고, 둥글어도 규規(원을 그리는 컴퍼스)에 의하지 않고, 네모져도 구矩(직각을 그리는 도구)에 의하지 않고, 붙어도 아교나 옻칠에 의하지 않고, 묶여도 노끈이나 밧줄에 의하지 않고 본래부터 저절로 그런 것을 말한다. 그러므로 천하의 모든 것들이 제 모습을 가지고 생겨나지만 왜 그렇게 생겨나는지 모르고, 모두 각각의 본성을 지니면서도 왜 그러한 본성을 갖게 되었는지 모른다. 그러므로 예나 지금이나 일정함을 계속 유지하며 훼손되지 않는다. 그러니 어찌 인의를 아교나 옻칠, 노끈이나 밧줄처럼 줄줄이 늘어놓고 도덕의 세계에 노닐 수 있겠는가? 그러한 것들은 세상 사람들을 현혹시키는 짓이다.
> 天下有常然. 常然者, 曲者不以鉤, 直者不以繩, 圓者不以規, 方者不以矩, 附離不以膠漆, 約束不以纆索. 故天下誘然皆生, 而不知其所以生, 同焉皆得, 而不知其所以得. 故古今不二, 不可虧也. 則仁義又奚連連如膠漆纆索, 而遊乎道德之間爲哉. 使天下惑也.(「駢拇篇」)

위에서 장자는 인류사회의 고유의 질서, 즉 자연으로부터 부여받은 참된 질서를 상정하고 이를 '상연常然'이라고 부른다. 이것은 인간이 자연으로부터 부여받은 참된 본성을 '상성常性'이라고 하는 것과 관계가 있다. '상연'과 '상성'은 모두 아직 외부로부터의 자극이나 영향에 의해 물들거나 변화되지 않은, 즉 자연으로부터 타고난 그대로의 모습과 상태를 고스란히 간직하고 있는 것을 말한다. 따라서 이것들을 각각 '타고난 그대로의 질서', '타고난 그대로의 본성'이라고 부를 수 있을 것이다. 모든 사람이 '타고난 그대로의 본성'에 따라 살 수 있도록 보장해주는 사회가 바로 '상연常然'의 사회이며, 모든 사람이 '상성常性'을 따를 때 사회는 '타고난 그대로의 질서'에 의해 움직여간다는 것이다. 여기서 장자가 주장하고자 하는 것은 바람직한 정치는 자연 상태 그대로 두는 것이지 인의나 법률 등 외적 강제력을 필요로 하지 않는다는 것이다. 즉 인류사회가 자연으로부터 부여받은 질서에 따라 다스려질 때 모든 사람은 비로소 각자의 '상성'을 발휘할 수 있으며, 그러한 경우에만 사회는 진정한 질서를 유지할 수 있다는 것이다.

유가에서도 법치를 반대하고 이욕의 추구를 반대한다. 공자는 덕치·예치를 법치보다 우월하고 효율적인 것으로 설명하고 있으며,[149] 맹자는 지배자나 백성의 의식 속에 숨어 있는 이욕을 자극하는 어떠한 정책에도 반대한다.[150] 그러나 장자는 공자나 맹자 식의 주장마저 부정한다. 장자는 예가 도덕은 물론 인의보다도 못하다는 것을 다음과 같이 설명하고 있다.

　도가 상실된 뒤에 덕이 나타났고, 덕이 상실된 뒤에 인이 나타났고, 인이 상실된 뒤에 의가 나타났고, 의가 상실된 뒤에 예가 나타났다. 예라는 것은 도의 껍데기이고 혼란의 어머니이다. 그러므로 "도를 실천하는 자는 날마다 덜어낸다. 덜어내고 또 덜어내서 아무것도 하지 않음[無爲]에 이른다. 아무것도 하지 않으면서도 하지 않는 것이 없다"라고 한 것이다.
　失道而後德, 失德而後仁, 失仁而後義, 失義而後禮, 禮者道之華而亂之

首也. 故曰, 爲道者日損. 損之又損之, 以至於無爲. 無爲而無不爲也.(「知
北遊篇」)

이 말은 『도덕경』 제38장과 제48장의 글귀를 장자가 약간 변형하여
인용한 것이다. 여기서 흥미로운 것은 이 두 가지를 연계하고 있다는
점이다. 노자가 말한 '덜어내는'[損] 행위의 대상은 바로 예, 의, 인, 덕
등으로 해석되고 있는데, 장자는 예, 의, 인, 덕 등을 덜어냄으로써 무
위 즉 '아무것도 하지 않음'에 도달하는 것이라고 설명한다. 무위란
자연[天]의 속성을 설명하는 것 가운데 하나이다. 그것은 바로 무의식
적 작용을 의미한다. 예를 들면 "무위하면서도 존중되는 것이 천도이
고 유위하면서도 번거로운 것이 인도이다"[151], "무위를 실천하는 것을
천이라고 한다"[152], "하늘은 무위하기 때문에 맑을 수 있고 땅은 무위
하기 때문에 안정될 수 있다. 그러므로 이 두 가지의 무위가 서로 결합
되어 모든 존재[萬物]가 변화하는 것이다.……이러한 이유 때문에 '천
지는 무위하면서도 하지 않는 것이 없다'라고 한 것이다"[153] 등의 진
술들은 자연의 운동·변화의 특성이 무엇인가, 그것은 인간 그리고 인
간 사회의 그것과 어떻게 구별되는가를 극명하게 보여준다. 장자에
따르면 천지를 포함한 자연의 변화나 작용의 특징은 무위라고 결론지
을 수 있다. 그렇지만 그 무위는 말 그대로 '아무것도 하는 것이 없다'
는 뜻이 아니라 의식이나 목적이 없는 작용이나 행위를 통틀어 가리
키는 말이다.

장자는 자연적 질서로서의 도를 인식·실천하고 그것에 안주하는 방
법 역시 모든 의식과 의식적 행위의 중지를 통해서만 가능하다는 것을
강조한다. 즉 「지북유편」의 "아무것도 생각하지 말고 아무것도 계획하
지 말아야만 비로소 도를 알 수 있고, 어떻게도 처신하지 말고 아무것
도 실천하지 말아야만 비로소 도에 안주할 수 있고, 어디에도 의지하

지 말고 아무것도 따르지 말아야만 비로소 도를 터득할 수 있다"는 진술은 바로 이점을 가장 분명하게 드러내고 있는 것이다. 인간에게 있어 무위란 바로 모든 이념과 목적의식을 떠난, 아무런 의식이 없는 행위를 말한다. 구체적으로 그것은 인의나 이욕 동기에 의한 행위의 지양을 의미한다. 무의식적 작용이나 행위를 뜻하는 무위는 장자에게 있어 자연스러운 상태, 즉 자유에 이르는 조건이다.[154] 따라서 개인이나 인류사회의 본래의 모습, 자연스러운 상태로의 회복을 최고의 이상으로 삼고 있는 장자에 있어서 인간이 취할 수 있는 가장 바람직한 행위는 무의식적 행위[無爲]이다. 그런 이유에서 무위는 내·외·잡편을 가릴 것 없이 『장자』에서 꾸준히 강조되고 있다. 다시 말하면 무위는 자연의 작용을 특징적으로 설명하는 개념의 하나이지만, 그것은 개인이나 사회가 도달하여야 할 이상이라는 점을 설명하기 위한 근거가 되고 있다. 개인적으로 무위를 실천하는 사람이 지인, 진인, 혹은 신인, 성인이다. 다음과 같은 장자의 설명은 이 점을 말해 주는 것이다.

> 천지는 위대한 아름다움을 간직하고 있지만 그것을 말하지 않고, 사시四時는 뚜렷한 법칙을 가지고 있지만 그것을 언급하지 않고, 만물은 일정한 이치를 가지고 있지만 그것을 설명하지 않는다. 성인은 천지의 아름다움에 근거하고 만물의 이치에 통달한 자를 가리킨다. 이 때문에 지인은 무위하고 위대한 성인은 작위하지 않는다. 이것은 천지를 본받는 것을 말한다.
> 天地有大美而不言, 四時有明法而不議, 萬物有成理而不說. 聖人者, 原天地之美而達萬物之理. 是故至人無爲, 大聖不作, 觀於天地之謂也.(「知北遊篇」)

무위가 전반적으로 실천되는 사회가 바로 지덕지세인데, 장자는 지덕지세가 과거의 기억 속에 남아 있는 것일 뿐이라는 생각에 반대한다.

그는 현실 속에서 그것을 이룰 수 있다고 믿는다. 무위의 정치론은 그러한 믿음에 기초하고 있다. 물론 장자의 지덕지세에서는 임금과 신하의 구별도 없고, 지배하는 자도 지배 당하는 자도 없다. 장자의 이상사회론은 「거협편」, 「마제편」, 「산목편」……등 약 여덟 곳에서 언급되고 있다. 그 가운데서 유일하게 군주의 존재를 인정하고 있는 곳은 「천지편」의 다음과 같은 구절뿐이다. "지덕지세에는 현자를 숭상하지도 않았고 유능한 자를 등용하지도 않았다. 군주는 마치 깃대처럼 서 있기만 했고 백성들은 들사슴과 같았다."155) 그런데 여기서도 군주는 지배자로서 군림하기보다 하나의 상징적 존재로서 무위정치를 실현하는 자로 묘사되고 있다. 장자는 현실적으로 최선이 아닌 차선의 방법으로 무위와 무욕을 실천하는 군주를 인정하고 있다. 즉 부득이하게 천하에 군림하여야 할 때는 무위의 정치가 최상이라는 것이다.156) 그런데 「천도편」의 다음과 같은 논의 속에서 군주는 무위해야 하고 신하는 유위해야 한다는 것을 설명하기도 한다. "무위하면 천하를 사용하고도 남음이 있다. 유위하면 천하의 쓰임이 되면서도 충분치 못하다. 그러므로 옛사람은 무위를 귀히 여겼다. 윗사람이 무위하고 아랫사람도 무위하는 것은 아랫사람이 윗사람과 덕德을 같이 하는 것이다. 아랫사람이 윗사람과 덕을 같이 하면 신하 노릇을 할 수 없다. 아랫사람이 유위하고 윗사람도 유위하는 것은 윗사람이 아랫사람과 도를 같이 하는 것이다. 윗사람과 아랫사람이 도를 같이 하면 군주 노릇을 할 수 없다. 윗사람은 반드시 무위하면서 천하를 써야 하고, 아랫사람은 반드시 유위하면서 천하의 쓰임이 되어야 하는데, 이는 바뀔 수 없는 철칙이다."157) 이것은 장자 무위정치론의 전체적인 논지에서 크게 벗어나기 때문에 별도로 논의되어야 한다고 판단되어 여기서는 언급하지 않는다. 그래도 한 가지 지적해 두어야 할 것은 이에 대한 유소감의 견해이다. 그는

「천도편」 등 이른바 '황로파'의 저작에서는 무위의 정치를 지향하고 있다고 전제하면서 다음과 같이 설명한다. "도가는 무위를 주장하지만 모든 사람이 무위할 수 있다고는 결코 생각하지 않는다. 실제로 노자가 말한 것은 주로 성인의 무위이고, 장자가 말한 것은 주로 지인(眞人, 神人)의 무위이며, 황로파가 말한 것은 주로 군주의 무위이다. 만약 천하의 모든 사람들이 진정으로 무위의 원칙을 실천한다면 인류는 바로 동굴이나 들판에서 사는 시대로 돌아갈 수 있을 뿐이지 근본적으로 천하를 다스린다고는 할 수는 없기 때문이다. 황로학은 도가 가운데서 현실 문제를 가장 중시한 일파인데, 그들은 이 문제에 착안하여 군주는 무위하지만 신하는 유위한다는 사상을 제기하였다."158)그러나 무위정치가 '황로파'의 전유물이 아니라는 점, '황로파'의 주장이라 하더라도 모든 논의에서 신하의 유위가 주장되지 않은 점(신하의 유위를 명확하게 주장하고 있는 구절은 위의 문장뿐이다), 또 무위정치론은 유소감이 분류한 이른바 '무군파'를 중심으로 제기된 절성기지론과 표리관계에 있다는 점, 무위의 정치를 통해 이룩하고자 하는 세계가 바로 모든 사람의 자연스러운 삶이 보장된 지덕지세라는 점 등을 고려할 때 유소감의 위와 같은 주장은 지나치게 도식적이라는 것이 나의 생각이다.

장자에 있어 최상의 정치는 무위의 정치이다. 그것은 자연의 "아무 것도 하지 않으면서도 하지 않는 것이 없다"는 무위의 원칙을 인류사회에 실천하는 것이다. 무위의 정치란 바로 정치에 임하는 위정자 스스로 모든 의식적 행위를 지양하는 것이고, 법률이나 도덕을 백성을 강제하는 수단으로 삼지 않는 것이며, 아울러 백성들에게도 인의나 이욕, 혹은 법률적 강제 등에 의해 타고난 자연스러운 삶이 속박되지 않도록 하는 정치를 말한다.

그러므로 성인의 정치는 백성들의 의식을 비우게 하고 배를 채워주는 것이며, 백성들의 의지를 약화시키고 골격을 튼튼하게 해주는 것으로서 항상 백성들로 하여금 무지·무욕하게 하고 지식을 추구하지 않도록 하는 데 있다. (위정자가) 무위를 실천하게 되면 다스려지지 않음이 없을 것이다.

是以聖人之治也, 虛其心實其腹, 弱其志强其骨, 常使民無知無欲. 使夫智者不敢爲也. 爲無爲則無不治.(『道德經』 제3장)

노자의 위 주장은 무위정치의 핵심이 무엇인가를 구체적으로 잘 말해 주고 있다. 따라서 장자뿐만 아니라 노자의 입장에서 볼 때도 예치와 명분을 앞세워 복고적 정치를 주장하는 것도, 부국강병과 군주권강화를 내세워 변법을 주장하는 것도 모두 좋은 정치가 아니다. 그러한 것들은 진정으로 백성을 위한 정치가 아니다. 한번 더 노자의 말을 빌어 설명해 보면, 위정자에 있어서 가장 바람직한 임무는 "무위지사無爲之事", "불언지교不言之敎"를 실천하는 것일 뿐이다.[159] "제왕의 덕은 천지를 표준으로 삼고 도덕을 척도로 삼으며 무위를 본질로 삼는 데 있다"[160]는 장자의 주장은 자연의 무위를 인류사회에 적용하는 것이 가장 바람직한 위정자의 길임을 알려주고 있는 것이다. 『장자』에서 자연의 질서에 따른 무위정치를 주장하고 있는 대표적 주장은 다음과 같다.

천지가 비록 크지만 그것의 영향력은 균등하고 만물이 비록 많지만 다스려지는 모습은 동일하다. 서민의 수는 많지만 그들의 주인은 군주이다. 군주는 덕에 근거하고 하늘을 통해 완성된다. 그러므로 '까마득한 옛날에 천하를 다스렸던 군주는 무위하였다. 자연이 준 본성에 따를 뿐이었다'라고 한 것이다.……그러므로 '옛날에 천하를 다스리던 자는 무욕無欲하였기 때문에 천하 사람들이 만족하였고, 무위하였기 때문에 만물이 잘 자랐으며, 침묵하였기 때문에 백성들은 안정되었다'라고 한 것이다.

天地雖大, 其化均也. 萬物雖多, 其治一也. 人卒雖衆, 其主君也. 君原於德, 而成於天. 故曰, 玄古之君天下, 無爲也. 天德而已矣.……故曰, 古之畜天下者, 無欲而天下足, 無爲而萬物化, 淵靜而百姓定.(「天地篇」)

장자가 자연적 질서의 가장 큰 특징을 무위로 이해하고 있다는 점, 그리고 그 무위는 무형·무언·무욕·무사無私……등을 포괄하는 개념이라는 점은 이 책의 제3장에서 이미 설명하였다. 위의 인용문에서도 자연의 이러한 특징이 설명되고 있을 뿐만 아니라 그것과 함께 자연적 질서(법칙)가 정치 규범의 토대이자 척도라는 점이 강조되고 있다. 말하자면 이상적인 정치는 자연적 질서에 따르고 자연을 모방함으로써 달성된다는 주장인데, 여기서는 이 점에 주목해 보기로 한다. 특히 무위의 정치가 외·잡편에서만 주장된 것이 아니라는 점은 다음의 예문을 통해서도 확인할 수 있다.

천근天根이 은양殷陽에서 노닐며 요수蓼水 강가에 이르러 우연히 무명인을 만났다. 그는 무명인에게 물었다. "천하를 다스리는 방법을 알고 싶습니다." 무명인이 대답했다. "물러가라. 너는 시시한 인간이고, 그것은 몹시 불쾌한 질문이다. 나는 지금 자연[造物者]과 벗이 되려고 한다. 그러다 싫증이 나면 다시 저 까마득히 높이 나는 새를 타고 육극(上下와 四方) 밖으로 나가 무하유지향에서 노닐며, 광막한 들에서 살려고 한다. 그런데 너는 또 무엇 때문에 천하를 다스리는 일 따위로 내 마음을 혼란스럽게 하느냐?" 천근이 다시 같은 것을 묻자 무명인은 (마지못해) 다음과 같이 대답하였다. "너는 너의 마음을 담담한 상태에서 자유롭게 노닐게 하고, 너의 기를 고요한 상태가 되도록 하여 사물의 자연스러운 변화에 따르되 사심이 개입되지 않도록 하라. 그렇게 하면 천하는 잘 다스려질 것이다.
天根遊於殷陽至蓼水之上, 適遭無名人. 而問焉, 曰請問爲天下. 無名人曰, 去. 汝鄙人也. 何問之不豫也. 予方將與造物者爲人, 厭則又乘夫莽眇之鳥, 以出六極之外, 而遊無何有之鄕, 以處壙埌之野. 汝又何帠. 以治天下感予之心爲. 又復問. 無名人曰, 汝遊心於淡, 合氣於漠, 順物自然而無容私焉. 而天下治矣.(「應帝王篇」)

　위의 인용문에서 천근의 질문에 대한 무명인의 대답을 통해 "마음을 담담한 상태에서 자유롭게 노닐게 하고," "기를 고요한 상태가 되도록 하여 사물의 자연스러운 변화에 따르게 하되 사심이 개입되지 않도록" 해야 한다는 장자 특유의 정치의 방식을 접하게 된다. 그것은 인의 등의 도덕적 교화나 법률과 같은 외적 강제력으로 백성들을 다스려야 한다는 주장들과는 구별되는 것으로서,[161] 위정자는 오직 평온하고 무욕한 심적 상태를 유지하기만 하면 천하는 저절로 잘 다스려진다는 것, 즉 무위정치의 실천자로서의 군주가 지녀야 할 심적 상태를 설명하고 있는 것이다. 「응제왕편」의 이 문장의 주안점은 바로 여기에 있지만, 천근의 질문에 대해 무명인은 마지못해 대답하고 있는 형식을 취하고 있는 점에 주목할 필요가 있다. 왜냐하면 그것은 바로 「재유편」의 "부득이하게 천하에 군림하여야 할 때는 무위의 정치가 최상"이라는 주장이 『장자』 내편의 논지와 전혀 무관하지 않음을 확인해 주고 있기 때문이다. 사실 『장자』 내편의 마지막 편에 해당하는 「응제왕편」은 바람직한 정치란 무엇인가를 설명하는 내용이 주류를 이루고 있다. 이 편의 주제에 대하여 곽상郭象은 무심한 상태로 모든 것을 변화하는 그대로 맡겨 두는 것이 제왕의 도리라는 점을 말하는 것이라고 설명하였으며,[162] 나면도羅勉道는 제왕은 이 편에서 제시된 정치의 방법을 익혀 '태고적 세상'[太古之世]을 회복해야 한다고 말했다.[163]

　위정자의 정치 수단으로서의 무위의 목적은 모든 사람들이 무위를 실천할 수 있도록 사회적 여건을 조성해 주는 데 있다. 즉 모든 사람들이 원래의 타고난 자연 상태를 회복할 수 있도록 하는 것이 무위정치의 목적이다. 따라서 무위를 현실 정치 속에서 구체적으로 실현하는 방법은 모든 구속으로부터 백성을 해방시키고 자유롭게 살도록 아무 간섭도 하지 않는 것이다. 장자는 "성인을 타도하고 도둑을 풀어주어야 천하가 제대로 다스려질 것이다"[164]라고 주장하고 있다. 즉 백성을 구속하고 있는 이념적·제도적 속박으로부터 그들을 해방하는 것이 정치의 중요한 임무임을 지적하고 있다.

> (이상적 정치의 방법으로서) 천하를 있는 그대로 놓아두고 느긋하게 쉬게 한다는 말은 들었지만 천하를 다스린다는 말은 듣지 못했다. 있는 그대로 놓아두는 것은 천하 사람들이 그들의 본성을 어지럽힐까 염려해서이고, 또 느긋하게 쉬게 하는 것은 천하 사람들이 그들의 본성을 변질시킬까 우려해서이다. 천하 사람들이 그들의 본성을 탐닉하지 않고 타고난 본성을 변질시키지 않는다면 천하를 (억지로) 다스릴 필요가 있겠는가? 옛날 요 임금이 천하를 다스릴 때 세상 사람들을 기쁘게 하고 그들의 본성을 탐닉하게 하였지만 편안하게 한 것은 아니었다. 걸은 천하를 다스릴 때 세상 사람을 지치게 하고 그 본성을 괴롭혔을 뿐 그들을 즐겁게 해 준 것은 아니었다. 대체로 편안하게도 못하고 즐겁게도 못한 정치는 사람의 자연적 본성에 따른 것이 아니다. (사람들의) 자연적 본성에 따르지 않고서도 오래 지속되는 정권은 세상에 없었다.
>
> 聞在宥天下, 不聞治天下也. 在之也者, 恐天下之淫其性也. 宥之也者, 恐天下之遷其德也. 天下不淫其性, 不遷其德, 有治天下者哉. 昔堯之治天下也, 使天下欣欣焉人樂其性. 是不恬也. 桀之治天下也, 使天下瘁瘁焉人苦其性. 是不愉也. 夫不恬不愉, 非德也. 非德也而可長久者, 天下無之.(「在宥篇」)

위의 예문은 장자가 자유방임을 주장하고 있음을 가장 분명하게 보여주는 것이다. 이것은 「재유편」의 첫 문단이다. "「재유편」은 타율적 지배에 반대하는 반간섭주의를 주제로 하고 있는데, 인간은 '스스로 하는 것'[自然, 즉 自由]을 좋아하고 간섭을 싫어한다는 점을 인간의 본성에 근거하여 설명한 것이다."[165] 위에서 인용한 원문의 '재유在宥'

의 의미에 대해서는 여러 가지 다른 주장들이 있는데, 임희일林希逸과 이면李勉의 견해에 따라 '자유방임'으로 해석하는 것이 「재유편」의 전체적인 내용과 일치하는 것으로 보인다.[166] 위의 문장을 분석해 보면 장자는 '자유방임의 정치'[在宥]와 유가나 법가 등에서 주장하는 일반적 의미의 정치[治]를 대립적으로 파악하고 있다. 일반적 의미의 정치는 다시 요堯로 대표되는 '본성을 어지럽히고'[淫其性] '본성을 탐닉하게 하는'[樂其性] 정치와 걸桀로 대표되는 '본성을 변질시키고'[遷其德] '본성을 괴롭히는'[苦其性] 정치로 나누고 있다. 일반적으로 요가 다스리던 세상을 치세治世라 하고, 걸이 다스리던 세상을 난세亂世라고 부르지만 장자의 눈에 이런 구별은 의미가 없다. 그는 백성들이 편안하고 즐겁도록 하는 것이 최상의 정치라고 확신하는데 그것은 백성들이 각기 자연적 본성에 따라 살도록 내버려두는 것뿐 다른 어떤 조치도 불필요하다는 것이다.

성性과 덕德은 인간이 타고난 자연적 본성, 즉 '상성常性'을 의미하는데, 구체적으로 그것은 '땅을 갈아먹고 옷감을 짜 옷을 만들어 입는 것'을 가리킨다. 장자에 따르면 요 임금 때는 먹고 입는 욕망의 충족에 지나치게 탐닉하였고, 걸왕 때는 그와 같은 자연스러운 욕망이 전혀 충족되지 않았다. 탐닉하는 것도 충족되지 않는 것도 모두 부자연스럽고 부자유스럽다는 것이다. 말하자면 요 임금이나 걸왕의 정치 방식은 각각 '편안하지 못하고'[不恬 따라서 不在], '즐겁지 못한'[不愉 따라서 不宥] 것이며, 그것들은 모두 자연적 본성에 따른 정치가 아니라는 비판이다. '자유방임'[在宥]이란 다른 말로 편안함과 즐거움[恬愉]을 주는 정치를 말하는 것이며, 모든 억압으로부터 백성들을 해방시키고 그들이 본성에 따라 자유롭게 살 수 있도록 하는 데 목적을 둔 정치를 말하는 것임을 알 수 있다.

무위의 정치론은 앞에서 검토한 절성기지론絶聖棄知論과 표리관계에 있다. 절성기지론은 무위정치를 목표로 하고 있으며, 무위정치는 절성기지를 전제로 한다. 다시 말하면 인의예악이나 성지聖知, 즉 인류가 성취한 모든 문명과 지적 유산에 대한 거부는 무위의 정치를 실현하기 위한 필요조건이며, 무위의 정치는 바로 약자에 대한 강자의 폭력과 못 가진 자에 대한 가진 자의 수탈을 지양하는 것이고, 백성들이 타고난 본성에 따라 살도록 그대로 맡겨 두는 것[任其性命之情]에 다름 아니다.

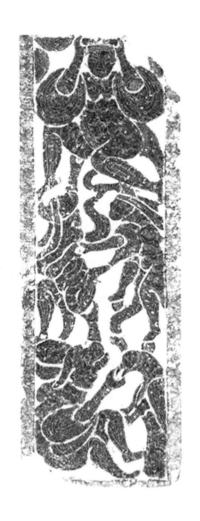

1. 장자철학의 중국철학사적 의의

이제까지 장자철학을 자연, 인간, 사회 등의 부분으로 나누어 그것의 모태가 된 사회적, 사상적 배경과 함께 검토하였다.

우리는 지금까지의 분석을 통해 이 연구에서 목표로 한 것, 즉 장자철학에서는 자연·인간·사회 등 모든 영역에서 '자연적 요소'(無爲)를 가장 본질적인 것으로 파악하고 있으며, 그에 대립하는 '인간적 요소' (有爲)를 부정하고 있다는 점을 확인하였다. 다시 말하면 우리는 이 연구를 통해 첫째, 장자철학에서 무위와 유위의 대립은 그의 자연론·인간론·사회론 등에 일관되게 적용되고 있다는 점, 둘째, 유위(人間)적 요소의 지양과 무위(自然)에의 회귀는 모든 억압과 수탈을 부정하고 인간(개인·인류)의 평등과 자유의 실현을 지향하고 있다는 점 등을 결론으로 얻을 수 있다. 특히 이 과정에서 장자철학이 단순히 개인의 정신적이고 관념적인 자유나 생명의 보존만을 목표로 하고 있지 않음을 확인하였다. 말하자면 장자철학의 지향은 개인의 정신적 자유나 생명의 보존뿐만 아니라 전 인류의 자유와 평등을 지향하는 면이 분명히 있음을 확인하였다.

장자는 노자와 함께 도가를 대표하는 인물이다. 도가는 유가와 더불어 중국의 철학과 문화의 형성에 중요한 영향을 끼친 학파임에 틀림없다. 장자철학은 일종의 비판철학, 해방철학, 융통성이 풍부한 철학이며, 그것은 낭만주의적 문학의 형식으로 표현되고 있다고 평가된다.[1] 말하자면 그것은 유가나 묵가, 법가 등 모든 학파뿐만 아니라 당시의 사회 및 정치에 대한 냉철한 비판 위에서 출발한 것이며, 그것의 목표는 모든 질곡과 억압으로부터 개인과 인류사회를 해방하는 데 있었다. 장자철학은 당시 사회에 대한 날카로운 비판뿐만 아니라 그 이후의 철학사상에 많은 영향을 끼쳤다는 데서도 의의를 찾을 수 있다. 예를 들면 장자철학은 『역전』·『예기』 및 순자의 자연관과 인간론 형성에 일정 정도 영향을 끼쳤으며,2) 불교의 중국화에,3) 한대漢代의 경학經學, 위진魏晉의 현학玄學, 송명宋明의 이학理學 등의 성립에4) 그리고 강유위康有爲·장태염章太炎·담사동譚嗣同·엄복嚴復 등 중국 근대 철학자들에게 각각 지대한 영향을 끼쳤다.5)

자연을 무위로, 인간을 유위로 설명하면서 무위를 본질적이고 일차적인 것으로 규정하고 유위의 지양을 강조하였다는 점과 관련하여 장자철학의 의의를 다음과 같이 몇 가지로 정리해 볼 수 있을 것이다. 첫째, 그의 자연관 혹은 우주론은 천명론적 세계관에 입각하여 세계와 인간사회를 설명하던 그 이전의 모든 논의를 전면적으로 부정함으로써 인간 중심주의적·권위주의적 자연 이해를 극복하고 자연을 객관적 대상으로 인식하게 하는 데 기여하였다. 둘째, 인간의 본성을 자연적 본성(無爲·無欲·無心)에 두고 인의仁義나 성지聖知 등을 사회적으로 형성된 의식(有爲)이라고 지적하면서 유가 등에서 인간의 본성이라고 전제한 것은 오히려 인간의 자연적 본성을 질곡하는 것이라는 장자의 주장은 모든 이념이나 사상의 정치 도구화를 경계하였다는 데 의의가 있다. 셋째, 장자철학의 최종 목표라고 할 수 있는 이상사회로서의 지덕지세至德之世는 모든 사람의 평등과 자유가 보장되는 유일한 사회로 설명되는데, 이것은 중국 역사상 최초로 계층적 신분 질서의 철폐를 주장한 것이라는 점에 의의가 있다. 특히 그러한 사회에 도달하기 위한 방법으로서의 절성기지絶聖棄知와 무위정치無爲政治는 실현 가능성이 극히 희박한 것임은 틀림없지만 그것이 가지고 있는 비판적 기능은 무시할 수 없는 것이다.

장자는 모든 자연적·사회적 현상에 대하여 기존의 설명 방식을 그대로 답습하지 않았다. 그는 여러 가지 편견과 독단에 대하여 회의하였다. 그러는 과정에서 그는 중국 철학사상 의미 있는 많은 문제를 제기하였다. 자연과 사회 속의 어떤 것도 고정적이거나 정지해 있지 않으며, 따라서 이 세상에는 영구불변하거나 절대적인 것은 아무것도 없다는 주장 등이 대표적이다. 이러한 문제 제기는 물론 노자에게서 그 단서를 찾을 수 있다. 그러나 장자에게 있어서 그러한 문제는 보다 심화되고, 보다 구체화되었다. 따라서 중국 고대철학사에서 장자가 끼친 영향을 긍정적으로 평가하고자 할 때, 여러 가지 독단적 이념에 대한 그의 날카로운 비판뿐만 아니라, 그가 제기한 많은 철학적 문제 제기도 빠뜨려서는 안될 것이다. 그리고 그는 자신이 제기한 문제에 대하여 성실하고 진지하게 대답하고자 고민하였다. 따라서 우리는 그가 내놓은 결론의 관념성에만 주목할 것이 아니라 그가 제기한 예리한 문제 제기의 이면에 숨겨진 그의 비판적·합리적 사유와 또 그것이 중국 고대철학의 지평을 넓히는 데 일조하였다는 사실에도 주목하여야 할 것이다.

대체로 장자는 감각적 경험이나 이성적 사유를 부정하였다고 평가되지만, 아이러니컬하게도 『장자』는 경험이나 이성적 사유를 적극 활용하여 서술된 책이다. 다만 그가 여러 가지 사회적 문제의 해결 방안 가운데 비이성적이고 초감각적인 것이 포함되어 있을 뿐이다. 따라서 그의 일상적 경험의 불완전성에 대한 회의나 제가諸家의 편견과 독단에 대한 비판은 많은 부분에서 타당성이 인정된다. 반면 자신의 문제 제기에 대한 답변 가운데는 숙명론적·신비주의적이라는 비판을 허용하고 있는 부분도 있다. 장자 이론의 이러한 모순은 "하늘에 가려 사람을 알지 못했다"는 순자의 지적대로 자연적 질서에 대한 지나친 믿음에 기인한 것이라고 볼 수도 있지만, 보다 근본적인 이유는 그가 처한 역사적·사회적 한계에서 찾아야 할 것이다.

2. 남은 과제

나는 이 책에서 무위(自然)와 유위(人間)의 대립 구도가 장자철학의 핵심적 체계이며, 무위를 강조하는 장자의 의도는 모든 이념적·제도적 속박으로부터의 해방을 지향하는 것이라는 점을 탐구하는 데 주력하였다. 그러나 내가 이 책에서는 다루지 못했지만 앞으로의 『장자』 연구에서 반드시 해결되어야 할 과제를 몇 가지 지적하는 것으로 나의 의무를 다하고자 한다.

첫째, 이 책에서는 『장자』라는 텍스트에 대한 고증학적 연구의 성과를 충분히 반영하지 않았다. 『장자』를 구성하고 있는 내·외·잡편 및 각 편의 저작 연대, 저자 집단, 그리고 각 편의 사상적 경향 등에 대한 연구는 장자와 그 학파의 사상을 심층적으로 연구하는 데 필수적 작업이다. 북송北宋 때 『장자』의 편장篇章에 대한 진위 문제가 제기된 이래 『장자』의 내·외·잡편에 대한 고증의 문제는 장자 연구자들에게 큰 관심의 대상이 되었으며, 오늘날 이에 대한 수준 높은 연구 성과가 하나둘 씩 보고되고 있다. 그 가운데 대표적인 것으로 장항수張恒壽의 『장자신탐莊子新探』(湖北人民出版社, 1983), 유소감劉笑敢의 『장자철학급기연변莊子哲學及其演變』(中國社會科學出版社, 1987), 최대화崔大華의 『장학연구莊學硏究』(人民出版社, 1992) 등을 꼽을 수 있다. 특히 유소감의 위의 책은 가장 최근의 연구 성과까지 충실하게 반영하면서 새로운 고증 방법을 동원하여 내·외·잡편의 연대를 체계적으로 밝히고, 장자의 후학을 사상적 경향에 따라 술장파述莊派·무군파無君派·황로파黃老派 등으로 분류하고 있다.

이러한 고증 작업은 고전에 대한 해박한 지식과 언어학적 소양까지 요구되는 지난한 작업이지만, 장자철학을 객관적이고 사실적으로 설명하기 위해서는 반드시 선행되어야 할 과제임에는 틀림없다. 그러나 이 책에서는『장자』전체를 포괄하는 하나의 체계를 찾고, 장자가 구사하고 있는 난해한 말들이 전국시대라는 격변의 시기에서 어떤 의미를 가지고 있었는가를 밝히는 데 연구의 목적을 두었기 때문에 내·외·잡편을 구분하거나 유소감처럼 장자와 그의 후학을 구분하는 연구 방법을 택하지 않았다. 그러나『장자』각 편의 저작 연대를 고증하고 저자 집단을 분류하여 저자에 따른 사상적 특성을 밝히는 작업이 앞으로의 장자 연구에서 중요한 과제로 남는다는 점을 지적해 두고자 한다.

둘째, 이 책에서는 장자철학의 현대적 의의에 대해서 검토하지 않았다. 말하자면 우리는 '장자의 철학이 오늘날 우리에게 어떤 의미를 갖는가' 하는 물음에 대하여 설득력 있는 대답을 준비하지 못하고 있다. 장자와 관련하여 한 동안 학자들 사이에 쟁점이 되었던 문제들을 되돌아보면 가끔 이런 생각이 든다. 장자의 사상이 유물론이면 어떻고 관념론이면 어떤가? 그가 몰락한 노예주면 어떻고 소생산자의 이익을 대변했으면 어떤가? 그의 많은 우화들을 그저 흥밋거리로 읽으면 그뿐이지 굳이 왈가왈부할 필요가 어디 있는가? 시대 상황도 다르고 문제의식도 우리와 전혀 다른데 이제 와서 어떻게 하겠다는 말이냐……. 그런데 나는 이런 나의 회의적 질문에 대해서도 적절한 대답이 필요하다고 생각한다.

우리는 장자의 여러 가지 비판적 주장이나 그의 지향 등으로부터 오늘날 우리 시대의 문제를 해결하는 데 몇 가지 시사를 받을 수 있을 것이며, 또 우리가 살고 있는 동양의 문화적 전통을 이해하기 위해서는 장자철학에 대한 이해가 필수적이라고 대답할 수도 있다. 그러나 이러한 대답은 매우 형식적이고 책임 회피적 발언에 지나지 않는다. 왜냐하면 첫째, 굳이 해석하기도 애매한 한문 고전을 붙들고 씨름하지 않더라도 장자보다 더 적절하고 유익한 비판적 안목과 비전을 제시하고 있는 많은 현대적 사상이 있음을 우리는 알고 있으며, 두 번째 대답에 대해서는 동양의 문화적 전통에 대한 이해가 우리에게 무슨 의미가 있는가 하는 다른 문제를 안고 있기 때문에 완전한 대답이라고 할 수 없다. 물론 우리는 긍정적이든 부정적이든 전통문화와 그에 대한 이해 없이 새로운 문화가 창조될 수 없다는 주장이 있음을 알고 있다. 즉 전통문화는 새로운 문화의 창조를 위한 디딤돌이 된다는 점을 인정한다. 그러나 장자의 사상 가운데 어떤 것이, 얼마나 우리의 전통문화에 영향을 끼쳤는지, 그리고 그것이 오늘날 우리의 문화나 의식에 얼마나, 어떤 형태로 남아 있는지 등에 대해서 아직 명확한 대답은 없다.

아무튼 나는 위에서 제기한, 어리석은 듯하지만 당연한 여러 가지 질문에 대답하기가 쉽지 않다는 것을 느낀다. 그것은 철학의 목적과 현실에서의 기능은 무엇인가, 역사란 무엇인가, 그리고 학문의 목적은 무엇인가, 우리에게 전통이란 무엇인가 등의 거창한 질문들과 연관되어 있으며, 또 이 문제에 성급하게 대답하려 할 경우에는 자칫 자기 합리화의 유혹에 빠져 객관성을 확보하지도 못하고 설득력을 상실할 우려가 있기 때문이다. 다만 이 책을 구상하고, 자료를 분석하고 써 내려가는 동안 처음부터 끝까지 이런 질문이 뇌리에서 떠나지 않은 것은 사실이며, 앞으로도 이 문제는 계속 나를 괴롭힐 것이다. 언젠가는 이런 질문에 나름대로 성숙한 대답이 주어져야 한다는 것을 지적하면서 다음 연구의 과제로 남겨둔다.

■ 각주

제1장 『장자』에서 철학 읽기

1) 陳鼓應, 「序」(劉笑敢의 『莊子哲學及其演變』에 수록되어 있음), 7쪽.

2) 『史記』「老子韓非列傳」: 其學無所不闚, 然其要本歸於老子之言. 故其 著書十餘萬言, 大抵率寓言也. 作漁父盜跖胠篋, 以詆訿孔子之徒, 以明 老子之術.

3) 노자라는 인물이 어느 시대에 활동하였는가, 혹은 『도덕경』은 언제 쓰 여졌는가에 대해서는 여러 가지 견해가 있다. 그것을 다음과 같이 크게 세 가지로 분류해 볼 수 있다. 첫째, 노자는 공자 이전의 인물이라는 견 해가 있는데 당란唐蘭, 곽말약郭沫若, 여진우呂振羽, 고형高亨, 양홍순 楊興順 등의 주장이 이에 속한다. 둘째, 『도덕경』은 전국시대의 작품이 라는 견해인데 청대淸代의 왕중汪中을 비롯하여 양계초梁啓超, 풍우란 馮友蘭, 범문란范文瀾, 나근택羅根澤, 후외려侯外廬, 양영국楊榮國 등 의 주장이 이에 속한다. 셋째, 『도덕경』은 진秦·한漢 사이의 작품이라는 견해인데 고힐강顧詰剛, 유절劉節 등의 주장이 이에 속한다. 이상은 임 계유任繼愈의 『노자신역老子新譯』(上海古籍出版社, 2-9쪽)을 참조하여 정리한 것이다. 노자의 생존 시기, 혹은 『도덕경』의 성립 시기에 대한 이 와 같은 견해차는 결국 노자와 장자의 관계에 대한 이해의 차이로까지 이어진다. 나는 이 책에서 전통적인 견해, 즉 노자는 장자에 앞서며 장자 는 노자의 사상적 계승자라는 입장을 지지한다.

4) 이런 이름을 가진 편들은 현존하는 『장자』에는 없다. 그런데 『열자』 「중니편」에 항창자亢倉子라는 인물이 보인다. 은경순殷敬順은 『열자 석문列子釋文』에서 항창자에 대하여 다음과 같이 주석하였다(楊伯峻, 『列子集釋』, 中華書局, 1996, 117쪽). "항창亢倉의 음은 경상庚桑이고 이 름은 초楚이다. 『사기』에서는 항창자로 기록하였다"[亢倉音庚桑, 名楚, 史記作亢倉子]. 이 기록에 따르면 항亢의 음은 경庚이고, 창倉의 음은 상桑이 된다. 따라서 항창자亢倉子는 항상자亢桑子로도 기록될 수 있 었을 것이다. 뿐만 아니라 『사기』의 이 기사에 관하여 당唐 나라의 사마 정司馬貞은 '항亢'의 음은 '경庚'인데, 왕소본王劭本에는 '항상자亢桑子'

가 '경상庚桑'으로 되어 있다고 소개한다(『史記』, 中華書局, 1982, 2144
쪽). 이런 점으로 미루어볼 때 '항상자'는 '경상초'의 다른 표기일 수 있
고, 사마천이 말한 「항상자편」은 바로 현존하는 『장자』의 「경상초편」을
가리키는 것으로 보인다.

5) 『史記』같은 곳 : 畏累虛亢桑子之屬, 皆空語無事實. 然善屬書離辭, 指
事類情, 用剽剝儒墨, 雖當世宿學不能自解免也. 其言洸洋自恣以適己,
故自王公大人不能器之.

6) 유가적 노선과 법가적 노선 사이에서 전개된 대표적 논의는 예치禮治
와 법치法治, 정전제井田制 회복과 정전제 폐지, 법선왕法先王과 법후
왕法後王, 천명의 존중과 천명의 반대, 친친親親과 상현尙賢, 성선性善
과 성악性惡 등으로 요약된다(翟平, 「儒法鬪爭是狗咬狗嗎」 『論儒法鬪
爭』, 上海人民出版社, 461쪽 및 方克, 『中國辨證法思想史』, 286-291쪽
참조).

7) 송영배, 「장자에서의 이념적 명분논리의 부정과 자유의식의 문제」(『韓
國中國學報』第31輯, 1991), 87쪽.

8) 송영배, 『中國社會思想史』(한길사, 1986), 27쪽 참조.

9) 적총충赤塚忠·금곡치金谷治 외 지음, 조성을 옮김, 『중국사상개론』(이
론과실천, 1987), 164쪽, 배종호, 『韓國儒學의 課題와 展開(II)』(汎學社,
1980), 284쪽 등 참조.

10) 이상의 성론은 『맹자』 「고자상편」에서 소개되고 있는 것들이다. 그런
데 배종호의 앞의 책(284쪽)에서는 '유성선유성불선론有性善有性不善
論' 대신 '성삼품설性三品說'을 이 시기의 주장으로 간주하고 있는데, 같
은 책 293-295쪽의 설명(성삼품설의 맹아를 공자에게까지 소급하고 있기
는 하지만)에서는 전국시대에 그러한 주장을 한 사람이 구체적으로 누
구였는지 분명하지 않다.

11) 나의 이런 견해와 가장 유사한 것으로 갈영진葛榮晉의 주장이 있는데,
그는 전국시대에 이르러 '중민사상重民思想'의 발전과 함께 '치국治國'
이라는 정치적 필요에 의해 인성의 문제가 중시되기 시작하였고, 따라
서 철학자들의 연구 과제가 되었다고 설명한다(『中國哲學範疇史』, 黑
龍江人民出版社, 280쪽 참조).

12) 楊榮國, 『中國思想史』(香港三聯書店, 1962), 229쪽을 참조할 것.

13) 제2장의 다음 구절을 참조할 것. "있음과 없음이 서로를 낳고, 어려운

것과 쉬운 것이 서로를 성립시키고, 긴 것과 짧은 것이 서로를 드러나게 하고, 높은 것과 낮은 것이 서로를 차이 나게 하고, 모음[音]과 자음[聲]이 서로 어울리고 앞과 뒤가 서로 붙어 다닌다"[有無相生, 難易相成, 長短相形, 高下相傾, 音聲相和, 前後相隨]. 제11장의 전문은 다음과 같다. "서른 개의 바큇살이 하나의 바퀴통으로 모이는데 바퀴통의 무(가운데 구멍)에 수레의 쓰임이 있다. 흙을 이겨 그릇을 만드는데 그릇의 무(빈 부분)에 그릇의 쓰임이 있다. 창문을 내면서 집을 짓는데 집의 무(내부의 공간)에 그 집의 쓰임이 있다. 그러므로 유의 유익한 것은 무를 쓰기 때문이다"[三十輻共一轂當其無, 有車之用. 埏埴以爲器, 當其無, 有器之用. 鑿戶牖以爲室, 當其無, 有室之用. 故有之以爲利, 無之以爲用].

14) 같은 책 제40장 : 되돌아가는 것은 도의 작용이고 연약한 것은 도의 쓰임이다. 천하의 만물은 유에서 나오고 유는 무에서 나온다[反者, 道之動, 弱者, 道之用. 天下萬物生於有, 有生於無].

15) 『莊子』「天地篇」: 泰初有無. 無有無名. 一之所起, 有一而未形. 이하 『장자』에서 인용한 글은 편명만 밝힌다.

16) 『도덕경』에서 무위를 강조하고 있는 곳은 제2장, 제3장, 제10장, 제37장, 제38장, 제43장, 제48장, 제57장, 제63장, 제64장 등 10군데에 이른다.

17) 『도덕경』 제37장의 "도는 항상 아무것도 하지 않으면서도 하지 않는 것이 없다"[道常無爲, 而無不爲]라는 명제가 대표적이다.

18) 같은 책 제48장의 "학문을 익히는 것은 날로 더해 가는 것이고, 도를 수련하는 것은 날로 덜어내는 것이다. 덜어내고 또 덜어내서 아무것도 하지 않는 데[무위]까지 다다른다. 아무것도 하지 않으면서도 하지 않는 것이 없다. 천하를 얻을 때는 항상 하는 일이 없는 방식으로 얻어야 한다. 할 일이 있게 되면 천하를 얻을 수 없다"[爲學日益, 爲道日損, 損之又損. 以至於無爲, 無爲而無不爲. 取天下, 常以無事. 及其有事, 不足以取天下], 제63장의 "아무것도 하지 않는 것을 하고, 아무 일 없음을 일삼아야 한다"[爲無爲, 事無事], 제64장의 "따라서 성인은 아무것도 하지 않기 때문에 실패하지 않고, 집착하는 것이 없기 때문에 잃는 것이 없다"[是以聖人無爲故無敗, 無執故無失] 등이 대표적이다.

19) 제3장, 제 57장 등에서의 용례가 가장 대표적이다. "지식인을 존중하지 않으면 백성들이 다투지 않을 것이다. 얻기 어려운 물건을 귀중하게 생각하지 않으면 백성들이 도둑질하지 않을 것이다. 욕심 낼만한 것을 보

이지 않으면 백성의 마음이 혼란에 빠지지 않을 것이다. 그러므로 성인의 통치 방식은 다음과 같다. 마음은 비[虛]게 하고 배는 차[實]게 하며, 의지는 약하게 하고 뼈는 강하게 한다. 항상 백성들을 지식도 없고 욕망도 없게 만든다. 지식이 있는 자가 감히 어떤 일을 하지 못하게 한다. '아무것도 안 함[無爲]'을 실천하면 무질서[不治]란 없어진다"[제3장 : 不尙賢, 使民不爭. 不貴難得之貨, 使民不爲盜. 不見可欲, 使民心不亂. 是以聖人之治, 虛其心實其腹, 弱其志强其骨, 常使民無知無欲, 使夫智者不敢爲也. 爲無爲則無不治]. "그러므로 성인은 말한다. '내가 아무것도 하지 않기 때문에 백성은 저절로 교화되고, 내가 가만있는 것을 좋아하기 때문에 백성은 저절로 바르게 되고, 내가 아무 일을 하지 않기 때문에 백성은 저절로 부유해지고, 내가 아무런 욕심이 없기 때문에 백성은 저절로 소박해진다'"[제57장 : 故聖人云, 我無爲, 而民自化. 我好靜, 而民自正. 我無事, 而民自富. 我無欲, 而民自樸].

20) 『韓非子』 「解老篇」 : 所以貴無爲無思爲虛者, 謂其意無所制也. 夫無術者, 故以無爲無思爲虛也. 夫故以無爲無思爲虛者, 其意常不忘虛. 是制於爲虛也. 虛者, 謂其意無所制也. 今制於爲虛, 是不虛也. 虛者之無爲也, 不以無爲爲有常. 不以無爲爲有常則虛. 虛則德盛. 德盛之謂上德. 故曰, 上德無爲而無不爲也.

21) 小野澤精一, 『韓非子上』, 集英社, 436-438쪽 참조.

22) 福永光司, 『莊子』, 朝日新聞社, 14-15쪽 참조.

23) 「在宥篇」 : 何謂道. 有天道, 有人道. 無爲而尊者, 天道也. 有爲而累者, 人道也. 主者天道也, 臣者人道也. 天道之與人道, 相去遠矣.

24) 「大宗師篇」 : 墮枝體, 黜聰明, 離形去知.

제2장 춘추전국의 사회변동과 장자

1) 『史記』 「老子韓非列傳」 : 莊子者, 蒙人也, 名周. 周嘗爲蒙漆園吏, 與梁惠王, 齊宣王同時.

2) 『漢書』 「地理志」 : 梁國領縣八, 其三卽蒙.

3) 이상 崔大華, 『莊學硏究』, 6쪽 참조.

4) 같은 책, 7-9쪽 참조.

5) 같은 책, 6쪽 참조.

6) 『史記』「韓世家」: 文侯二年……伐宋都彭城, 執宋君.

7) 이상은 楊向奎,「莊子的思想」(『莊子哲學討論集』, 中華書局, 1962), 329쪽 참조.

8) 가장 대표적인 것은 『장자』「열어구편」의 다음과 같은 기록이다. "송 나라 사람 중에 조상이라는 자가 있었는데, 송왕의 명령으로 진 나라에 사신으로 갔다. 그는 가서 여러 대의 수레를 얻어왔다. 송 왕은 기뻐서 수 백 대의 수레를 그에게 더 주었다. 그는 송 나라로 돌아와 장자를 만나 자랑했다.……"(宋人有曹商者. 爲宋王使秦. 其往也, 得車數乘. 王悅之, 益車百乘. 反於宋, 見莊子曰……).

9) 方克, 『中國辨證法思想史(先秦)』(1984), 394쪽.

10) 임계유任繼愈의「莊子探源」(『莊子哲學討論集』, 中華書局, 1962)에서는 장자의 생졸 연대에 대한 대표적 주장들을 다음과 같이 정리하고 있다. ①B.C.369—B.C.286(馬敍倫), ②B.C.355—B.C.275(呂振羽), ③B.C.328—B.C.286(范文瀾), ④B.C.365—B.C.290(楊榮國), ⑤B.C.375—B.C.295(聞一多).

11) 다만 어느 부분이 장자의 직접 저작에 속하느냐 하는 점에 있어서는 약간 견해차가 있다. 특히 임계유는 일반적인 견해는 아니지만, 『장자』의 외·잡편을 장자의 직접 저작으로 간주한 반면 내편을 장자 후계자의 작품이라고 주장한다. 내·외·잡편의 작자와 성립 연대에 관해서는 유소감劉笑敢의 『莊子哲學及其演變』(中國社會科學出版社, 1987)의「前編-文獻疏證」에서 자세하게 고증하고 있다. 유소감의 이 책은 『莊子哲學』이라는 이름으로 최진석 교수에 의해 우리말로 번역되어 1990년에 초판이 출판되었고, 1998년에 개정판이 나왔다. 내가 박사학위 논문을 쓸 당시는 개정판이 나오기 전으로 몇 군데 만족스럽지 못한 부분이 있었다. 그래서 어떤 부분은 번역본이 아닌 중국에서 출판된 원본을 참조하였다.

12) 유소감, 『장자철학』, 소나무, 제7장(『장자』내편의 연대)과 제8장(『장자』외·잡편의 연대), 또는 『莊子哲學及其演變』, 中國社會科學出版社, 제1장(『莊子』內篇的年代)과 제2장(『莊子』外雜篇的年代) 참조.

13) 楊寬, 『戰國史』(上海人民出版社, 1991), 287-291쪽 및 이춘식李春植, 『중국고대사의 전개』(신서원, 1990), 134-136쪽 참조.

14) 楊寬, 앞의 책, 같은 곳.

15) 劉澤華, 『先秦政治思想史』(南開大學出版社, 1984), 166쪽 및 이춘식, 앞의 책, 135쪽 참조.

16) 『戰國策』「秦策一」: 夫戰者, 萬乘之存亡也.

17) 陳恩林, 『先秦軍事制度硏究』(吉林文史出版社, 1991), 160쪽 참조.

18) 『春秋左氏傳』「宣公」3년조 : 周德雖衰, 天命未改.

19) 陳恩林, 앞의 책, 159-160쪽 참조.

20) 송영배, 「제자백가의 다양한 전쟁론과 그 철학적 문제의식(Ⅰ)」(『시대와 철학』제4호), 147쪽 참조.

21) 『道德經』제30장 : 師之所處, 荊棘生焉, 大軍之後, 必有凶年.

22) 『孟子』「離婁上篇」: 爭地以戰, 殺人盈野, 爭城以戰, 殺人盈城. 此所謂率土地, 而食人肉, 罪不容於死.

23) 楊寬, 앞의 책, 364쪽 참조.

24) 『戰國策』「秦策四」: 韓魏父子兄弟接踵而死於秦者, 百世矣. 本國殘, 社稷壞, 宗廟隳, 刳腹折頤, 首身分離, 暴骨草澤, 頭顱僵仆, 相望於境……百姓不聊生, 族類離散, 流亡爲臣妾, 滿海內矣.

25) 「徐無鬼篇」: 夫殺人之士民, 兼人之土地, 以養吾私與吾神者, 其戰不知孰善, 勝之惡乎在.

26) 중국 역사상 최초의 성문법은 춘추 말기에 정 나라 자산子産이 제정한 형정刑鼎이다. 그 후 등석鄧析이 죽형竹刑을, 진晉의 조앙趙鞅이 형정을, 범선자范宣子가 형서刑書를 각각 제정하였다. 전국 시기에 이르러 이회李悝는 각 국의 법령을 정리하여 『법경』이라는 법전을 편찬하였는데, 상앙商鞅은 진秦 나라에서 변법을 시행할 때 이 『법경』에 근거하여 진 나라의 법률을 제정하였다. 전국 중기 이후의 대표적 성문법으로는 1975년 호북성 운몽雲夢에서 출토된 『진율秦律』이 있다(楊寬, 『戰國策』, 214-218쪽 및 張晋藩, 『中國法制史』, 57-61쪽 참조).

27) 楊寬, 앞의 책, 170쪽 참조.

28) 黃中業, 『秦國法制建設』(遼沈書社, 1991), 6-7쪽 참조.

29) 『商君書』「更法篇」: (甘龍曰)聖人不易民而敎, 知者不變法而治.

30) 같은 곳 : (杜摯曰)利不百, 不變法. 功不十, 不易器.……法古無過, 循禮無邪.

31) 같은 곳 : 前世不同敎, 何古之法. 帝王不相復, 何禮之循.……當時而立法, 因事而制禮.……治世不一道, 便國不法古.

32) 이상의 대화는 진 나라 효공이 변법을 단행하기 직전에 상앙·감룡·두지 등 세 명의 대부를 초청해서 '정법지본正法之本'을 토론하고 '사민지

도使民之道'를 모색하도록 한 데서 나온 것이다. 이 자리에서 효공은 먼저 자신은 '변법'과 '경례更禮'의 뜻이 있음을 밝혔는데, 상앙은 효공의 생각을 지지하지만 나머지 두 대부는 반대하고 있다. 이 대화는 『상군서』의 제1편에 해당되는 「경법편」에 수록되어 있고, 『사기』「상군열전」에서도 이 대화의 요지를 인용하고 있다. 나는 굴만리嚴萬里의 교석(『상군서商君書』)과 마지영馬持盈의 주(『사기史記』)를 참조하였다.

33) 楊寬, 『戰國史』, 252쪽 참조.

34) 송영배, 앞의 책, 25쪽.

35) 楊寬, 앞의 책, 같은 곳 참조.

36) 송영배, 앞의 책, 38쪽 참조.

37) 제帝 혹은 상제上帝와 가장 가까운 오늘날의 우리말은 바로 하느님이다. 물론 특정 종교에서 사용하는 그런 의미가 아니라 우리 말 속의 일반적 의미로서의 '하느님'을 뜻한다. 이 책에서는 제帝 혹은 상제上帝가 은 민족이 숭배하는 고유한 신을 의미할 때는 '제帝'나 '상제上帝'로 표기하고, 그렇지 않고 그저 일반적 의미의 하느님을 지칭할 때는 '하느님'으로 표기하겠다.

38) 呂振羽, 『中國政治思想史』(人民出版社, 1981), 15쪽 참조. 제帝는 원래 제사 지내는 행위를 의미하는 말이었는데, 후에 그 제사의 대상을 뜻하는 말로 전화되었음이 금문金文 등 옛 기록에 나타난다(平岡武夫, 『經書の成立』, 創文社, 1983, 175-182쪽 참조).

39) 『儒敎大事典』, 博英社, 1990, 1523쪽.

40) 郭沫若, 『郭沫若全集』, 第1卷, 324-325쪽 참조.

41) 楊慧傑, 『天人關係論』, 25쪽 참조.

42) 『詩經』 商頌 「長發」: 帝立子生商.……帝命不違, 至于湯齊. 湯降不遲, 聖敬日躋. 昭假遲遲, 上帝是祗. 帝命式于九圍.

43) 葛榮晉, 『中國哲學範疇史』(黑龍江人民出版社, 1987), 163-164쪽 참조.

44) 천이라는 개념이 은대에는 없었다는 주장은 갑골문에 천이라는 글자가 나타나지 않는다는 데 근거한 학설이다. 그러나 천자天字가 전혀 나타나지 않는 것은 아니다. 갑골문에 보이는 몇 개의 천자는 대개 대자大字나 부자夫字, 상자上字로 쓰였거나 지명으로 쓰였을 뿐 종교적 대상으로서의 천을 의미하지는 않는다(平岡武夫, 앞의 책, 174쪽 참조).

45) 郭沫若, 앞의 책 334-335쪽 참조. 곽말약은 『예기』 「표기편表記篇」의

"은 나라 사람들은 신을 존숭했는데 모든 백성에게 신을 섬기도록 했다.……주 나라 사람들은 예를 존중하고 베푸는 것을 숭상하고, 귀신은 섬기기는 하면서도 멀리 했다"[殷人尊神, 率民以事神.……周人尊禮尙施, 事鬼敬神而遠之]라는 기사를 그 대표적인 증거로 들고 있다.

46) 『書經』「君奭篇」: 天不可信.

47) 『詩經』「文王篇」: 天命靡常. 같은 의미로 『서경』「강고편康誥篇」에서는 "하늘의 명령은 영구불변한 것이 아니다"[惟命不于常]라고 하였다.

48) 郭沫若, 앞의 책, 336-337쪽 참조.

49) 곽말약은 은대의 복사卜辭나 이명彝銘에 덕德 자가 보이지 않는다고 고증하면서 주초에 덕의 관념을 도입한 것은 천에 대한 종교적 사상의 진보라고 평가한다(郭沫若, 앞의 책, 335-336쪽 참조). 후외려侯外廬는 덕의 구체적 내용에 대하여 ①경천敬天, 즉 상제를 존숭하는 것, ②조상에 대한 효도, ③보민保民, 즉 백성에 대한 확고한 통치 등이라고 한다. 그는 주대에는 이와 같은 표준에 적합한 귀족이라야만 덕을 가질 수 있고, 따라서 천명을 받을 수 있는 것으로 생각하였다고 주장한다(侯外廬 主編, 양재혁 옮김, 『中國哲學史』(上), 일월서각, 1988, 38쪽 참조).

50) 傅佩榮, 「中國哲學的關鍵概念-天」(『哲學與文化』 第13卷 第1期, 1986), 56쪽 참조.

51) 여기서 '面稽天若'은 학자에 따라 상반된 해석이 있다. 왕인지王引之·손성연孫星衍 등은 '천도에 합하고자 노력하는 것'이라고 해석하였다. 그러나 우성오于省午·백천정白川靜 등은 '천도를 거슬렀다'고 해석하였다. 나는 후자의 해석에 따른다(池田末利 譯, 『尙書』, 全釋漢文大系 11, 集英社, 350-351쪽 참조).

52) 여기서 천명과 덕은 각각 종교 및 윤리적 개념으로서 이 양자는 서로 연관되어 있음을 알 수 있다.

53) 『書經』「召誥」: 惟不敬厥德, 乃早墜厥命.

54) 이운구, 『중국의 비판사상』(여강출판사, 1987), 57쪽 참조.

55) 안병주, 『유교의 민본사상』(성대 대동문화연구원, 1987), 30쪽.

56) 『論語』「子罕篇」: 子疾病, 子路使門人爲臣. 病間曰, 久矣哉, 由之行詐也. 無臣而爲有臣, 吾誰欺. 欺天乎.

57) 같은 책, 「八佾篇」: 獲罪於天, 無所禱也.

58) 같은 책, 「子罕篇」: 天之未喪斯文, 匡人其如予何.

59) 같은 책, 「雍也篇」: 予所否者, 天厭之, 天厭之.

60) 같은 책, 「陽貨篇」: 天何言哉. 四時行焉, 百物生焉, 天何言哉.

61) 같은 책, 「先進篇」: 季路問事鬼神, 子曰, 未能事人, 焉能事鬼. 敢問 死, 曰, 未知生, 焉知死.

62) 같은 책, 「雍也篇」: 敬鬼神而遠之.

63) 같은 책, 「술이편」의 "하늘이 나에게 덕을 주셨으니 환퇴가 나를 어떻 게 하겠는가?"[天生德於予, 桓魋其如何] 참조.

64) 같은 책, 「위정편」의 "나이 50이 되어 천명을 알았다"[五十而知天命], 「계씨편」의 "군자는 세 가지를 두려워한다. 천명을 두려워하고, 대인을 두려워하고 성인의 말씀을 두려워한다"[君子有三畏. 畏天命, 畏大人, 畏聖人之言] 등 참조.

65) 다음과 같은 구절들이 대표적이다. "소인은 천명을 알지 못하기 때문 에 두려워하지 않는다"[「季氏篇」: 小人不知天命, 而不畏也]. "(천)명을 알지 못하면 군자라고 할 것도 없다"[「堯曰篇」: 不知命, 無以爲君子 也].

66) 청대의 완원阮元(「性命古訓」)과, 유보남劉寶楠(『論語正義』) 등이 이 러한 주장을 하고 있다(內山俊彦,『中國古代思想史における自然認識』, 創文社, 1987, 27쪽의 註 6 참조).

67) 『論語』「子罕篇」: 文王既沒, 文不在茲乎. 天之將喪斯文也, 後死者不 得與於斯文也. 天之未喪斯文也, 匡人其如予何.

68) 『孟子』「盡心上篇」: 盡其心者, 知其性也, 知其性, 則知天也. 存其心, 養其性, 所以事天也.

69) 『춘추좌씨전』과 『국어』에는 장문중臧文仲, 안영晏嬰, 자산子産, 범려 范蠡 등이 종교적 미신을 부정하고 천체 운행 및 자연의 재이災異, 신체 의 질병 등을 객관적·합리적으로 해석하고자 하였음을 보여주는 자료가 있다. 이들은 대부분 봉건 귀족이거나 새로운 지주 출신들로서 급속하 게 발전된 당시의 과학 사상을 수용하고 종교 미신적 세계관과 대결한 다. 이들은 전국시대 법가의 선구라 할 수 있는데, 임계유는 이들과 대척 점에 놓인 자들로 신수申繻, 백종伯宗, 숙향叔向, 공자孔子 등을 들고 있다(任繼愈, 이문주·최일범 옮김,『중국철학사 I』, 82-84쪽 및『中國哲 學史簡編』, 51-64쪽 참조).

70) 『詩經』 小雅 「十月之交」 : 下民之擘, 非降自天, 噂沓背憎, 職競由人.

71) 그러나 이 시의 앞부분은 조금 다른 해석을 가능하게 한다. "해와 달이 흉조를 알리기 위해, 제 길을 따라가지 않네. 사방의 나라에 정치가 실종되어, 좋은 인재를 쓰지 않네. 저 달이 먹히는 것은 흔히 보는 일이지만, 이 해가 먹히는 것은 어디가 잘못되어서인가?"[日月告凶, 不用其行. 四國無政, 不用其良. 彼月而食, 則維其常. 此日而食, 于何不臧]. 여기서 일식이나 월식 등 자연 현상을 정치와 연관시키고 있음을 알 수 있다. 이는 이 시의 작자가 자연에 대한 종교적 해석에서 완전히 탈피하지 못하였음을 보여주는 것이다.

72) 음양이라는 말은 『시경』 대아 「공류公劉」의 "후덕하신 공류께서, 토지를 넓고 길게 개간하시고, 해 그림자로 방향을 보며 언덕에 올라, 음양을 살피시고, 흘러나오는 샘물을 관찰하셨다"[篤公劉, 旣薄旣長, 旣景迺岡, 相其陰陽, 觀其流泉]에서 비롯한다. 이때 음양은 각각 산의 남쪽과 북쪽을 가리키는 말로 철학적 의미는 없다. 그후 서주 말기에 이르기까지 음과 양은 각각 그늘과 햇빛을 가리키는 말로만 쓰였다.

73) 『國語』 「周語上」 : 陽伏而不能出, 陰迫而不能烝, 於是有地震.

74) 『國語上』(明治書院, 1979), 89쪽 참조.

75) 『춘추좌씨전』 「희공」 16년 조의 "十六年, 春, 隕石于宋五, 隕星也. 六鶂退飛過宋都, 風也. 周內史叔興聘于宋……是陰陽之事. 非吉凶所生也. 吉凶由人" 참조.

76) 『국어』 「월어하」의 "음양의 이치는 천지의 이치를 따른다"[因陰陽之恒, 順天地之常] 참조. 자연 현상에 일정한 법칙이나 질서가 있다는 견해는 백양보伯陽父의 "천지의 기氣는 그 질서를 잃지 않는다"[「周語上」 : 夫天地之氣, 不失其序]라는 명제 속에도 암시되어 있다.

77) 宮哲兵, 『晚周辨證法史硏究』(上海古籍出版社, 1988), 6쪽 참조.

78) 궁철병은 앞의 책에서 서주 말기의 오행설은 대개 오행상잡설五行相雜說, 오행상승설五行相勝說, 오행무상승설五行無常勝說, 오행상생설五行相生說, 오행생승설五行生勝說 등으로 발전했다고 주장한다. 그는 이러한 도식에 의해 서주말기의 여러 사상가의 오행설을 정리하면서 사백의 주장은 오행상잡설에 속한다고 설명한다(『晚周辨證法史硏究』, 6-10쪽 참조).

79) 『도덕경』 제5장 : 天地不仁, 以萬物爲芻狗. 여기서 '추구芻狗'란 제사

때 쓰는 풀로 만든 개 모양의 허수아비를 뜻하는 것으로서, 제사에 올려지기 전에는 여러 가지 장식을 곁들여 조심스럽게 다루었다가 일단 제사가 끝나면 길가에 내다버리는 것이다. 따라서 이 문장이 의도하는 바는 천지라는 무의지적 자연 속에서 만물, 즉 일체의 존재는 각자에게 주어진 기능만 다하면 그만이라는 것이다. 추구에 대해서는 『장자』「천운편」의 안연顔淵과 사금師金의 대화 속에 자세히 설명되어 있다.

80) 나중에 설명되겠지만 장자뿐만 아니라 노자에서 무위라는 것은 막연히 아무것도 하지 않는다는 의미보다는 일체의 인위적인 행위에 대립된, 보다 구체적으로는 일체의 의식이 배제된 행위나 작용을 뜻하는 말이다. 최근에 나온 견해로서 노자의 '무위'를 '무위無違', 즉 '도리(법칙이나 이치)를 거스르지 않음'의 의미로 해석하는 학자도 있다(羅尙賢, 『老子通解』, 廣東高等敎育出版社, 1989, 참조).

81) 『도덕경』 제42장에 대한 이러한 설명은 임계유의 해석(『老子新譯』 및 『中國哲學發展史』, 『중국철학사Ⅰ』)을 참조한 것이다.

82) 『道德經』, 제40장 : 天下萬物生於有, 有生於無.

83) 같은 책, 제5장 : 天地之間, 其猶橐籥乎. 虛而不屈, 動而愈出.

84) 같은 책, 제40장 : 되돌아가는 것은 도의 작용이고 연약한 것은 도의 쓰임이다[反者, 道之動. 弱者, 道之用].

85) 같은 책, 제25장의 "어떤 것이 뒤섞여 있었는데 천지에 앞서서 생겨났다"(有物混成, 先天地生) 참조.

86) 같은 책, 제42장의 "만물은 음을 업고 양을 안고 충기沖氣로 조화를 이루고 있다"[萬物負陰而抱陽, 沖氣以爲和] 참조.

87) 같은 책, 제2장 : 有無相生, 難易相成, 長短相形, 高下相傾, 聲音相和, 前後相隨.

88) 같은 책, 제58장 : 재앙은 복이 기대 있는 곳이고, 복은 재앙이 기대 있는 곳이다. 누가 그 끝을 알 수 있을까? 정해진 것이 없는 것은 아닐까? 정상적인 것은 다시 비정상적인 것이 되고, 선은 다시 악이 된다[禍兮福之所倚, 福兮禍之所伏. 孰知其極. 其無正邪. 正復爲奇, 善復爲妖].

89) 『도덕경』에서 명이라는 말을 포함하고 있는 장은 제16장과 제51장 등 두 곳뿐이다. 제16장의 "만물이 무성하게 자라나서는 각기 그 뿌리로 되돌아간다. 뿌리로 돌아가는 것을 '고요함'[靜]이라 하고, 이것을 '생명의 회복'[復命]이라고 하고, 생명의 회복을 자연성[常]이라고 한다"[夫物芸

芸, 各復歸其根. 歸根曰靜, 是謂復命, 復命曰常]라는 글 속에서 '명'은
생명을 가리키는 말일 뿐 천명론에서 말하는 의미의 명, 즉'명령'의 의미
는 없다. 즉 '복명復命'이란 생명의 갱신, 즉 다시 태어난다는 의미이다.
또 제51장에서는 "도道가 높고 덕德이 귀한 것은 누가 그렇게 명령[命]
을 내려서 그런 것이 아니라 그냥 저절로 그런 것이다"[道之尊, 德之貴,
夫莫之命, 而常自然]라고 하여 천명이라는 의미로 쓰였지만 부정적으
로 언급되고 있으며, 재등향齋藤喬의 『노자』(集英社)에 따르면 이 '명
命'이라는 글자는 하상공본河上公本과 왕필본王弼本에는 명으로 되어
있지만, 마왕퇴馬王堆 갑을본甲乙本 및 부혁본傅奕本에는 모두 작爵으
로 되어 있다.

제3장 자연과 도

1) 「天下篇」: 芴漠無形, 變化無常. 死與生與, 天地竝與, 神明往與. 芒乎
   何之, 忽乎何適. 萬物畢羅, 莫足以歸. 古之道術, 有在於是者, 莊周聞其
   風而悅之.
2) 赤塚忠, 『莊子下』, 763쪽 및 陳鼓應, 『老莊新論』, 321쪽 참조.
3) 장자철학의 상대주의적 인식 이론의 불가지론적 성격에 대한 비판에 대
   해서는 馮友蘭, 『中國哲學史新編(第二册)』(人民出版社, 1983), 118-119
   쪽, 任繼愈, 『中國哲學發展史(先秦)』(人民出版社, 1983), 429쪽, 北京大
   學哲學系中國哲學史敎硏室 編, 『中國哲學史(上册)』(中華書局, 1985),
   114-118쪽 등을 참조할 것.
4) 이것은 '제물론'이라는 말에 대한 대표적인 두 가지 해석으로서 앞의 견
   해는 곽상郭象을 중심으로 하는 것이고, 뒤의 것은 임희일林希逸·여혜
   경呂惠卿·왕부지王夫之 등을 중심으로 한 학자들의 견해이다.
5) 「제물론편」의 "故有儒墨之是非, 以是其所非, 以非其所是" 참조.
6) 송영배, 「장자에서의 이념적 명분논리의 부정과 자유의식의 문제」(『중
   국학보』 第31輯), 1991, 92쪽 참조.
7) 장자는 사적 소유가 발생하지 않은 사회, 사회적 차별이 없는 사회를 이
   상적인 사회로 상정하고 그러한 사회에서만이 인간은 모두 진정한 자연
   적 본성을 발휘할 수 있고 또 진정한 자유를 획득할 수 있다고 주장한다.
   반면 인류 역사의 발전 과정은 이것과 반대의 방향으로 진행되어 왔음

을 지적하고 이러한 과정을 그는 퇴보라고 규정한다. 즉 신분 계층이 분화되고 사회가 복잡하게 될수록 개인의 삶은 더욱 자연 상태로부터 이탈되고 질곡 당한다는 것이다(「마제편」의 "彼民有常性, 織而衣, 耕而食,~", 「선성편」의 "夫至德之世, 同與禽獸居, 族與萬物竝, 惡乎知君子小人哉~夫殘樸以爲器, 工匠之罪也. 毁道德爲仁義, 聖人之過也", 「도척편」의 "古者禽獸多, 而人民少, 於是民皆巢居以避之.~自是之後, 以强陵弱, 以衆暴寡. 湯武以來, 皆亂人之徒也" 등 참조). 장자에 따르면 그러한 질곡의 구체적 모습은 경제적 불이익으로 나타난다(「산목편」의 "莊子衣大布而補之, 正緳係履, 而過魏王.~今處昏上亂相之間, 而欲無憊, 奚可得邪" 참조).

8) 「齊物論篇」 : 是非之彰也, 道之所以虧也.

9) 같은 곳 : 天地與我竝生, 而萬物與我爲一.

10) 장자의 상대주의에 변증법적 요소가 있다고 주장하는 대표적 학자로는 유소감(劉笑敢:『莊子哲學』, 186쪽), 임계유任繼愈(『中國哲學發展史 -先秦』), 438-441쪽), 사상호謝祥晧(「莊周的相對主義與辨證法」『莊子硏究』, 復旦大學出版社) 등이 있다.

11) 「소요유편」의 "북쪽 바다에 어떤 물고기가 살고 있는데 그 이름을 곤이라고 한다. 곤의 크기는 몇 천리나 되는지 알지 못한다. 그것이 변해서 새가 되는데 그 이름을 붕이라고 한다.……상고에 대춘이라는 나무가 있었는데, 8천년을 봄으로 삼고 8천년을 가을로 삼았다. 그런데 팽조가 오늘날 오래 산 사람으로 크게 소문이 나서 뭇 사람들은 그를 흉내 내려고 한다. 또한 슬프지 않은가?"[北冥有魚, 其名爲鯤. 鯤之大不知其幾千里也. 化而爲鳥, 其名爲鵬……上古有大椿者, 以八千歲爲春, 八千歲爲秋. 而彭祖乃今以久特聞, 衆人匹之. 不亦悲乎] 참조.『장자』의 제1장이라 할 수 있는 이 편의 명칭인 '소요유'의 의미에 대해서는 전통적으로 두 가지 견해가 있다. 첫째는 곽상을 중심으로 한 해석으로, 소요유란 빈부·귀천·현우를 가릴 것 없이 자연적으로 주어진 천분天分에 안주하여 세속의 잡다한 일에 의해 번거로움을 겪지 않는 것을 의미한다는 것이다. 다른 하나는 지도림支道林을 중심으로 한 해석으로, 소요유란 천지의 정기正氣를 타고 무궁히 노니는 지인至人의 마음을 말한 것이기 때문에 일반인에 있어서는 세속에 번거로워진 '자기 중심적 사고'를 제거하여 지인의 마음을 체득하는 것을 의미한다는 주장이 그것이다. 이상

은 적총충赤塚忠의 『장자상莊子上』(60쪽) 및 관봉關鋒의 「소요유편해부逍遙遊篇解剖」(『莊子哲學討論集』, 101쪽의 주석①), 장항수張恒壽의 『장자신탐莊子新探』(341-342쪽), 유소감의 『장자철학』(132-140쪽), 「소요유의변逍遙遊義辨」(『老莊論集』) 등을 참조하여 정리한 것이다. 나는 여기서 「소요유편」의 내용을 지도림의 '자기 중심적 사고'를 제거한다는 점에 동의하면서 해석한다.

12) 송영배, 앞의 논문, 91쪽 참조.

13) 福永光司, 『莊子—中國古代實存主義』, 中央公論社, 158-159쪽.

14) 崔大華, 『莊學硏究』, 人民出版社, 149-156쪽 참조.

15) 「지북유편」의 다음 구절들이 대표적이다. "도는 들을 수 없으니 들었다면 그것은 도가 아니다. 도는 볼 수 없으니 보았다면 그것은 도가 아니다. 도는 말할 수 없으니 말했다면 그것은 도가 아니다"[道不可聞, 聞而非也. 道不可見, 見而非也. 道不可言, 言而非也]. "아무것도 생각하지 말고 아무것도 계획하지 말아야만 비로소 도를 알 수 있고, 어떻게도 처신하지 말고 아무것도 실천하지 말아야만 비로소 도에 안주할 수 있고, 어디에도 의지하지 말고 아무것도 따르지 말아야만 비로소 도를 터득할 수 있다"[無思無慮, 始知道. 無處無服, 始安道. 無從無道, 始得道].

16) 풍우란馮友蘭은 양주楊朱뿐만 아니라 『도덕경』이나 『장자』에서도 '귀기貴己', '중생重生' 등은 중요한 중심 사상이라고 주장한다. 말하자면 도가학파 전체를 관통하고 있는 중요한 사상의 하나가 바로 '경물중생'이라는 것이다(『中國哲學史』 第一卷, 人民出版社, 249-250쪽 참조).

17) 『孟子』 「盡心上篇」: 楊子取爲我, 拔一毛利而天下, 不爲也.

18) 『列子』 「楊朱篇」: (古之人損一毫利天下, 不與也. 悉天下奉一身, 不取也) 人人不損一毫, 人人不利天下, 天下治矣.

19) 송영배, 앞의 논문, 90쪽.

20) J.니담은 도가의 저작 가운데서 변變·화化·반反·환還 등의 술어가 발달한 것은 그들이 자연의 변화에 대한 문제에 몰두한 데서 기인한다고 설명하면서, '변'은 외형적인 변화를 '화'는 질적인 변화를 의미한다고 주장한다(『中國の科學と文明』, 제2권, 91-92쪽 참조). 그러나 적어도 장자의 경우에 있어서는 변과 화의 이러한 구분은 의미가 없다. 간단한 예로 다음과 같은 것을 들 수 있다. 즉 장자는 「지락편」에서 "기가 변하여 형체를 가지게 되었고 형체가 변하여 생명을 가지게 되었다. 이제 또 변하

여 죽음에 이르게 되었다. 삶과 죽음은 춘하추동 사계절의 교체와 같이 변화한다"[氣變而有形, 形變而有生. 今又變而之死. 是相與爲春秋冬夏四時行也]라고 삶과 죽음의 문제를 기로써 설명하면서 '변'을 질적인 변화를 의미하는 용어로 사용하고 있으며, 「지북유편」의 "겉은 변하지만 속은 변하지 않는다"[外化而內不化]라는 유명한 명제에서는 '화'가 외형상의 변화를 뜻하는 말로 쓰인다.

21) 「秋水篇」: 年不可擧, 時不可止. 消息盈虛, 終則有始.……物之生也, 若驟若馳. 無動而不變, 無時而不移.

22) 「寓言篇」: 萬物皆種也, 以不同形相禪, 始卒若環, 莫得其倫, 是謂天均, 天均者天倪也. 원문의 '萬物皆種也'는 "만물은 모두 동일한 종자(근원)에서 발생하였다"는 해석(赤塚忠, 福永光司, 森三樹三郎, 池田知久)과 "만물은 그 자체로 모두가 종자이기 때문에 모두 새로운 사물을 발생시킬 수 있다"는 해석 등 두 종류가 있다(曹礎基).

23) 풍우馮禹 지음, 김갑수 역, 『천인관계론』(신지서원, 1993) 제5장의 제3절 참조. 풍우는 사물 및 상황의 변화에 대한 순환적 이해는 대다수의 사상가뿐만 아니라 문학작품 속에서도 발견되는 것이며, 또 일반 대중의 격언 속에서도 흔히 발견된다고 하면서 구체적인 예를 들어 설명한다.

24) 장원유인藏原惟人, 김교빈외 옮김, 『중국고대철학의 세계』(죽산, 1991), 152쪽.

25) 『周易』「繫辭傳」: 日往則月來, 月往則日來, 日月相推而明生焉. 寒往暑來, 暑往則寒來, 寒暑相推而歲成焉.

26) 같은 곳 : 變通莫大乎四時.

27) 「天下篇」: 日方中方睨, 物方生方死.

28) 이 문장에서 기紀는 기율紀律, 혹은 기基의 가차자假借字(馬敍倫이 『莊子義證』에서 한 해석)로 해석된다. 후자로 볼 경우 '원인'으로 번역해도 무리가 없을 것이다.

29) 앞의 장에서 인용한 범려의 다음과 같은 언급을 참조할 것. "……양이 극에 이르면 음이 되고 음이 극에 이르면 양이 된다. 해는 지면 다시 돌아오고 달은 차면 다시 이지러진다"[『國語』「越語下」: ……陽至而陰, 陰至而陽, 日困而還, 月成而匡].

30) 「각의편」, 「천도편」 등에는 "하늘의 즐거움을 아는 자는 그 삶은 하늘

의 운행과 같고, 그 죽음은 사물의 변화와 같다"[知天樂者, 其生也天行, 其死也物化], "성인의 삶은 하늘의 운행과 같고, 그 죽음은 사물의 변화와 같다"[聖人之生也天行, 其死也物化]라는 구절이 있다. 여기서 죽음을 '물화物化' 즉 '사물의 변화'라고 설명하기도 한다. 죽음이란 또 다른 삶의 시작이라는 장자의 견해에 따르면 그것은 하나의 생명체에서 다른 생명체로의 유전流轉을 의미하기 때문에 '물화'란 질적인 변화를 가리키는 개념이라고 이해된다.

31) 「逍遙遊篇」: 北冥有魚, 其名爲鯤. 鯤之大, 不知其幾千里也. 化而爲鳥, 其名爲鵬.

32) 이 문장은 난해하기로 이름이 높다. 기幾는 글자 그대로 '몇'의 의미(張湛, 郭象), 생물의 종자 가운데 극히 미세한 생명 물질(馬敍倫, 胡適), 혹은 기機(낌새, 조짐)의 의미(陶鴻慶)로 해석되기도 하며, 끝 부분의 기機는 '발동發動', 즉 추동(成玄英)의 의미, 혹은 앞의 기幾와 같은 뜻(馬敍倫, 胡適)으로 해석된다. 여기에 등장하는 많은 동식물의 이름 가운데 구체적으로 무엇을 가리키는지 알 수 없는 것들도 있다. 나는 호적胡適 및 J.니담, 적총충赤塚忠, 진고응陳鼓應 등의 해석을 참조하였다.

33) 특히 니담은 이것이 자연도태, 적자생존의 관념을 표명한 것으로 이해하고 있지만, 나는 그러한 견해에 찬성하지 않는다(J.니담, 吉川忠夫 外 譯, 『中國の科學と文明』第2卷, 99쪽).

34) 郎擎霄, 『莊子學案』(泰順書局, 1934), 60-61쪽에서 재인용.

35) 장원유인, 앞의 책, 167쪽.

36) 같은 책, 같은 곳.

37) 任繼愈, 『中國哲學發展史(先秦)』, 410쪽.

38) 「知北遊篇」: 天地有大美而不言, 四時有明法而不議, 萬物有成理而不說.

39) 이 점에 대해서는 다음 절에서 좀더 상세하게 논의할 것이다.

40) 「천운편」: 하늘은 움직이고 있으며, 땅은 멈추어 있는가? 해와 달은 서로 자리다툼을 하고 있는가? 누가 이 천지를 통솔하고 있으며, 누가 이 천지에 질서를 부여하고 있는가? 누가 아무 일도 하지 않으면서 이 천지를 밀고 가는가? 아니면 어떤 기계적인 장치에 의해 어쩔 수 없이 움직이고 있는가? 아니면 저절로 움직여 스스로는 멈출 수가 없는 것인가? [天其運乎, 地其處乎, 日月其爭於所乎. 孰主張是, 孰維綱是, 孰居無事,

而推行是. 意者其有機緘而不得已邪. 意者其運轉而不能自止邪].

41) 「대종사편」: 이제 한 번 천지를 거대한 용광로로 삼고 조화를 커다란 대장장이로 삼았으니 어떻게 변한들 좋지 않겠는가[今一以天地爲大鑪, 以造化爲大冶, 惡乎往而不可哉].

42) 이 책 제2장의 주 83) 참조.

43) 대표적인 것으로 다음과 같은 구절들이 있다. "가장 음적인 것은 어둡고 차가우며 가장 양적인 것은 밝고 뜨겁다. 어둡고 차가운 것은 하늘에서 나오고 밝고 뜨거운 것은 땅에서 나온다. 이 두 가지가 교통하여 조화를 이루면 사물이 생겨난다. 무언가 원인이 있을 터이지만 그 모습을 볼 수 없다"[「田子方篇」: 至陰肅肅, 至陽赫赫, 肅肅出乎天, 赫赫發乎地. 兩者交通成和, 而物生焉. 或爲之紀, 而莫見其形. "소지가 '사방의 안쪽 세상에서는 만물이 살고 있는데 어디에서 발생한 것입니까?'라고 물었다. 태공조가 '음과 양이 교대로 비추면서 갈등과 조화를 반복한다. 춘하추동 사계는 번갈아 바뀌면서 만물은 생성과 소멸을 반복한다. 생명체에는 욕망과 증오, 헤어짐과 만남 등의 감정이 나타나고 암수가 결합하여 번식이 계속된다'라고 대답했다"[「則陽篇」: 少知曰, 四方之內, 六合之裏, 萬物之所生惡起. 太公調曰, 陰陽相照, 相蓋相治, 四時相代, 相生相殺, 欲惡去就, 於是橋起, 雌雄片合, 於是庸有].

44) 실제로 공자는 이미 사회적 위기 상태에 빠진 천하를 구시대의 지배질서였던 '예'에 따라 다시 구제하고자 노력하였다. 공자는 이전 사회의 여러 가지 예를 서로 비교한 후 주 나라의 예를 원칙상 가장 좋은 것으로 여겼다. 그러면서도 공자는 변화된 시대상황에 상응하여 예를 기술적으로 변화시키는 것이 필요하다고 생각하였다(송영배, 『中國社會思想史』, 50쪽 참조). 그러나 장자에게는 공자를 중심으로 한 유가의 주장이 구질서의 회복으로 비쳐졌다. 이 점은 유가의 시대착오적 성격을 비판하는 장자의 논조에 잘 나타나 있다.

45) 이상 두 번의 " " 부분은 송영배 교수(『中國社會思想史』)의 표현을 빌려온 것이다.

46) 「秋水篇」: 帝王殊禪, 三代殊繼. 差其時逆其俗者, 謂之篡夫, 當其時順其俗者, 謂之義之徒.

47) 「天運篇」: 禮義法度者, 應時而變者也.

48) 「秋水篇」: 物無貴賤, 貴賤有時.

49) 이는 『도덕경』 제40장의 일부로서 원문은 "反者道之動"이다. 이 밖에도 노자는 제25장(吾不知其名, 字之曰道, 强爲之名曰大, 大曰逝, 逝曰遠, 遠曰反) 등 여러 곳에서 도의 운동성을 암시하고 있다.

50) 「天運篇」: 天道運而無所積.

51) 「知北遊篇」: 天不得不高, 地不得不廣, 日月不得不行, 萬物不得不昌. 此其道與.

52) 「대종사편」: 부모는 자식에게 동서남북 어느 쪽으로든 명령에 따라 가게 한다. 음양은 사람에게 부모 정도에 그치는 것이 아니다[父母於子, 東西南北, 唯命之從. 陰陽於人, 不翅於父母].

53) 서복관, 『중국인성론사』, 366-367쪽.

54) 張恒壽, 『莊子新探』, 湖北人民出版社, 321쪽 참조.

55) 內山俊彦, 『中國古代思想史における自然認識』, 創文社, 188쪽 참조.

56) 澤田多喜男, 『莊子のこころ』, 有斐閣, 58-63쪽 참조.

57) 「天地篇」: 德兼於道, 道兼於天.

58) 『荀子』 「解蔽篇」: 莊子蔽於天, 而不知人.……由天謂之道, 盡因矣.

59) 內山俊彦, 『중국고대사상사에서의 자연 인식中國古代思想史における自然認識』, 創文社, 60쪽. 그는 또 같은 책 59쪽에서 조화자造化者, 진재眞宰, 진군眞君 등이 천의 다른 표현이라고 하면서 내편의 천은 ①자연적 존재와 상태를 결정하고, ②우주에 내재하며, ③초월적·절대적 지배력이고, ④인간이 예측하거나 변경할 수 없는 운명 등의 특징을 가지고 있다고 설명한다.

60) 이 밖에 장자는 '선생님의 도'[夫子之道](「應帝王篇」), '노담의 도'[老聃之道](「庚桑楚篇」), '방기의 도'[旁枝之道](「騈拇篇」) 등과 같이 도를 학문, 학설, 혹은 주장의 의미로 사용하기도 하며, '군자의 도'[君之道](「天道篇」), '신하의 도'[臣之道](「山木篇」), '정치의 도'[政治之道](「天道篇」), '군자의 도'[君子之道](「知北遊篇」), '성인의 도'[聖人之道](「庚桑楚篇」), '몸을 보존하는 도'[存身之道](「繕性篇」), '양신의 도'[養神之道](「刻意篇」) 등에서와 같이 당위나 방법의 의미로 사용하기도 한다.

61) 유소감, 『장자철학』, 52-56쪽 참조. 유소감은 선진 시대의 유가·묵가·법가가 말하는 도에는 실체적인 의미가 전혀 없지만, 장자가 제기한 도는 실체를 의미한다고 이해하고 있다.

62) 「漁父篇」: 道者萬物之所由也.

63) 「知北遊篇」: 物物者非物.

64) 같은 곳 : 精神生於道.

65) 「齊物論篇」: 若有眞宰, 而特不得其朕.

66) 「漁父篇」: 庶物失之者死, 得之者生. 爲事逆之則敗, 順之則成.

67) 앞의 주 43) 참조.

68) 「知北遊篇」: 天不得不高, 地不得不廣, 日月不得不行, 萬物不得不昌, 此其道與.

69) 劉笑敢, 『莊子哲學及其演變』, 105쪽.

70) 「則陽篇」: 睹道之人, 不隨其所廢, 不原其所起, 此議之所止.

71) 「知北遊篇」: 道不可聞, 聞而非也. 道不可見, 見而非也. 道不可言, 言而非也.

72) 심재나 좌망 등은 인식론적 의미만을 가지는 것은 아니다. 그것은 자연과의 합일, 개인의 심리적 안정과 정신적 자유에 도달하는 방법이기도 하다. 여기서 나는 인식의 구체적인 방법을 논하려는 것이 아니라 장자의 도, 혹은 자연적 질서에 대한 인식 가능성의 여부만 검토하려고 한다.

73) 「徐無鬼篇」: 天下非有公是也, 而各是其所是.

74) 「제물론편」의 "도가 어디에나 존재한다"[道惡乎往而不存], "도는 하나로 통한다"[道通爲一], 「지북유편」의 "(도는) 없는 곳이 없다"[無所不在], 「경상초편」의 "도는 나누어진 각 개체들에 통한다"[道通其分也] 등의 명제들은 이 점을 말하고 있는 것이다.

75) 「天地篇」: 天地雖大, 其化均也. 萬物雖多, 其治一也.……通於天地者德也, 行於萬物者道也.

76) 장자에 있어서 무위란 무의지, 무목적, 무규정, 무분별……등으로 해석된다. 그것은 인간적인 모든 것을 초월한 개념으로서 한마디로 비인위적, 비인격적이라는 의미이고, 따라서 장자가 규정하고 있는 인간(정확하게 말하면 인간의 의식)의 가장 큰 특징이라고 할 수 있는 '분分'(분별, 차별)·'변辯'(분석, 변별, 규정)이 철저히 배제된 개념이라는 의미에서 무분별, 무목적, 무차별, 무규정적이다. 따라서 그것은 이미 애초부터 의식적 경험이나 이성으로써는 도달할 수 없다고 전제된 것이다.

77) 중국철학사에서 '자연自然'이라는 말은 노자의 『도덕경』에서 비롯된 것이다. 『장자』에서 쓰인 '자연'을 우리말로 옮길 때는 두 가지 경우로 나누어 검토해 볼 수 있다. 첫 번째는 '스스로 그러하다'이고 두 번째는

'저절로 그러하다'이다. 안병주 교수의 주장에 따르면 전자는 곽상의 해석이며(郭象은 이러한 견지에서 『莊子』 전편을 풀이하였다고 한다), 후자는 곽상 이후의 해석이다. 그런데 이 두 가지 해석은 의미상 큰 차이가 없을 때도 있지만, 때로는 중대한 차이가 있을 수 있다고 한다. 말하자면 '스스로 그러하다'는 해석에는 어떤 경우에나 자연nature의 배후에 초월자를 인정하지 않는 것으로 이해할 수 있지만, '저절로 그러하다'는 해석은 저절로 그러하도록 하는 '그 무엇'을 인정할 수 있는 여지를 남긴다는 것이다. 안병주 교수는 그러한 예로 『장자』에서 의인적 호칭으로 쓰인 '진재'·'진군'·'조물자'·'대야大冶'가 후자의 해석에 따라 초월자나 근원자를 인정하는 본체적本體的 사상의 요소가 장자철학에 있음을 인정하여야 한다고 주장되기도 한다는 점을 들고 있다(安炳周, 「儒敎의 自然과 人間觀」, 12-14쪽 참조). 나는 이 책에서 자연nature의 배후에 어떠한 인격적 존재도 인정하지 않는 것이 장자의 취지라는 점에서는 곽상의 견해를 따른다.

78) 竹内照父, 『韓非子下』, 明治書院(이운구, 『중국의 비판사상』, 230쪽에서 재인용).

79) 「天道篇」: 夫兼愛, 不亦迂乎. 無私焉, 乃私也.

80) 적총충赤塚忠은 위의 예문을 "……하늘은 편파적으로 사물을 생존케 하지 않고, 땅은 편파적으로 사물을 성장케 하지 않는 것이니 천지가 나만을 차별하여 빈곤하게 하였을 까닭도 없다.……"라고 번역하였으며 (『莊子上』, 集英社, 323쪽), 지전지구池田知久도 "……하늘과 땅이 나만을 차별하여 빈곤하게 하였을 턱이 없다"라고 번역하였다(『莊子上』, 學習硏究社, 178쪽). 또 「천하편」에는 "공이부당公而不黨, 이이무사易而無私"라는 구절이 있는데, 마서륜馬敍倫에 따르면 '이易'는 '이㣵'(평평함, 평탄함의 뜻)의 가차자假借字로서 평등을 뜻한다. 즉 '이이무사易而無私'에서 '사私'는 불평등, 즉 차별을 뜻하며, 따라서 '무사無私'는 무차별을 뜻한다는 점을 확인할 수 있다(赤塚忠, 『莊子下』, 集英社, 737쪽 참조).

81) 이 문장에서 '군불사君不賜'와 '대인불사大人不賜'의 '사賜'자字에 대하여 육덕명陸德明은 여與 즉 한 쪽에 치우쳐 편드는 것으로 해석하고 있으며, 마서륜馬敍倫은 이것을 '사私'의 가차자로 풀이한다(『莊子』, 景仁文化社 影印本, 191쪽 및 赤塚忠, 『莊子』下, 472쪽 참조). 또 대부분의

주석가들은 '문무文武'와 '대인大人' 사이에 **빠진** 글자가 있을 것이라고 추측하고 있는데, 왕숙민王叔岷은 그것을 '수능殊能' 두 글자일 것이라고 추정한다. 나도 왕숙민과 같은 생각이다.

82) 장자는 인간의 질서, 즉 인도人道(「庚桑楚篇」, 「天道篇」)에 대하여 자연적 질서를 특히 천도天道(「人間世篇」, 「寓言篇」, 「天道篇」)라고 하며, 이 양자는 본질적으로 모순·대립 관계에 있다고 생각한다.

83) 같은 곳 : 爲道日損, 損之又損之, 以至於無爲. 無爲而無不爲也. 이는 장자가 『도덕경』 제48장을 인용한 것이지만 완전히 일치하지 않는다. 『도덕경』에서는 도를 닦는 것[爲道]과 학문을 익히는 것[爲學]을 대비시켜 이 양자가 서로 대립적인 관계에 있음을 강조한다.

84) 「天地篇」 : 無爲爲之之謂天.

85) 『道德經』 제25장 : 人法地, 地法天, 天法道, 道法自然.

86) 같은 책, 제37장 : 道常無爲, 而無不爲. 노자의 도의 성격을 규정한 말로서 가장 흔히 인용되는 명제의 하나는 "말할 수 있는 도는 진짜 도가 아니다"[道可道非常道]라는 『도덕경』 제1장의 첫 구절이다. 여기서 노자는 자신이 설명하고자 하는 도는 당시에 이데올로기화된 도와는 의미가 다르다는 것을 분명히 하기 위해 '진짜 도'[常道]라는 말을 사용하였으며, 동시에 그것은 분석적인 언어나 사려를 통해 도달 가능한 것이 아님을 주장한다. 장자가 말하는 도가 노자의 그것과 차이가 있기는 하지만, 인간의 분석적인 언어나 사려를 통해 도달될 수 없다거나 유가·묵가·법가 등 기타 학파에서 주장하는 것과는 분명한 차이를 두고자 하였다는 점에서는 양자가 일치한다.

87) 대통大通(「大宗師篇」), 대동大同(「在宥篇」), 대일大一(「徐無鬼篇」) 등의 용어가 도와 함께 쓰인 것은 아니지만 이것들이 도의 보편성을 암시하는 개념으로 사용되고 있음은 쉽게 유추할 수 있다.

88) 「齊物論篇」 : 大道不稱, 大辯不言……道昭而不道, 言辯不及.

89) 「秋水篇」 : 蓋師是而無非, 師治而無亂乎. 是未明天地之理, 萬物之情者也.

90) 장자는 유가적 의미에서의 예치禮治든 법가적 의미에서의 법치든 이른바 '치治'에 대하여 부정하고 있다. 위정자의 통치 행위, 혹은 통치 행위의 목표나 결과라 할 수 있는 '치'를 장자가 부정한 가장 큰 이유는 그것이 백성을 위한 것이 아니라는 점에서이다.

91) 이 점과 관련하여 유소감은 다음과 같이 지적하고 있다. "천을 대자연이라고 한 것은 장자의 독창적 견해이다. 선진先秦의 가장 중요한 유물주의 철학자 순자는 바로 천의 이러한 의미를 계승하였다"(劉笑敢, 『莊子哲學及其演變』, 124쪽).

제4장 인간과 도

1) 천인관계론天人關係論이란 엄밀하게 말해서 종교적 신과 인간의 관계, 자연과 인간의 관계, 자연적 본성과 사회적 의식의 관계, 천명과 인력人力의 관계 등을 규정하는 모든 논의의 총칭이라고 할 수 있다. 이 점에 관해서 풍우는 『천인관계론』(신지서원) 제2장에서 상세하게 분석하고 있다.

2) 『論語』「述而篇」: 天生德於予.

3) 같은 책, 「爲政篇」: 五十而知天命. 『논어』에는 이 밖에 천의 인격성을 부정하는 듯한 표현도 보인다. 이는 당시에 이미 천에 대한 신앙이 동요되고 있었음을 보여주는 것이며, 주대의 문화를 이상적으로 생각하던 공자는 현실적으로 동요되고 있는 천관天觀을 받아들이면서 다른 한편으로는 주대의 사회 정치사상의 근간을 이루었던 천관념을 완전히 부정할 수가 없었던 것으로 보인다.

4) 『孟子』「盡心上篇」: 盡其心者, 知其性也. 知其性, 則知天矣.

5) 같은 곳 : 存其心, 養其性, 所以事天也.

6) 『中庸』第1章 : 天命之謂性.

7) 송영배, 「공자의 '인'사상과 유교적 존재론의 발단」『오늘의 책』1985년 겨울호 49쪽(『中國社會思想史』, 108쪽). 송영배 교수는 유교의 이러한 논리를 "인본주의적 존재론"이라고 규정하면서 이러한 인본주의적·의인적 사고 유형은 장자와 『노자서』에 의해 정면으로 부정되었다고 강조한다(위의 논문, 51쪽 참조).

8) 張岱年, 『中國哲學大綱』(中國社會科學出版社, 1982), 421-422쪽. 또 유소감도 『장자철학』, 84쪽에서 이같이 주장하고 있다.

9) 이신李申은 노자의 도는 천도를 의미하는 것이라고 하면서 천도란 천체의 운행과 일체의 자연 현상을 가리킨다고 주장한다(『中國古代哲學

和自然科學』, 中國社會科學出版社, 1989, 89-90쪽 참조).

10) 장립문張立文은 자연에 대한 장자의 견해는 노자의 천에 대한 관념을 다음과 같은 두 가지 측면에서 계승·발전시킨 것이라고 한다. 첫째는 노자의 천 관념 중 자연적인 면을 발전시켜 천을 '푸른 하늘'[蒼蒼之體]이라고 하였고, 둘째는 장자의 자연과 인간의 구분[天人之辯]은 노자의 "하늘은 도를 본받고 도는 스스로 그러한 것을 본받는다"[天法道, 道法自然]는 생각을 계승한 것이다. 장립문은 장자의 이런 생각을 맹자의 천인합일론과 구별하였다(張立文, 『中國哲學範疇發展史』, 中國人民大學出版社, 1986, 74쪽 참조).

11) 劉笑敢, 『莊子哲學』, 86쪽. 나는 이 책에서 '천'과 '인'을 자연─인간, 자연적인 것─인위적인 것 등 두 가지 대응되는 의미를 구별할 것이다. 그러나 이 두 가지는 때로는 분명하지 않게, 때로는 두 가지 모두의 의미로 사용되는 경우도 있는데, 두 가지 모두 유위─무위의 대립이라는 구도로 파악된다는 점에서는 변함이 없다.

12) 여기서 '사회에서의 자연적인 것' 즉 '자연[天然]적 사회'란 무엇인가라는 의문이 제기될 수 있다. 그것은 바로 자연발생적 사회 즉 이 책 제5장에서 논의될 원시공동체적 사회를 의미한다. 다시 말하면 인의仁義나 성지聖知, 법률, 도구 등이 사용되지 않는 사회를 의미하는데, 장자는 인간의 생존에 필요한 최소한의 물질적 충족을 위한 자급자족적 노동을 자연적인 것으로 간주하고 있으며, 모든 이념과 차별 의식이 존재하지 않는 인류 문명 초기의 사회, 즉 원시 공동체사회를 인류가 도달할 수 있는 유일한 자연적 사회로 생각하고 있다.

13) "以其知之所知, 以養其知之所不知"는 기지의 것을 통해 미지의 것을 안다는 일반적인 해석뿐만 아니라, 기지의 것을 잘 활용하고 인간의 지혜로써는 알 수 없는 것에 대해서는 천연 그대로의 것을 길러야 한다는 의미의 해석도 있다(赤塚忠, 『莊子上』, 258쪽 참조).

14) 장자는 물질적 재화를 추구하는 소인이나 명예를 추구하는 군자가 각기 방법은 다르지만 모두 자신의 본성을 해친 점에서는 동일하다고 비판하면서 의식적(인위적)으로 외적 대상을 추구하는 것을 중지하고 대자연의 질서에 따를 것을 주장한다(「盜跖篇」 참조).

15) 「大宗師篇」 : 天之小人, 人之君子, 人之君子, 天之小人也.

16) 여기서 '자연을 파괴한다'는 것은 인간에 의한 대자연의 파괴(예를 들

면 「胠篋篇」의 "夫弓弩畢弋機變之知多,……甚矣夫好知之亂天下也"
가 그것)와 인위에 의한 인간의 자연적 본성의 손상·질곡 등의 두 가지
의미를 갖는다. 그런데 자연과 인간의 관계에 대한 논의에 있어 외적 자
연보다 인간의 자연적 본성의 파괴에 보다 많은 관심을 기울이고 있는
점에 장자철학의 특색이 있다.

17) 이 문장에서 '고故'자는 여러 가지 다른 해석이 있는데, 임운명林雲銘
의 "의식을 가지고 하는 행위를 가리킨다"[有心而爲之謂]라는 해석을
참조하였다(池田知久, 『莊子下』, 476쪽).

18) 「천운편」에서는 학의 흰색이나 까마귀의 검은색은 타고난 것(자연적
인 것)이기 때문에 어느 것이 좋다, 나쁘다 탓할 수 없다고 한 반면 명예
와 같은 것은 인위적인 것으로 고려의 가치가 없다고 한다[夫鵠不日浴
而白, 烏不日黔而黑, 黑白之朴, 不足以爲辨, 名譽之觀, 不足以爲廣].
여기서도 자연적인 것은 본질적인 것이고 인위적인 것은 부차적인 것이
라는 생각이 근저에 자리잡고 있음을 알 수 있다.

19) 자연과 인간을 대립적으로 파악하기는 순자도 장자와 같다. 그러나 순
자는 "자연과 인간의 구분을 명확히 할 것"[『荀子』「天論篇」: 明於天人
之分]을 전제하고 인간이 "할 수 있는 것과 할 수 없는 것을 알아야"[같
은 곳 : 知其所爲, 知其所不爲矣]함을 강조한다. 이러한 그의 주장은 장
자의 주장과 차이가 없는 듯이 보이지만, 순자의 주장은 인간의 능동성
을 확보하고 나아가 자연을 정복하고 이용해야 함을 강조한 것이며, 자
연과 인간의 매개자로서의 노동을 중시한 것이다. 이에 비해 장자는 자
연과 인간의 현실적인 대립을 지양하고 대립과 반목, 억압과 수탈이 없
는 자연적인 상태로 복귀해야 한다고 함으로써 결과적으로 자연의 질서
에 수동적으로 따르는 삶을 이상적으로 생각하고 인간의 노동이나 도구
의 이용 등을 부정하거나 극소화할 것을 주장한다. 여기서 장자가 부정
한 노동이란 잉여생산을 가능하게 하는 노동을 의미한다. 장자는 자급
자족적 노동을 부정하지 않으며, 오히려 그것을 인간의 자연스러운 본
성과 관계 있는 것으로까지 생각하고 있다. 이 점은 사회의 계층적 신분
질서를 부정하는 그의 기본 태도와 관련이 있다.

20) 『孟子』「告子上篇」: 惻隱之心, 人皆有之. 羞惡之心, 人皆有之. 恭敬
之心, 人皆有之, 是非之心, 人皆有之.……仁義禮智, 非由外鑠我也. 我
固有之也.

21) 『장자』에는 분명히 맹자를 지칭한 말은 없지만, 인의仁義를 병칭하여 유가를 비판하고 있는 점을 고려한다면, 맹자의 이러한 논조를 장자가 염두에 두었을 가능성이 매우 크다. 인의의 병칭은, "仁義之端, 是非之 塗"(「齊物論篇」), "而彊以仁義繩墨之言"(「人間世篇」), "仁義先王之蘧 廬"(「天運篇」), "道德已明仁義次之"(「天道篇」), "諸侯之門仁義存焉" (胠篋篇), "仁義多責"(「列御寇篇」), "仁義之士貴際"(「徐無鬼篇」) 등 내 ·외·잡편에 고루 나타난다.

22) 성聲·미味·색色……은 전자에 속하지만, 오성五聲·오미五味·오색五 色……은 후자에 속한다. 이 점에 대해서는 다음에서 좀더 상세하게 설 명할 것이다.

23) 뮈슬리프첸코저, 진영민 역, 『철학적 인식의 대상으로서의 인간』(논장, 1989), 86쪽 참조.

24) 「至樂篇」: 此以己養養鳥也. 非以鳥養養鳥也.

25) 「天地篇」: 端正而不知以爲義, 相愛而不知以爲仁, 實而不知以爲忠, 當而不知以爲信, 蠢動而相使, 不以爲賜. 是故行而無迹, 事而無傳.

26) 같은 곳 : 泰初有無, 無有無名, 一之所起. 有一而未形, 物得以生, 謂之 德……

27) 같은 곳 : 故形非道不生, 生非德不明.

28) 內山俊彦, 『中國古代思想史における自然認識』(創文社, 1987), 제3장 참조.

29) 이강수 교수는 『도가사상의 연구』(高大 民族文化研究所, 1984, 99-105 쪽)에서 장자의 덕의 의미를 '천성', '공용'[機能], '소양素養', '은혜恩惠' 등으로 나누고, 각각의 예문을 들어 설명하고 있다. 또 유소감은 덕에는 '순박한 자연적 본성'과 '가장 높은 수양의 경지' 등 두 가지 의미가 있다 고 설명한다(『莊子哲學及其演變』, 132-135쪽 및 『莊子哲學』, 소나무, 99-105쪽 참조). 덕의 이러한 의미 가운데 내가 주목하고자 하는 것은 '자 연적 본성', 혹은 '자연적 기능'의 측면이다.

30) 『장자』 내편에는 '성性'이라는 글자가 보이지 않는다. 그것은 외·잡편 에서만 보인다. 이 점은 『장자』 내편이 외·잡편보다 성립 연대가 앞선다 는 하나의 증거가 되기도 한다. 왜냐하면 중국철학사에서 덕자德字의 유행은 성자性字의 유행에 앞서기 때문이다.

31) 앞에서도 밝혔듯이 덕에는 '자연적 본성'의 뜻 이외에 '가장 높은 수양

의 경지'라든가 인격, 은혜의 의미도 있다. 덕이 이러한 의미로 쓰일 경
우에는 성의 개념과는 다르다. 덕과 성의 차이점에 대하여 이강수 교수
는 "성은 성질·성향·성능 등을 가리키는 개념이지만 덕처럼 생물·무생
물 또는 유기물·무기물 등 일체의 사물들에 적용되지 않고 생명을 가진
사물들에게만 쓸 수 있다"고 설명한다(『道家思想의 研究』, 102쪽). 그러
나 서복관은 성과 덕 두 가지 개념이 내용적으로 차이가 없다고 주장한
다(『中國人性論史』, 臺灣商務印書館, 1982, 369-370쪽 참조). 어쨌든 덕
과 성은 『장자』에서 대체로 인간의 자연적 본성을 뜻하는 말로 쓰이지
만, 성이 자연적 본성이 아닌 사회적 의식을 뜻하는 말로 사용되는 특수
한 용례가 전혀 없는 것은 아니다.

32) 이상 『孟子』 「告子上篇」 참조.

33) 이운구, 『중국의 비판사상』(여강출판사, 1987), 17쪽.

34) 沈善洪·王鳳賢, 『中國倫理學說史上』(浙江人民出版社, 1985), 204쪽
참조.

35) 『道德經』 제80장 : 甘其食, 美其服, 安其居, 樂其俗. 장자도 「마제편」
에서 이상적인 사회(至德之世)를 설명하면서 이 구절을 '安其居'와 '樂
其俗'의 순서만 바꾸어 그대로 사용하고 있다.

36) 같은 책, 제12장 : 五色令人目盲, 五音令人耳聾, 五味令人口爽, 馳騁
田獵令人心發狂, 難得之貨令人行妨, 是以聖人爲腹不爲目.

37) 이 밖에도 제10장, 제28장 등에서 갓난아이[嬰兒] 상태로 돌아갈 것을
주장하는 문장이 있다.

38) 「馬蹄篇」 : 含哺而熙, 鼓腹而遊.

39) 「繕性篇」 : 古之人在混芒之中, 與一世而得澹漠焉. 當是時也,……人
雖有知, 無所用之. 此之謂至一. 當是時也, 莫之爲而常自然.

40) 「天地篇」 : 且夫失性有五. 一曰, 五色亂目, 使目不明. 二曰, 五聲亂耳,
使耳不聰. 三曰, 五臭薰鼻, 困悛中顙. 四曰, 五味濁口, 使口厲爽. 五曰,
趣舍滑心, 使性飛揚. 此五者, 皆生之害也.

41) 「天道篇」 : 仁義眞人之性也.

42) 『장자』 「선성편」 및 「도척편」 참조. 「선성편」에는 유소씨有巢氏라는
말이 보이지 않으며, 「도척편」에서는 수인씨燧人氏 대신 '지생지민知生
之民'이라는 표현을 쓰고 있다. 여기서 장자는 인간이 수인씨(知生之民)
때부터 불을 사용함으로써 동물과 구별되었고, 따라서 인간 사회가 자

연계로부터 분리되었다고 설명한다.

43) 여기서 심心이란 인간의 모든 사고활동을 총체적으로 설명하는 개념이다. 따라서 그것은 대부분의 경우 오늘날의 용어로 '의식'이라고 번역하는 것이 가장 적절한 것으로 보인다.

44) 「逍遙遊篇」 : 至人無己, 神人無功, 聖人無名.

45) 「齊物論篇」 : 夫隨其成心而師之, 誰獨且無師乎.

46) 같은 곳 : 未成乎心而有是非, 是今日適越而昔至也.

47) 인간의 차별적 의식이 사회적 강제의 원천이라는 것은 「재유편」의 다음과 같은 설명에 분명하게 드러나 있다. "……이 때문에 자귀나 톱으로 사람들을 억누르고 오랏줄이나 묵형으로 사람들을 죽이며 몽치나 끌로 사람들의 목숨을 끊었다. 천하는 크게 혼란스러워졌다. 그 죄는 인간의 의식을 속박한 데 있다"[於是乎, 釿鋸制焉, 繩墨殺焉, 椎鑿決焉, 天下脊脊大亂. 罪在攖人心].

48) 「秋水篇」 : 差其時逆其俗者, 謂之篡夫, 當其時順其俗者, 謂之義之徒.

49) 「마제편」은 전적으로 이러한 인식에 기초하여 서술된 것이다.

50) 「外物篇」 : 外物不可必, 故龍逢誅, 比干戮, 箕子狂, 惡來死, 桀紂亡.

51) 「騈拇篇」 : 自三代以下者, 天下莫不以物易其性矣. 小人則以身殉利, 士則以身殉名, 大夫則以身殉家, 聖人則以身殉天下. 故此數子者事業不同, 名聲異號, 其於傷性以身爲殉一也.

52) 이러한 무지無知에 도달하기 위해 제시된 방법이 바로 심재나 좌망 등이다. 심재나 좌망은 일체의 사리분별을 지양하고 기존의 모든 편견이나 지식을 버리는 것, 즉 일체의 의식을 버리는 것이다. 이는 노자의 "덜어내고 또 덜어내서 무위에까지 이른다"[損之又損, 以至於無爲]는 방법과 동일하다. 장자는 이러한 방법에 의해 무심·무지·무욕의 상태에 도달할 수 있고 그렇게 함으로써 가장 이상적인 상태라 할 수 있는 물아일체物我一體의 경지에 도달할 수 있다고 믿는다.

53) 「거협편」의 "그러므로 성인을 끊어버리고 지식을 버려야 큰 도둑이 바로 그친다.……"[故絕聖棄知, 大盜乃止.……], 「도척편」의 "성인을 끊어버리고 지식을 버려야 천하가 크게 잘 다스려진다"[絕聖棄知, 天下大治矣] 등 참조. 장자 학파에서 '성인'이라는 말은 두 가지 상반된 의미로 사용된다. 즉 그것은 다른 제자諸子들의 경우에서와 같이 자기 학파의 이상적 인격을 표현하는 말로 사용하기도 하며, 때로는 유가나 묵가 등 다

른 학파의 이상적 인격을 지칭하는 말로 사용하기도 한다. 전자의 경우에는 긍정적 성격을 가지고 있으며, 이때는 지인至人이나 진인眞人, 신인神人 등과 크게 구별되지 않는다. 그러나 후자의 경우에는 부정적 의미를 가지고 있는데, 그것이 모든 유위有爲의 표본이라는 점에서 무위를 실천하는 지인 등과 구별된다. 특히『장자』내편에서는 '성인'이라는 말이 전자의 의미로만 사용되고 있으며, 외·잡편에 이르러서야 그것이 부정적 의미로 사용되기 시작한다는 점이 주목된다.

54) 「거협편」의 "저 증참, 사추, 양주, 묵적, 사광, 공수, 이주 등은 모두 타고난 재주를 밖으로 뽐내면서 세상을 크게 혼란에 빠뜨린 자들이다"[彼曾史楊墨師曠工倕離朱, 皆外立其德, 而爚亂天下者也] 참조.

55) 「徐無鬼篇」: 損仁義者寡, 利仁義者衆. 夫仁義之行, 唯且無誠, 且假夫禽貪者器.

56) 위의 「거협편」의 인용문에 보이는 '되나 말'[斗斛], '저울'[權衡], '신표나 도장'[符璽] 등은 법法의 구체적 표현이다(『管子』「七法」의 "尺寸也, 繩墨也, 規矩也, 衡石也, 斗斛也, 角量也, 謂之法" 참조).

57) 「盜跖篇」: 堯舜作, 立群臣. 湯放其主, 武王殺紂. 自是之後, 以强陵弱, 以衆暴寡. 湯武以來, 皆亂人之徒也. 今子脩文武之道, 掌天下之辯, 以敎後世. 縫衣淺帶, 矯言僞行, 以迷惑天下之主, 而欲求富貴焉. 盜莫大於子.

58) 「天地篇」: 無爲爲之之謂天, 無言言之之謂德.

59) 楊榮國,『中國思想史』(香港三聯書店, 1962), 229쪽 참조.

60) 이 점에 대해서는 이 책 제5장에서 검토할 것이다.

61) 「知北遊篇」: 人生天地之間, 若白駒之過隙, 忽然而已.

62) 「道德經」제48장 : 爲道者日損. 損之又損之, 以至於無爲. 無爲而無不爲也.

63) 김갑수,「노장철학의 현실의식에 관한 연구」, 본론의 3장을 참조할 것.

64) 이에 해당하는 장자의 표현을 몇 가지 찾아보면 다음과 같은 것들이 있다. "복귀어박復歸於朴"(「산목편」), "복귀근復歸根"(「지북유편」), "복기근復其根"(「재유편」), "무위복박無爲復朴"(「천지편」), "복기초復其初"(「선성편」), "반기진反其眞"(「대종사편」,「추수편」), "반어대통反於大通"(「추수편」).

65) 「天下篇」: 不離於精, 謂之神人. 不離於眞, 謂之至人.

66) 「大宗師篇」: 古之眞人, 其寢不夢, 其覺無憂. 其食不甘, 其息深深.

67) 나의 이러한 주장은 일반적인 것은 아니다. 나와 다른 견해를 가진 사람으로 진고응陳鼓應과 이강수 교수를 들 수 있다. 진고응은 장자의 이상적 인격(즉 至人·眞人 등)은 우주의 정신을 체현한 사람, 즉 형체 밖의 보다 높은 가치를 추구하는 사람이라고 설명하고 있으며(『老莊新論』, 185쪽), 이강수 교수는 "지인은 인간과 자연 사이의 간격이 없는 천인불이天人不二의 지극한 경지에 도달한 사람"(『道家思想의 硏究』, 151쪽)이라고 정의하며, 이천합천以天合天의 신비적 체험을 가진 지인은 사물들을 물物의 관점에서가 아니라 도의 관점에서 볼 수 있는 자라고 설명한다(같은 책, 155쪽 참조).

68) 「천도편」의 "환공이 대청 위에서 책을 읽고 있을 때 윤편은 대청 아래서 수레바퀴를 깎고 있었다"[桓公讀書於堂上, 輪扁斲輪於堂下]로 시작되는 소위 '윤편우화輪扁寓話'에서 수레바퀴 제작의 기술자 편扁이 자신의 기술은 자신의 자식에게도 전해줄 수 없는 성질의 것이라고 다음과 같이 설명한 것은 이 점을 의미한 것으로 주목된다. "바퀴를 깎을 때 구멍을 크게 하면 견고하지 못하고 작게 하면 뻑뻑해서 들어가지 못합니다. 크지도 작지도 않게 하는 기술은 손에 익고 마음으로 반응하는 것이지만 입으로는 말할 수 없습니다. 그 사이에 방법이 있을 터이나 저는 저의 아들에게 설명해줄 수 없습니다. 저의 아들 역시 저로부터 그 방법을 전수 받지 못하고 있습니다. 그래서 70의 늙은 나이에도 수레바퀴를 깎고 있습니다"[斲輪徐則甘而不固, 疾則苦而不入. 不徐不疾, 得之於手, 而應於心, 口不能言. 有數存焉於其間, 臣不能以喩臣之子. 臣之子, 亦不能受之於臣. 是以行年七十而老斲輪].

69) 심재와 좌망을 구분하는 학자로는 풍우란이 대표적이다. 그의 주장에 따르면 심재는 송윤학파宋尹學派의 방법으로서 무지, 무욕을 통해 '허일이정虛一而靜'의 상태에 도달하려는 것이며, 정기精氣의 집중을 위해 사려·분별을 제거하는 것이다. 또 좌망은 장자학파의 것으로서 모든 분별지分別知의 부정을 통해 심리적 혼돈 상태에 도달하는 것이다(「論莊子」『莊子哲學討論集』, 119쪽 참조). 그러나 나는『장자』에서 심재와 좌망이 구분될 만한 충분한 근거를 발견하지 못하였기 때문에 이 책에서는 이 두 가지를 같은 것으로 간주한다.

70) 「齊物論篇」: 形固可使如槁木, 心固可使如死灰. 이와 유사한 표현으

로, "形若槁骸, 心若死灰"(「知北遊篇」), "身若槁木之枝, 而心若死灰"
(「庚桑楚篇」), "形固可使若槁骸, 心固可使若死灰乎"(「徐無鬼篇」) 등이
있다.

71) 澤田多喜男, 『莊子のこころ』, 88쪽.

72) 「繕性篇」: 繕性於俗學, 以求復其初, 滑欲於俗思, 以求致其明, 謂之
蔽蒙之民.

73) 조초기曹礎基는 속학俗學을 유학과 법학(法家의 학문)이라고 풀이한
다(『莊子淺注』, 中華書局, 231쪽).

74) 『道德經』 제48장 : 爲學日益, 爲道日損.

75) 郭末若, 『十批判書』(『郭沫若全集』 第二卷, 人民出版社, 1982), 204쪽
참조.

76) 小島祐馬, 『中國思想史』(創文社, 昭和43년), 120-121쪽 참조. 소도우마
는 내편에 드러나는 장자 사상은 비사회적·독선적이라고 비판한다. 곽
말약과 관봉도 같은 논조로 비판한다(郭沫若의 『十批判書』, 200쪽 및
關鋒의 「莊子逍遙遊篇解剖」 『莊子哲學討論集』, 112쪽 참조).

77) 「추수편」의 "하늘은 안에 있고 인간은 밖에 있다. 그리고 덕은 하늘에
있다"[天在內, 人在外. 德在乎天], 「소요유편」의 "안과 밖의 경계를 확
정하고, 영광과 치욕의 경계를 구별할 뿐이다"[定乎內外之分, 辯乎榮辱
之竟斯已矣] 참조.

78) 任繼愈, 『中國哲學發展史(先秦)』, 464쪽.

79) 「大宗師篇」: 吾思夫使我至此極者, 而弗得也. 父母豈欲我貧哉. 天無
私覆, 地無私載, 天地豈私貧我哉. 求其爲之者而不得也. 然而至此極者,
命也夫.

80) 우리 말 "어찌할 수 없다"는 말에 해당하는 것은 "불가내하不可奈何"
(「인간세편」), "소부득이所不得已"(「인간세편」), "소부득여所不得與"(「
대종사편」), "소무이위所無以爲"(「달생편」), "소무내하所無奈何"(「달생
편」), "소불면所不免"(「지북유편」) 등을 들 수 있는데, 이것들은 대부분
'자연의 명령'[命]혹은 '알 수 없다'는 말과 관련하여 사용된다.

81) 「人間世篇」: 知其不可奈何, 而安之若命. 또 「덕충부편」에서는 이와
유사한 어조로 "知不可奈何, 而安之若命"이라고 한다. 두 곳의 '약若'자
는 모두 따른다는 의미이다.

82) 「德充符篇」: 游於羿之彀中. 中央者中地也, 然而不中者, 命也.

83) 任繼愈, 『中國哲學發展史(先秦)』, 465-466쪽.

84) 앞의 「덕충부편」과 「대종사편」의 인용문을 참조할 것.

85) 「德充符篇」: 無以好惡, 內傷其身.

86) 「養生主篇」: 安時而處順, 哀樂不能入.

87) 「應帝王篇」: 順物自然, 無用私焉.

88) 이 문제와 관련하여 택전다희남澤田多喜男의 설명이 주목된다. 그는 도가를 '자연주의'라고 할 때 '자연'이란 일상적 의미의 자연과는 다른 것이라고 전제하고 인간의 '자연스러운 감정'에 대하여 다음과 같이 설명한다. "외계의 변화에 따라 기뻐하기도 하고 슬퍼하기도 하는 것은 도가의 입장에서 보면 결코 저절로 그러한 '자연'스러운 것이 아니다. 오히려 그것은 거꾸로 매달려 있는 것과 같이 고통스럽고 자연스럽지 못한 상태이다. 사생死生이라는 현상에 집착하여 슬퍼하기도 하고 즐거워하기도 하는 것은 말하자면 표면적이고 감정적인 것으로서 본래적이라든가 자신에게서 솟아나온 '자연'스러운 것이 아니다"(澤田多喜男, 『莊子のこころ』, 114쪽).

89) 이것과 유사한 취지의 문장이 「양생주편」에도 있다. 노담老聃의 죽음을 조문하러 간 진실秦失이 다른 사람들처럼 크게 슬퍼하지 않는 이유를 설명하고 있는 대목이 그것이다.

90) 「知北遊篇」: 人之生, 氣之聚也. 聚則爲生, 散則爲死. 若死生爲徒, 吾又何患. 故萬物一也.……故曰, 通天下一氣耳.

91) 위의 인용문에서 '성性'을 습성이라고 해석한 것은 적총충(『莊子下』, 194쪽)의 풀이에 따른 것이다.

92) J.니담은 『中國の科學と文明』(第2卷, 108쪽)에서 도가(노장)가 비판한 허위의 지식은 사회적 지식이고 이는 참된 자연적 지식과는 구별된다고 주장한다. 즉 그는 자연의 변화나 생물의 진화 등에 대한 지식은 도가에서 인정한 것이라고 한다. 그러나 앞의 인간의 사회적 의식을 검토하는 곳에서 나는 장자가 모든 차별적 의식에 기초한 앎, 혹은 이념을 강력하게 부정하고 있다는 점에 주목하였다. 물론 거기서 장자는 이념[知]의 사회적 성격, 즉 모든 이념이 사회적 강제의 수단으로 기능하는 측면에 대하여 특히 부정적이라는 점을 밝혔지만, 그렇다고 그가 인정한 유일한 앎, 즉 무지無知의 지(明知)가 자연에 관한 지식을 의미한다는 근거는 찾아볼 수 없다. 니담의 이러한 주장은 장자(혹은 도가)의 실제적인 학문

방법과 그가 제시한 이상과의 차이를 혼동한 데서 기인한 것으로 보인
다.

93) 「大宗師篇」: 天與人不相勝也.

94) 「知北遊篇」: 古之人外化而內不化. 같은 의미로 「인간세편」에서는
"안으로는 곧지만 겉으로는 완곡하게 행동한다"[內直而外曲]라고 표현
한다.

제5장 사회와 도

1) 같은 책 「梁惠王下篇」: 凶年饑歲, 君之民老弱轉乎溝壑, 壯者散之四
方者, 幾千人矣, 而君之倉廩實府庫充.

2) 같은 책 「梁惠王上篇」: 庖有肥肉, 廐有肥馬, 民有飢色, 野有餓莩, 此
率獸而食人也.

3) 陳正炎·林其錟 지음 李成珪 역, 『中國大同思想研究』, 118쪽 참조.

4) 이성구, 「춘추전국시대의 국가와 사회」(『講座中國史Ⅰ』, 지식산업사),
143쪽.

5) 楊寬, 『中國古代冶鐵技術發展史』(上海人民出版社, 1982), 129-131쪽 참
조.

6) 같은 책, 131-132쪽 참조.

7) 「則陽篇」: 昔予爲禾, 耕而鹵莽之, 則其實亦鹵莽而報予. 芸而滅裂之,
其實亦滅裂而報予. 予來年變齊, 深其耕而熟耰之. 其禾繁以滋. 予終年
厭飧.

8) 楊寬, 『戰國史』, 36-37쪽 참조.

9) 같은 책, 37-42쪽 참조.

10) 같은 책, 93-95쪽 참조. 『한비자』에서는 의돈猗頓, 도주陶朱, 복축卜祝
등을 천자나 제후와 세력을 겨룰 정도의 큰 부자로 꼽는데, 도주는 바로
범려를 가리킨다(「해로편」).

11) 『孟子』 「公孫丑下篇」: 季孫曰, …… 人亦孰不欲富貴, 而獨於富貴之
中, 有私壟斷焉.

12) 같은 곳: 古之爲市者, 以其所有, 易其所無者, 有司者治之耳. 有賤丈
夫焉, 必求壟斷而登之, 以左右望而罔市利, 人皆以爲賤故, 從而征之,
征商自此賤丈夫始矣.

13) 楊寬, 『戰國史』, 116-117쪽 참조.

14) 같은 책, 117-118쪽 참조.

15) 『孟子』「滕文公上篇」: 使民盻盻然, 將終歲勤動, 不得以養其父母, 又稱貸而益之, 使老稚轉乎丘壑, 惡在其爲民父母也.

16) 법가 계통의 학자들은 주로 다음과 같은 이유로 중농억상을 주장하였다. 즉 농업은 ①의식衣食의 원천이고, ②재정 수입의 원천이며, ③군사적 원천이라고 판단되었는데, 그에 반하여 상업은 ①부등가교환을 통하여 백성을 수탈하고, ②봉건 지주의 이익까지도 침해하며, ③상인의 증가는 노동력과 군사력의 손실을 가져온다고 생각하였다. 특히 상앙商鞅은 진秦 나라에서 변법을 주도하면서 농사와 길쌈에 힘쓰는 사람들은 요역을 면제할 수 있지만 공상업에 종사하는 사람들은 노예로 만들 수 있다는 법령을 제정·공포하였다. 이상 허척신 주편,『정치경제학사전(중)』(중원문화), 423-425쪽, 楊寬, 『戰國史』, 124쪽, 『中國法律思想史』, 64쪽 등 참조. 법가의 중농억상 정책에 대한 보다 자세한 내용은 蔣建平·柳思維·朱堅貞·曾賽豊 등의 『中國商業經濟思想史』(中國財政經濟出版社, 1990) 第二章의 第二節과 第三節을 참조할 것.

17) 이성규, 「제자의 학과 사상의 이해」(『강좌중국사Ⅰ』, 지식산업사, 1989), 190쪽 참조.

18) 법가는 변법을 주도함으로써 새로운 사회 체제로의 변혁을 추진하였지만, 그것은 모든 사람들의 평등을 지향하는 것이 아니라 수탈 방식에서의 변화를 꾀한 것이었으며, 새로운 수탈 방식을 법률이라는 형식으로 정당화한 것이었다. 법가 계통의 학자나 정치가들은 모든 법률의 무차별적 적용을 선전하기는 하였지만, 그들이 제정하고 집행한 법률 그 자체는 기본적으로 불평등 구조를 전제하고 있다.

19) 『論語』「季氏篇」: 有國有家者, 不患寡而患不均.

20) 송영배 교수의 설명에 따르면, 공자는 상하 차등을 무시하고 평등[同]을 요구하는 소인들에게는 처음부터 '인仁'이 결여되어 있다고 보았으며, 소인들의 이러한 요구에 대응하여 공자는 화和, 즉 대립 계층간의 조화를 주장하였다(『中國社會思想史』, 92-93쪽 참조).

21) 『論語』「季氏篇」: 不患貧而患不安. 蓋均無貧, 和無寡, 安無傾.

22) 이 부분에 대한 원문은 다음과 같다. "적다[寡]는 것은 백성의 수가 적은 것을 말하고, 가난하다[貧]는 것은 재화가 부족한 것을 말하고, 고르

다[均]는 것은 각기 제 분수에 맞는 것을 말하고, 만족스럽다[安]는 것은 상하가 서로 만족해 하는 것을 말한다.……고르면 가난을 걱정하지 않고 화합을 이루고, 화합을 이루면 적은 것을 걱정하지 않고 만족스러워하고, 만족하면 서로 의심하거나 증오하지 않기 때문에 세상이 뒤집어질 염려는 없어진다"[『論語集註』「季氏篇」: 寡謂民少, 貧謂財乏, 均謂各得其分, 安謂上下相安.……均則不患於貧而和, 和則不患於寡而安, 安則不相疑忌而無傾覆之患].

23) 陳正炎·林其錟 지음 李成珪 역, 『中國大同思想研究』, 61쪽.

24) 묵자 사상의 사회적 성격에 대해서 대다수의 학자들은 그가 소생산자의 입장에 서 있다고 주장하지만, 몇몇 다른 견해를 제기하는 학자들도 있다. 예를 들면 곽말약은 묵자가 왕공대인王公大人(제후와 대부 등 중신)의 이익을 대변한다고 하였고(『十批判書』「孔墨的批判」이나 『靑銅時代』「墨子的思想」), 곽상림郭庠林과 요가화姚家華는 지배계층인 봉건영주의 이익과 요구를 대변한다고 하였으며(「論墨子代表的階級利益」『學術月刊』, 1964年 第10期), 진소문陳紹聞·섭세창葉世昌 등은 겸병 전쟁에서 열세에 처한 제후국 내 지주 집단의 이익을 대변하면서도 다른 한편으로는 노동자의 고통에 많은 관심을 가지고 있다고 주장하였다(『中國經濟思想簡史』上冊). 이상은 조정趙靖의 『中國經濟思想通史』제1권, 121쪽을 참조하여 정리한 것이다. 나는 가장 일반적인 주장을 따른다. 즉 묵자는 소생산자, 특히 도시를 중심으로 한 공인工人(수공업자) 계층의 이익을 대변한 것으로 전제한다.

25) 이해영, 「선진제자의 비판의식에 관한 연구」(성균관대학교 박사학위 논문), 88-95쪽 참조.

26) 서복관(徐復觀: 『中國人性論史』, 商務印書館, 313쪽)이나 삼삼수삼랑(森三樹三郎: 『上古より漢代に至る性命觀の展開』, 創文社, 74쪽) 등이 대표적이다.

27) 『墨子』「兼愛上篇」: 子自愛不愛父, 故虧父而自利. 弟自愛, 不愛兄, 故虧兄而自利. 臣自愛, 不愛君, 故虧君而自利. 此所謂亂也.……父自愛也, 不愛子, 故虧子而自利. 兄自愛也, 不愛弟, 故虧弟而自利. 君自愛也, 不愛臣, 故虧臣而自利……『묵자』원문에 대한 교석校釋과 구두는 대부분 일본 집영사集英社에서 1983년(3刷)에 발간한 『墨子』(上,下)에 따른다. 아래도 같다.

28) 蕭公權, 『中國政治思想史』, 141쪽.

29) 『墨子』「非樂上篇」: 强劫弱, 衆暴寡, 詐欺愚, 貴傲賤, 寇亂盜賊竝興,
不可禁止.

30) 같은 책,「兼愛上篇」: 雖至大夫之相亂家, 諸侯之相攻國者亦然. 大夫
各愛其家不愛異家, 故亂異家以利其家, 諸侯各愛其國不愛異國, 故攻
異國以利其國. 天下之亂物其此而已矣.

31) 같은 책 「兼愛中篇」: 夫愛人者人必從而愛之, 利人者人必從而利之.
惡人者人必從而惡之, 害人者人必從而害之.

32) 『묵자』에서 겸兼은 '전체', 혹은 '무차별'의 의미로 사용된 말이며, '겸
애'란 바로 평등하고 무차별한 사랑을 뜻한다(徐復觀, 『中國人性論史』,
318쪽 참조).

33) 徐復觀, 『中國人性論史(先秦篇)』, 323쪽 참조.

34) 『論語』「學而篇」: 孝弟也者, 其爲仁之本與.

35) 『孟子』「盡心上篇」: 親親仁也, 敬長義也.

36) 같은 책,「梁惠王上篇」: 老吾老以及人之老, 幼吾幼以及人之幼.

37) 이운구 교수는 묵자가 인을 굳이 겸애라고 강조한 것은 원시유가에 대
한 비판에서 나온 것이며, 유가의 편무적片務的 요구를 버리고 쌍무雙
務를 강조하려는 의도를 나타내기 위한 것이라고 설명한다(『중국의 비
판사상』, 170쪽 참조).

38) 『墨子』「天志下篇」: 今有人於此. 入人之場園, 取人之桃李瓜薑者, 上
得且罰之, 衆聞則非之. 是何也. 曰, 不與其勞獲其實, 已非其有所取之
故. 而況有踰於人之牆垣, 抯格人之子女者乎. 與角人之府庫, 竊人之金
玉蚤絫者乎. 與踰人之欄牢, 竊人之牛馬者乎……今天下之諸侯, 將猶
皆侵凌攻伐兼幷, 此爲殺一不辜人者, 數千萬矣. 此爲踰人之牆垣, 格人
之子女者, 與角人府庫, 竊人金玉蚤絫者, 數千萬矣. 踰人之欄牢, 竊人
之牛馬者, 與入人之場園, 竊人之桃李瓜薑者, 數千萬矣, 而自曰義也.
故子墨子言曰, 是賁我者, 則豈有以異是賁黑白甘苦之辯者哉.

39) 같은 책,「尙同中篇」: 舍餘力不以相勞, 隱匿良道不以相敎, 腐臭餘財
不以相分, 天下之亂也, 至如禽獸然.

40) 같은 책,「尙賢下篇」: 有力者疾以助人, 有財者勉以分人.

41) 이운구, 앞의 책, 168쪽.

42) 『墨子』「兼愛下篇」: 仁人之事者, 必務求興天下之利, 除天下之害.

43) 侯外廬, 『中國思想通史(第一卷)』, 211쪽 및 이운구, 앞의 책, 168-175쪽, 참조.

44) 이해영, 앞의 논문, 90쪽, 주46) 참조.

45) 『墨子』「尙賢上篇」: 不能治百人者, 使處乎千人之官, 不能治千人者, 處乎萬人之官.

46) 같은 책, 「尙賢下篇」: 矇瞍聾瞽, 暴若桀紂. 이 부분은 일본 집영사集英社 판본에는 "王公大人骨肉之親慼, 瘖聾, 暴爲桀紂"라고 되어 있지만 손이양孫詒讓의 교석에 따른다.

47) 같은 책, 「尙賢中篇」: 賞必不當賢, 罰必不當暴.

48) 같은 곳: ……使治官府則盜竊, 守城則倍畔, 君有難則不死, 出亡則不從, 使斷獄則不中, 分財則不均.……

49) 이상은 陳定閎, 『中國社會思想史』(北京大學出版社, 1990), 90-91쪽을 참조하였다.

50) 『墨子』「尙賢上篇」: 國有賢良之士衆, 則國家之治厚, 賢良之士寡, 則國家之治薄.

51) 『論語』「子路篇」: (子曰, 先有司, 赦小過)擧賢才.

52) 『孟子』「公孫丑上篇」: 尊賢使能.

53) 같은 책 「告子下篇」: 尊賢育才.

54) 장원유인 지음 김교빈 외 옮김, 『중국고대철학의 세계』, 79쪽 참조.

55) 안병주, 『유교의 민본사상』(成均館大學校 大東文化硏究院), 90쪽.

56) 같은 책, 91쪽.

57) 이운구, 앞의 책, 165쪽 참조.

58) 같은 책, 166쪽 참조.

59) F. 엥겔스 지음, 김민석 옮김, 『반듀링론』(새길, 1987), 113-114쪽. 엥겔스는 이어 이러한 평등사상과 근대적 의미의 '평등의 요구'를 다음과 같이 구별하고 있다. "그러나 근대적 평등의 요구는 이것과 전혀 다르다. 이 요구는 오히려 인간 존재의 공통성에서, 인간의 인간으로서의 평등성에서 모든 인간 아니 적어도 한 나라의 모든 시민 또는 한 사회의 모든 구성원의 정치적 또는 사회적 평등권을 이끌어내는 데서 성립한다." 여기서 전자와 후자의 구별은 그것이 한 사회의 '모든' 구성원의 당연한 권리로 주장되었는가 아닌가, 그리고 그러한 당연한 권리가 '정치적'·'사회적' 평등권의 보장의 요구로 나타나는가 아닌가에 있다. 장자에게 있어

서는 '모든' 사람이 나면서부터 평등하다는 견해만은 확고한 것으로 보이며, 그것을 당시의 현실적 토대 위에서 법률적 형식을 빌어 보장받으려는 것이 아니라 일종의 사회적 변혁조치(絶聖棄知, 無爲政治)를 통해 해결하려고 시도한다는 점에서 근대적 의미의 '평등의 요구'와 일치하지는 않지만 그것과 매우 가까운 거리에 놓여 있는 것으로 보인다.

60) 劉澤華, 『先秦政治思想史』, 532쪽 참조.

61) 楊向奎, 『中國古代社會與古代思想硏究(上冊)』, 439쪽 및 陳定閎, 『中國社會思想史』, 152-153쪽 참조.

62) 「齊物論篇」: 物固有所然, 物固有所可. 無物不然, 無物不可.

63) 東京大中國哲學硏究室 編, 『中國思想史』(東京大出版會, 1958, 7版), 67쪽 참조.

64) 「齊物論篇」: 天地與我竝生, 而萬物與我爲一.

65) 趙明·薛敏珠, 『道家文化及其藝術精神』, 108쪽 참조.

66) 위의 책, 109쪽 참조. 조명趙明과 설민주薛敏珠는 그 예로 「덕충부편」에서 신도가申徒嘉가 정 나라 자산子産에게 "발끈 성을 낸" 것이나, 숙산무지叔山無趾가 공자에게 불쾌감을 표시한 것 등은 모두 귀한 것도 없고 천한 것도 없으며 모든 사람은 평등하다는 의식에서 나온 것이라고 설명한다.

67) 「馬蹄篇」: 夫至德之世, 同與禽獸居, 族與萬物竝. 惡乎知君子小人哉.

68) 「秋水篇」: 由此觀之, 爭讓之禮, 堯桀之行, 貴賤有時, 未可以爲常也.

69) 「外物篇」: 雖相與爲君臣, 時也. 易世而無以相賤.

70) 「盜跖篇」: 無爲小人, 反順於天. 無爲君子, 從天之理.

71) 赤塚忠, 『莊子上』, 170쪽 참조.

72) 이상은 劉澤華의 『先秦政治思想史』, 532-533쪽을 참조하였다.

73) 죽음에 대한 장자의 견해는 다음의 문장들에 잘 나타나 있다. "장자의 아내가 죽었다.……(태어나기 전의) 시원을 곰곰히 생각해 보니 본래 생명이란 없었다. 비단 생명만 없었던 것이 아니라 본래 육체도 없었다. 육체만 없었던 것이 아니라 본래 기氣도 없었다. 모든 것이 흐리명덩한 채로 뒤섞여 있다가 변화가 생겨 기가 있게 되었고, 기가 변하여 육체가 있게 되었고, 육체가 변하여 생명이 있게 되었고, 지금 다시 그 생명이 변하여 죽어갔다.……"(「지락편」). "우리의 삶은 죽음의 곁에 있고, 죽음은 새로운 삶의 시작이다. 누가 그 원인을 알겠는가? 인간의 삶은 기가 모인 것이다. 기가 모이면 생명을 갖게 되고, 기가 흩어지는 것이 바로

죽음이다. 인간의 삶과 죽음은 연결되어 있으니 내가 또 무엇을 근심하겠는가? 모든 사물은 동일한 것이다"(「지북유편」). "자연의 즐거움을 아는 자는 그 삶이 자연의 운행 같고 그 죽음은 사물의 변화 같다"(「천도편」). 이러한 기록들은 인간을 포함한 모든 생명체는 죽으면 기로 돌아갈 뿐 어떠한 사후의 세계도 있을 수 없으며, 그에 대한 환상도 가질 필요가 없다는 것을 말하고 있다.

74) 劉澤華, 앞의 책, 533쪽 참조.

75) 崔大華, 『莊學硏究』, 246쪽 참조.

76) 「天地篇」 : 至德之世, 不尙賢, 不使能.

77) 『道德經』 제3장 : 不尙賢, 使民不爭. 不貴難得之貨, 使民不爲盜. 不見可欲, 使民心不亂.

78) 이성구, 「춘추전국시대의 국가와 사회」(『講座中國史Ⅰ』), 130쪽 참조.

79) 맹자의 존현사능尊賢使能에 대해서는 이해영, 앞의 논문, 40-43쪽을 참조할 것.

80) 진 나라 효공은 즉위하고 나서 바로 구현령求賢令을 내렸는데, 상앙은 이에 응하여 진 나라로 들어가 효공에게 변법개제變法改制를 역설함으로써 능력을 인정받아 좌서장左庶長에 임명되었고, 변법을 주도하게 되었다(徐中舒, 『先秦史論稿』, 268-269쪽 참조).

81) 이성구, 앞의 논문, 132쪽 참조.

82) 黃中業, 『戰國變法運動』, 吉林大學出版社, 1990, 114쪽 참조.

83) 劉澤華, 『中國古代政治思想史』,115-116쪽,『先秦政治思想史』, 197-198쪽 참조.

84) 『戰國策』「秦策三」 : 罷無能, 廢無用, 損不急之官, 塞私門之請.

85) 『韓非子』「外儲說左上」 : 因能而授官.

86) 이상 이성구, 앞의 논문, 132쪽 참조.

87) 『道德經』 제19장 : 絶聖棄智, 民利百倍.

88) 「인간세편」 : 덕은 이름(명예)에 의해 어지럽혀지고 지식은 다툼에서 나온다. 이름은 갈등을 일으키는 것이다. 지식은 분쟁의 도구이다. 두 가지는 흉기이니 믿고 쓸 만한 것이 못된다[德蕩乎名, 知出乎爭. 名也者, 相軋也. 知也者, 爭之器也. 二者凶器, 非所以盡行也].

89) 「騈拇篇」 : 夫小惑易方, 大惑易性. 何以知其然邪. 自虞氏招仁義以撓天下也, 天下莫不奔命於仁義. 是非以仁義易其性與. 故嘗試論之, 自三代以下者, 天下莫不以物易其性矣. 小人則以身殉利, 士則以身殉名, 大夫則以身殉家, 聖人則以身殉天下. 故此數子者, 事業不同, 名聲異號, 其於傷性以身爲殉, 一也.

90) 같은 곳의 다음 진술을 참조할 것. "백이는 명예를 위해 수양산 아래서 죽었고, 도척은 재물을 탐내다가 동릉산 위에서 죽었다. 이 두 사람이 죽은 곳은 같지 않지만 생명을 해치고 본성을 상실한 점은 같다. 어찌 꼭 (일반 사람들의 믿음처럼) 백이가 옳고 도척은 틀렸다고 할 수 있겠는가? 세상 사람들은 모두 무언가를 위해 자신을 희생하고 있다. 인의를 위해 희생하면 세속에서는 그를 군자라 하고, 재물을 위해 희생하면 세속에서는 그를 소인이라고 한다. 둘 다 자신의 한 몸을 희생하는 것은 같은데 어떤 사람에 대해서는 군자라 하고 어떤 사람에 대해서는 소인이라 한다. 자기의 생명을 해치고 자기의 본성을 상하게 한 점에서는 도척 또한 백이와 마찬가지였다. 그러니 그들 사이에 또다시 군자나 소인의 차별을 둘 수 있겠는가?"[伯夷死名於首陽之下, 盜跖死利於東陵之上. 二人者所死不同, 其於殘生傷性均也. 奚必伯夷之是, 而盜跖之非乎. 天下盡殉也. 彼其所殉仁義也, 則俗謂之君子, 其所殉財貨也, 則俗謂之小人. 其殉一也, 則有君子焉, 有小人焉. 若其殘生損性, 則盜跖亦伯夷已. 又惡取君子小人於其間哉].

91) 구승규구鉤繩規矩는 각각 곡선, 직선, 원, 직각 등을 그리는 도구이다.

92) 「도척편」의 다음 구절을 참조할 것. "작은 도둑은 구속되지만 큰 도둑은 제후가 된다. 제후의 집에는 의로운 지식인들이 모여든다. 옛날 환공桓公 소백小白은 형을 죽이고 형수를 아내로 맞아 들였는데 현자라고 알려진 관중管仲은 그의 신하가 되었다. 전성자田成子 상常은 자기가 모시던 임금을 죽이고 나라를 훔쳤는데, 공자는 그의 예물을 받아들였다. 말로써 평가할 때는 천하다고 하면서도 실제 행동은 그들에게 굽신거린다. 이는 말과 행동이 마음속에서 갈등을 일으키고 있음이다. 모순이 아닌가?"[小盜者拘, 大盜者爲諸侯. 諸侯之門義士存焉. 昔者, 桓公小白殺兄入嫂, 而管仲爲臣. 田成子常殺君竊國, 而孔子受幣. 論則賤之, 行則下之. 則是言行之情, 悖戰於胸中也. 不亦拂乎].

93) 『墨子』「非樂上篇」: 飢者不得食, 寒者不得衣, 老者不得息.

94) J.J.루소, 최현 옮김, 『인간불평등 기원론』(집문당, 1990), 75쪽.

95) 「大宗師篇」의 "且夫得者時也, 失者順也. 安時而處順, 哀樂不能入也. 此古之所謂縣解也. 而不能自解者, 物有結之. 且夫物不勝天久矣, 吾又

何惡焉" 참조.

96) 노자가 말한 '자연自然'은 외부로부터 아무런 제약도 받지 않는 자유자재를 의미한다(趙馥洁,『中國傳統哲學價值論』, 212쪽). 이 점은 장자도 마찬가지이다. 즉 '자연'이란 '저절로 그러함', '스스로 그러함', '자유로움' 등의 의미를 가지고 있다. 따라서 자연스러운 삶이란 자유로운 삶을 의미하는 것으로 해석된다.

97) 「덕충부편」: 숙산무지가 노담에게 말하였다. "공자는 지인이 되려면 아직 멀었습니다. 그는 왜 자꾸 선생님에게서 배우려고 하는 것입니까? 그는 또 이상야릇한 것으로 유명해지기를 바랍니다. 지인은 이런 것들을 질곡으로 여긴다는 것을 그는 모릅니다." 노담이 "죽음과 삶을 한 가지로 보고, 옳음과 그름을 똑 같다고 생각하는 사람에게 그의 질곡을 풀어주도록 해보면 어떨까요? 그러면 아마 될 것 같습니다"라고 제안했다. 숙산무지는 "하늘이 그에게 형벌을 내린 것인데 어떻게 풀 수 있겠습니까?"라고 말했다[無趾語老聃曰, 孔丘之於至人, 其未邪. 彼何賓賓以學子爲. 彼且蘄以諔詭幻怪之名聞. 不知至人之以是爲己桎梏邪. 老聃曰, 胡不直使彼以死生爲一條, 以可不可爲一貫者, 解其桎梏, 其可乎. 無趾曰, 天刑之. 安可解].

98) 郭慶藩,『莊子集釋(第一冊)』, 279쪽 : 夫仁義是非, 損傷眞性, 其爲殘害, 譬之刑戮. 汝旣被堯黥劓, 拘束性情, 如何復能遨遊自得, 逍遙放蕩, 從容自適於變化之道乎. 言其不復能如是.

99) '소요유'의 의미에 대해서는 이 책 제3장의 주11을 참조할 것. 특히 소요유와 절대자유, 혹은 개인의 정신적 자유에 대해서는 유소감의『장자철학』(소나무), 132-140쪽을 참조할 것.

100)「逍遙遊篇」: 乘天地之正, 而御六氣之辯, 以遊無窮者.

101) 같은 곳 : 乘雲氣, 御飛龍, 而遊乎四海之外.

102)「응제왕편」: 무명인이 말했다. "가거라. 너는 천박한 사람이다. 어찌 그리 불쾌한 것을 묻느냐? 나는 지금 조물자와 친구가 되기도 하고 싫증나면 저 까마득히 높이 날아가는 새를 타고 육극 밖으로 나가 아무것도 없는 동네에서 노닐고 넓고넓은 들판에 머물기도 한다"[無名人曰, 去. 汝鄙人也. 何問之不豫也. 予方將與造物者爲人, 厭則又乘夫莽眇之鳥, 以出六極之外, 而遊無何有之鄕, 以處壙埌之野].

103)『春秋左氏傳』「昭公」18년 조 : 梓愼登大庭氏之庫以望之.

104) 『禮記』「禮運篇」: 未有宮室, 冬則居營窟, 夏則居橧巢. 未有火化, 食草木之實, 鳥獸之肉, 飮其血, 茹其毛. 未有麻絲, 衣其羽毛.

105) 『韓非子』「五蠹篇」: 上古之世, 人民少而禽獸衆,……

106) 崔大華, 『莊學硏究』, 252쪽 참조.

107) 유소감은 장자 외·잡편의 저자집단을 장자(내편) 사상을 계승하고 천명하는 것을 목적으로 한 술장파述莊派, 인간의 자연적 본성을 중심으로 '안기성명지정安其性命之情'을 강조한 무군파無君派, 유가와 법가의 주장을 흡수·융합한 황로파黃老派 등 세 가지로 나누면서 관념적인 무하유지향의 세계에서 탈피하여 지덕지세로 발전한 학파는 무군파라고 한다. 그러나 이상사회에 대한 설명은 유소감에 의해 술장파나 황로파의 작품으로 분류된 「산목편」, 「천지편」, 「선성편」 등에서도 발견된다. 다만 「천지편」의 문장은 군주의 존재를 인정하고 있다는 점에서 다른 곳의 주장과 다른 점으로 지적될 수 있을 것이다(劉笑敢, 『莊子哲學』 제2편 참조).

108) 「소요유편」의 "지인은 자기가 없고, 신인은 공적이 없고, 성인은 명예가 없다"[至人無己, 神人無功, 聖人無名], 「재유편」의 "대도와 하나가 되었으니 자기가 없다. 자기가 없으니 어떻게 다른 것이 있겠는가?"[大同而無己. 無己, 惡乎得有有] 등 참조.

109) 「제물론편」: 방금 나는 나 자신을 잃었다. 너는 그것을 알았느냐? 너는 인뢰人籟(사람이 내는 소리)는 들어보았겠지만 지뢰地籟(땅이 내는 소리)는 못 들어보았을 것이다. 지뢰地籟를 들어보았다 하더라도 천뢰天籟(하늘이 내는 소리는 못 들어보았을 것이다[今者, 吾喪我. 汝知之乎. 汝聞人籟而未聞地籟, 汝聞地籟而未聞天籟夫].

110) 「재유편」: 사물을 잊고, 하늘을 잊었기 때문에 그 이름을 망기忘己(자기를 잊음)라고 한다. 자기를 잊은 사람을 하늘에 들어갔다고 한다[忘乎物, 忘乎天, 其名爲忘己. 忘己之人, 是之謂入於天].

111) 「대종사편」: 요 임금을 찬양하고 걸왕을 비판하는 것은 그 둘을 모두 잊고 도와 일체가 되는 것보다 못하다[與其譽堯而非桀也, 不如兩忘而化其道].

112) 「胠篋篇」: (子獨不知至德之世乎. 昔者, 容成氏大庭氏伯皇氏中央氏栗陸氏驪畜氏軒轅氏赫胥氏尊盧氏祝融氏伏戲氏神農氏. 當是時也) 民結繩而用之, 甘其食, 美其服, 樂其俗, 安其居. 鄰國相望, 雞狗之音相聞, 民至老死, 而不相往來.

113)「山木篇」: (市南宜僚見魯侯……)南越有邑焉. 名爲建德之國. 其民 愚而朴, 少私而寡欲, 知作而不知藏, 與而不求其報, 不知義之所適, 不 知禮之所將, 猖狂妄行, 而蹈乎大方. 其生可樂, 其死可葬.

114) 崔大華, 앞의 책, 255쪽 참조.

115) 맹자의 이 비난은 임금도 일반 백성과 함께 농사를 지어야 한다는 군 민병경론君民竝耕論을 주장한 초 나라 출신의 농가農家 학자 허행許行 을 겨냥한 것이다(『孟子』「滕文公上篇」 참조).

116) 시남의료가 초 나라 사람이거나 초 나라에 근거지를 둔 인물로 설정 되고 있다는 것은 「서무귀편」과 「측양편」 등에서 공자가 초 나라 유세 도중에 그를 만났거나 평가했다는 다음과 같은 기사에 근거한 것이다. "공자가 초 나라에 갔을 때 초 나라 왕이 주연을 열었다. 손숙오가 술잔 을 들고 일어서자 시남의료가 술을 받아 고수레를 했다"[「徐無鬼篇」: 仲尼之楚. 楚王觴之. 孫叔敖執爵而立, 市南宜僚受酒而祭]. "공자가 초 나라에 가서 의구蟻丘의 한 여관에 묵었다. 그 이웃에 살던 부부와 남녀 종들이 지붕에 올라가 구경을 했다.……공자는 '이들은 성인의 종들이 다. 이 사람은 백성들 속에 자신을 묻고, 밭이랑 사이에 자신을 감추고 산다.……이 사람이 그 시남의료일 것이다.……'라고 말했다"[「則陽篇」 : 孔子之楚, 舍於蟻丘之漿. 其隣有夫妻臣妾登極者.……仲尼曰, 是聖人 之僕也. 是自埋於民, 自藏於畔.……是其市南宜僚邪.……].

117) 이 정리는 다음 문헌들의 도움을 받은 것이다.『中國大同思想硏究』 (陳正炎·林其錟, 李成珪 역), 88-99쪽, 『中國社會思想史』(陳定閎), 152-155쪽, 『先秦政治思想史』(劉澤華), 534-536쪽, 「莊子的悲劇」(閻韜, 『莊子硏究』), 46-48쪽, 『莊學硏究』(崔大華), 249-259쪽, 『中國社會思想史 上』(王處輝), 121-124쪽.

118)「讓王篇」: 不以人之壤自成也, 不以人之卑自高也, 不以遭時自利也.

119)「천지편」의 "(德人은) 온 세상 사람이 모두 함께 이롭게 되는 데서 기 쁨을 느끼고, 함께 충족되는 데서 편안함을 느낀다"[四海之內, 共利之之 謂悅, 共給之之爲安] 참조.

120)「讓王篇」: (舜以天下讓善卷. 善卷曰) 余立於宇宙之中,冬日衣皮毛, 夏日衣葛絺. 春耕種, 形足以勞動, 秋收斂, 身足以休食. 日出而作,日入 而息,逍遙於天地之間,而心意自得.吾何以天下爲哉.

121) 제4장의 주 40) 참조.

122) 생산 도구로서의 기계 사용을 분명하게 반대하고 있는 것은 「천지편」
    의 다음 문장이 가장 대표적이다. "자공이 말했다. '기계라는 것이 있는
    데, 하루에 백 이랑의 밭에 물을 댈 수 있습니다. 힘은 매우 적게 들고
    효과는 매우 큽니다……' (노인은) 웃으면서 말했다. '저는 저의 스승에
    게서 이렇게 들었습니다. 기계라는 것이 있으면 반드시 기계와 관련된
    일이 있게 됩니다. 기계와 관련된 일이 있으면 반드시 기계에 의존하는
    마음이 생깁니다. 기계에 의존하는 마음을 가슴에 품고 있으면 원래의
    순수함은 남아 있지 않지요. 원래의 순수함이 남아 있지 않으면 우리 몸
    이 가지고 있던 신비로운 생명력[神生]이 안정을 찾지 못하고, 신비로운
    생명력이 불안정한 자에게는 도가 머물지 않는다는 것입니다. 제가 기
    계를 모르는 것은 아니지만 부끄러워서 그것을 사용하지 않습니다.' 자
    공은 몹시 부끄러워 얼굴을 떨구고 대꾸를 못했다"[子貢曰, 有械於此,
    一日浸百畦. 用力甚寡, 而見功多.……笑曰, 吾聞之吾師, 有機械者, 必
    有機事. 有機事者, 必有機心. 機心存於胸中, 則純白不備. 純白不備, 則
    神生不定. 神生不定者, 道之所不載也. 吾非不知, 羞而不爲也. 子貢瞞
    然慙, 俯而不對].

123) 「선성편」: 만물은 상해를 입지 않았고, 뭇 생명들은 요절하지 않았다
    [萬物不傷, 群生不夭].

124) 같은 곳 : 옛날 사람들은 혼돈 속에 있었으며 모든 세상 사람들과 함
    께 맑고 고요한 생활을 하고 있었다[古之人, 在混芒之中, 與一世而得澹
    漠焉].

125) 「마제편」: 백성들은 집에 있을 때는 무엇을 하고 있는지 알지 못하였
    고, 길을 갈 때는 어디로 가고 있는지 알지 못하였다[民居不知所爲, 行
    不知所之].

126) 「천지편」: 어떤 행위를 하더라도 흔적이 없고 일을 하더라도 전해지
    는 것이 없다[行而無迹, 事而無傳].

127) 「馬蹄篇」: 含哺而熙, 鼓腹而遊. 民能已此矣.

128) 「天地篇」: 端正而不知以爲義. 相愛而不知以爲仁, 實而不知以爲忠,
    當而不知以爲信, 蠢動而相使, 不以爲賜.

129) 『도덕경』 제3장 : 虛其心, 實其腹.

130) 侯外廬, 『中國歷代大同理想』(科學出版社, 1959), 11쪽.

131) 『예기』「예운편」의 "오늘날 대도는 이미 실종되어 온 천하 사람들은 자기 집안만 위한다. 사람들은 자기 부모만 사랑하고 자기 자식만 돌보며 재화와 노동은 자기만을 위해 사용한다"[今大道旣隱, 天下爲家. 各親其親, 各子其子, 貨力爲己] 참조.

132) 『論語』「顏淵篇」: 君君臣臣.

133) 같은 책,「季氏篇」: 庶人不議.

134) 侯外廬, 앞의 책, 2-3쪽 참조.

135) 『논어』「옹야편」: 자공이 물었다. "백성들에게 널리 베풀고 많은 사람들을 구제하는 것은 어떻습니까? 인仁하다고 할 수 있습니까?" 공자가 대답했다. "어찌 인에만 해당되겠느냐? 그런 사람은 분명히 성인일 것이야"[子貢曰. 如有博施於民而能濟衆, 何如. 可謂仁乎. 子曰, 何事於仁, 必也聖乎].

136) 『묵자』「상동상편」: 세상의 혼란은 정장正長이 없는 데서 생겼다. 그러므로 세상에서 똑똑한 사람을 뽑아 적당한 사람을 천자로 세웠다[天下之所以亂者, 生於無正長. 是故選擇天下之賢, 可者立以爲天子].

137) 이해영, 앞의 논문, 101쪽 참조.

138) 이상 侯外廬, 앞의 책, 4-6쪽 참조.

139) 『論語』「微子篇」: 鳥獸, 不可與同群.

140) 『孟子』「滕文公上篇」: 飽食煖衣, 逸居而無敎, 則近於禽獸.

141) 『墨子』「尙同上篇」: 古者民始生, 未有刑政之時, 蓋其語人異義 ……天下之亂, 若禽獸然.

142) 같은 곳의 다음과 같은 진술을 참조할 것. "이런 사람은 정치의 도구는 알고 있지만 정치의 정도正道는 알지 못한다. 이런 사람은 천하에 쓰일 수는 있지만 천하를 쓰기에는 부족하다. 이런 사람을 변사辯士(말로 떠드는 것을 일삼는 사람)라고도 하고 한 가지에만 정통한 사람이라고도 한다. 예와 법을 제정하고 형과 명을 잘 갖추어 놓는 것은 옛 사람도 잘했지만, 이것은 아랫사람이 윗사람을 섬기기 위한 것이지 윗사람이 아랫사람을 기르기 위한 것이 아니다"[此有知治之具, 非知治之道, 可用于天下, 不足以用天下. 此之謂辯士一曲之人也. 禮法數度, 形名比詳, 古人有之, 此下之所以事上, 非上之所以畜下也].

143) 천하의 혼란이 하·은·주 삼대로부터 시작되었다는 것은 위의 예문 외에 「변무편」과 「거협편」에서도 다시 언급된다.

144) 「山木篇」: 今處昏上亂相之間, 而欲無憊, 奚可得邪.

145) 춘추오패의 한 사람인 제 환공과는 다른 사람으로 제 나라 위왕威王의 부친으로서 이름은 전오田午이다.

146) 黃中業, 『戰國變法運動』, 106-121쪽 참조.

147) 巫寶三, 『管子經濟思想硏究』(中國社會科學出版社, 1989), 22쪽.

148) 楊寬, 『戰國史』, 184쪽.

149) 『논어』 「위정편」의 다음 구절들을 참조할 것. "덕으로 정치를 하는 것은 북극성에 비유할 수 있다. 북극성이 제 자리를 지키고 있으면 다른 뭇별들이 그것을 중심으로 돌아간다"[爲政以德, 譬如北辰. 居其所, 而衆星共之]. "법률로 이끌고 형벌로 제재하면 백성은 법망을 피해가더라도 부끄러움이 없다. 덕으로 이끌고 예로 제재하면 백성들은 부끄러움을 알아 스스로 바로잡을 것이다"[道之以政, 齊之以刑, 民免而無恥. 道之以德, 齊之以禮, 有恥且格].

150) 『맹자』 「양혜왕상편」 첫 부분의 맹자와 양 나라 혜왕의 대화를 참조할 것.

151) 「在宥篇」: 無爲而尊者, 天道也. 有爲而累者, 人道也.

152) 「天地篇」: 無爲爲之之謂天.

153) 「至樂篇」: 天無爲, 以之淸, 地無爲, 以之寧. 故兩無爲相合, 萬物皆化.……故曰, 天地無爲也, 而無不爲也.

154) 「천자방편」: 아무것도 하지 않아야만 비로소 저절로 그렇게 된다[無爲而才自然矣].

155) 「天地篇」: 至德之世, 不尙賢, 不使能. 上如標枝, 民如野鹿.

156) 「在宥篇」: 故君子不得已而臨莅天下, 莫若無爲.

157) 「天道篇」: 無爲也, 則用天下而有餘. 有爲也, 則爲天下用而不足. 故古之人, 貴夫無爲也. 上無爲也, 下亦無爲也, 是下與上同德. 下與上同德, 則不臣. 下有爲也, 上亦有爲也, 是上與下同道. 上與下同道, 則不主. 上必無爲而用天下, 下必有爲, 爲天下用, 此不易之道也.

158) 劉笑敢, 『莊子哲學及其演變』, 310쪽 및 『莊子哲學』, 383쪽.

159) 같은 책 제2장 : 그러므로 성인은 아무 할 일 없는 곳에 있고, 말없는 가르침을 실천한다[是以聖人處無爲之事, 行不言之敎].

160) 「天道篇」: 夫帝王之德, 以天地爲宗, 以道德爲主, 以無爲爲常.

161) 위 인용문 바로 앞에서 장자는 다음과 같이 예의나 법률에 의한 정치

는 인간의 자연적 본성[德]을 속이는 것이기 때문에 그것은 바람직한 정치의 방법이 될 수 없다고 비판하고 있는데, 이것은 무위정치를 주장하기 위한 분명한 시도로 보인다는 점에서 주목해야 할 것이다(赤塚忠, 『莊子上』, 330쪽 참조). "견오肩吾가 미치광이 접여接輿를 만났다. 접여가 견오에게 '예전에 중시中始는 너에게 무슨 말을 해주었느냐?'라고 물었다. 견오가 대답했다. '저에게 군주가 직접 여러 가지 규범이나 법도를 만들어 낸다면 누가 감히 따르지 않거나 교화되지 않겠소라고 했습니다.' 접여가 말했다. '그것은 덕을 속이는 짓이다. 그런 것으로 천하를 다스리는 것은 걸어서 바다를 건넌다거나 맨손으로 강의 물길을 튼다거나 모기에게 산을 업으라는 것과 같다. 대개 성인의 정치란 밖으로 드러난 것만 다스린다. (내면을) 바르게 한 다음에 실행해야 분명하게 그 일을 할 수 있을 뿐이다. 새는 높이 날아오름으로써 화살의 위험을 피하고, 생쥐는 신단 아래 깊숙이 굴을 파서 숨음으로써 연기에 질식하거나 파헤쳐지는 재앙을 피한다. 너는 이 두 동물들의 지혜를 모르느냐?"[肩吾見狂接輿. 狂接輿曰, 日中始何以語女. 肩吾曰, 告我, 君人者以己出經式義度, 人孰敢不聽而化諸. 接輿曰, 是欺德也. 其於治天下也, 猶涉海鑿河, 而使蚊負山也. 夫聖人之治也, 治外乎. 正而後行. 確乎能其事者而已矣. 且鳥高飛, 以避矰弋之害, 鼷鼠深穴乎神丘之下, 以避熏鑿之患. 而曾二蟲之無知].

162) 『장자익莊子翼』「응제왕편」곽상郭象의 주석을 참조할 것.

163) 같은 곳, 순본循本의 주석을 참조할 것.

164) 「胠篋篇」: 掊擊聖人, 縱舍盜賊, 而天下始治矣.

165) 陳鼓應, 『莊子今註今譯』(臺灣商務印書館, 1976), 295쪽.

166) 임희일林希逸은 "재在는 '넉넉하고 자유롭다[優游自在]는 뜻이고, 유宥는 '느긋하고 만족스럽다'[寬容自得]는 뜻"이라고 설명하고 있으며, 이면李勉은 "전체 문장을 놓고 볼 때 '재유在宥' 두 글자는 '임유任宥'의 잘못이다. '임任'자와 '재在'자가 모양이 비슷해서 혼동한 것이다. '임'은 방임의 뜻인데, 방임이란 속박하지 않고 자유롭게 내버려두는 것이다. '유'는 '관유寬宥'의 뜻인데, '관유'란 가두어 두지 않고 역시 자유롭게 내버려두는 것이다"(이상, 陳鼓應, 앞의 책, 296-297쪽)라고 해석하였다. 그런데 '재'자를 굳이 '임'자로 바꾸지 않더라도 뜻이 통한다. 즉 "천하를 있는 그대로 있게 하고 느긋하게 쉬게 한다"(池田知久, 『莊子上』, 227쪽)

라고 글자 그대로 직역하더라도 문장 전체의 내용에 비추어볼 때 무리가 없고 이렇게 해석하더라도 원문의 '재유천하在宥天下'는 천하를 그대로 방임해둔다는 의미로 읽힐 수 있다.

제6장 장자와 중국철학

1) 유소감, 『莊子哲學』(소나무), 283-284쪽 참조.
2) 이 점에 대해서는 최대화의 『장학연구莊學硏究』, 364-376쪽을 참조할 것. 특히 『역전』(「象傳」「繫辭傳」)에 대한 장자철학의 영향에 대해서는 진고응陳鼓應의 『노장신론老莊新論』(「第三部分 : 易傳與老莊」)을 참조할 것.
3) 이 점에 대해서는 최대화의 앞의 책, 제10장 및 「莊子思想與兩晋佛學的般若思想」(『道家文化硏究』 제2집)을 참조할 것.
4) 이 점에 대해서는 최대화의 앞의 책 제9장을 참조할 것. 특히 이학理學에의 영향에 대해서는 오중경吳重慶의 「論理學的道家化」(『道家文化硏究』 제2집)를 참조할 것.
5) 이 점에 대해서는 최대화의 앞의 책 제11장 1절을 참조할 것.

■ 참고문헌

가. 原典 및 註釋書

郭慶藩, 『莊子集釋』(1,2,3,4冊), 中華書局, 1989(5版)

王先謙, 『荀子集解』, 富山房, 明治43

焦竑, 『老子翼·莊子翼』, 富山房, 明治43

郭象 註, 陸德明 音義, 『莊子(南華眞經)』, 景仁文化社, 1982

陳奇猷, 『韓非子集釋』, 河洛圖書出版社, 1974

赤塚忠 譯, 『莊子』(上,下), 集英社, 1982

福永光司, 『莊子』(全6冊), 朝日新聞社, 1978

森三樹三郎, 『莊子』(全3冊), 中央公論社, 1984

池田知久 譯, 『莊子』(上,下), 學習研究社, 1983

安東林 譯註, 『莊子』(上,中,下), 玄岩社, 1978

安東林 譯註, 『莊子』, 玄岩社, 1993

朴一峰 譯著, 『莊子』(上,中,下), 育文社, 1990

金學主 譯註, 『莊子』, 乙酉文化社, 1988

陳鼓應 譯註, 『莊子今註今譯』, 臺灣商務印書館, 1976

曹礎基, 『莊子淺注』, 中華書局, 1982

楊柳橋, 『莊子譯詁』, 上海古籍出版社, 1991

劉建國·顧寶田, 『莊子譯注』, 吉林文史出版社, 1993

張默生, 『莊子內篇新釋』, 成都古籍書店, 1990

沙少海·徐子宏, 『老子全譯』, 貴州人民出版社, 1989

羅尙賢, 『老子通解』, 廣東高等敎育出版社, 1989

任繼愈, 『老子新譯』, 上海古籍出版社, 1986

李申, 『老子衍今譯』, 巴蜀書社, 1990

楊伯峻, 『列子集釋』, 中華書局, 1996

劉俊·田林松·禹克坤, 『四書全譯』, 貴州人民出版社, 1998

江灝·錢宗武, 『今古文尙書全譯』, 貴州人民出版社, 1990

池田末利 譯, 『尙書』, 集英社, 1982

市原亨吉·今井淸·玲木隆一, 『禮記』(上,中,下), 集英社, 1982

徐子宏, 『周易全譯』, 貴州人民出版社, 1991

渡邊卓, 『墨子』(上,下), 集英社, 1974

金谷治·左川修, 『荀子』(上,下), 集英社, 1983
小野澤精一, 『韓非子』(上,下), 集英社, 1982
司馬遷 撰, 『史記』(全十冊), 中華書局, 1982
司馬遷 撰, 馬持盈 註, 『史記今註』(全六冊), 臺灣商務印書館, 1979
『戰國策』(上,中,下), 上海古籍出版社, 1985
大野峻, 『國語』(上,下), 明治書院, 1979
『商君書』, 中華書局, 諸子集成(第5卷)

나. 단행본

[한국]

安炳周, 『儒敎의 民本思想』, 成大 大東文化研究院, 1987
李雲九, 『中國의 批判思想』, 驪江出版社, 1987
宋榮培, 『中國社會思想史』, 한길사, 1986
李康洙, 『道家思想의 研究』, 高大 民族文化研究所, 1984
劉笑敢, 최진석 옮김, 『莊子哲學』, 1991
宋恒龍, 『東洋哲學의 문제들』, 驪江出版社, 1992
藏原惟人, 김교빈 외 옮김, 『중국고대철학의 세계』, 죽산, 1991
任繼愈, 이문주·최일범 외 옮김, 『중국철학사 I』, 청년사, 1989
馮寅, 김갑수 옮김, 『천인관계론』, 신지서원, 1993
양계초·풍우란 외, 김홍경 편역, 『음양오행설의 연구』, 신지서원, 1993
張立文 외, 김교빈 외 옮김, 예문지, 『氣의 철학』(상,하), 19992
陳正炎·林其錟 지음, 李成珪 역, 『中國大同思想研究』, 지식산업사, 1990
조셉 니담, 李錫浩 외역, 『中國의 科學과 文明』(I,II,III), 을유문화사, 1986
閔斗基 編, 『中國史時代區分論』, 創作과批評社, 1989(4판)
林甘泉·田人隆·李祖德 著, 최덕경·이상규 譯, 『중국고대사회성격논의』, 중문,
    1991
서울大學校東洋史學研究室 編, 『講座中國史 I』, 지식산업사, 1989
李成珪, 『中國古代帝國成立史研究』, 一潮閣, 1987
尹乃鉉, 『商周史』, 民音社, 1985
李春植, 『中國古代史의 展開』, 新書苑, 1990
裵宗鎬, 『韓國儒學의 課題와 展開(II)』, 汎學社, 1980
赤塚忠·金谷治 外, 조성을 옮김, 『중국사상개론』, 이론과실천, 1987
林孝善, 『삶의 政治思想』, 한길사, 1984

뮈슬리프첸코, 진영민 역,『철학적 인식의 대상으로서의 인간』, 논장, 1989
J.J.루소, 최현 옮김,『인간 불평등 기원론·사회계약론』, 집문당, 1990
P.N.페세도예프 외, 한철연 인간론분과 옮김,『인간의 철학적 이해』, 새날, 1990

[중국]

陳鼓應,『老莊新論』, 中華書局, 1991
崔大華,『莊學硏究』, 人民出版社, 1991
復旦學報編輯部編,『莊子硏究』, 復旦大學出版社, 1986
張松如·陳鼓應·趙明·張軍,『老莊論集』, 齊魯書社, 1987
劉笑敢,『莊子哲學及其演變』, 中國社會科學出版社, 1987
張恒壽,『莊子新探』, 湖北人民出版社, 1983
張成秋,『先秦道家思想硏究』, 中華書局, 1983
嚴靈峯,『老莊硏究』, 亞州出版社, 1960
王明,『道家和道敎思想硏究』, 中國社會科學院出版社, 1984
吳康,『老莊哲學』, 商務印書館, 1955
關鋒 外,『莊子哲學討論集』, 中華書局, 1962
趙明,『道家思想與中國文化』, 吉林大學出版社, 1986
葛榮晋,『道家文化與現代文明』, 中國人民大學出版社, 1991
羅根澤 編著, 古史辨(四), 上海古籍出版社, 1982
葛榮晋,『中國哲學範疇史』, 黑龍江人民出版社, 1987
張石,『莊子與現代主義』, 河北人民出版社, 1989
劉紹瑾,『莊子與中國美學』, 廣東高等敎育出版社, 1989
王煜,『老莊思想論集』, 聯經出版事業公司, 1981
陳鼓應 主編,『道家文化硏究(第一輯)』, 上海古籍出版社, 1992
陳鼓應 主編,『道家文化硏究(第二輯)』, 上海古籍出版社, 1992
馮友蘭,『中國哲學史新編』(第一冊,第二冊), 人民出版社, 1983
李澤厚,『中國古代思想史論』, 人民出版社, 1986
宮哲兵,『晚周辨證法史硏究』, 上海古籍出版社, 1988
任繼愈,『中國哲學發展史(先秦)』, 人民出版社, 1983
任繼愈,『中國哲學史』(全4冊), 人民出版社, 1978
北京大學哲學系 中國哲學史敎硏室 編,『中國哲學史(上冊)』, 中華書局, 1985
侯外廬·趙紀彬·杜國庠,『中國思想通史(第一卷)』, 人民出版社, 1980
侯外廬,『中國歷代大同理想』, 科學出版社, 1959
馮寅,『天與人』, 重慶出版社, 1990
楊慧傑,『天人關係論』, 大林出版社, 1981

方立天, 『中國古代哲學問題發展史』(上, 下), 中華書局, 1990
湯一介, 『中國傳統文化中的儒佛道』, 中國和平出版社, 1988
陳瑛 外, 『中國倫理思想史』, 貴州人民出版社, 1985
趙馥洁, 『中國傳統哲學價値論』, 陝西人民出版社, 1991
張垈年, 『中國哲學大綱』, 中國社會科學出版社, 1982
李申, 『中國古代哲學和自然科學』, 中國社會科學出版社, 1989
徐復觀, 『中國人性論史(先秦篇)』, 商務印書館, 1982
沈善洪, 王鳳賢, 『中國倫理學說史(上)』, 浙江人民出版社, 1985
楊榮國, 『中國古代思想史』, 香港三聯書店, 1962
嚴北溟, 嚴捷 譯注, 『列子譯注』, 上海古籍出版社, 1986
周立升, 『春秋哲學』, 山東大學出版社, 1989
張舜徽, 『周秦道論發微』, 中華書局, 1990
劉澤華, 『先秦政治思想史』, 南開大學出版社, 1984
劉澤華, 『中國古代政治思想史』, 南開大學出版社, 1992
劉澤華, 『中國傳統政治思想反思』, 三聯書店, 1987
蕭公權, 『中國政治思想史』, 聯經出版事業公司, 1984
楊寬, 『戰國史』, 上海人民出版社, 1991
楊寬, 『中國古代冶鐵技術發展史』, 上海人民出版社, 1982
童書業, 『春秋史』, 山東大學出版社, 1987
傅樂成, 『中國通史—先秦史』, 衆文圖書公司1989
呂思勉, 『先秦史』, 香港太平書局, 1980
張傳璽, 『中國古代史綱(上)』, 北京大學出版社, 1985
唐嘉弘, 『先秦史話』, 河南大學出版社, 1988
陳定閎, 『中國社會思想史』, 北京大學出版社, 1990
郎擎霄, 『莊子學案』, 泰順書局, 1934
陳燿森, 『莊子新窺』, 商務印書館, 1988
錢穆, 『先秦諸子系年考辨』, 上海書店, 1992
方克, 『中國辨證法思想史(先秦)』, 1984
周文英, 『中國邏輯思想史稿』, 人民出版社, 1979
金景芳, 『中國奴隷社會史』, 上海人民出版社, 1983
郭沫若, 『郭沫若全集』(第1卷-第7卷), 人民出版社, 1982
楊向奎, 『中國古代社會與古代思想研究(上冊)』, 上海人民出版社, 1962
楊向奎, 『宗周社會與禮樂文明』, 人民出版社, 1992
岳琛, 『中國農業經濟史』, 中國人民大學出版社, 1989
岳琛, 『中國土地制度史』, 中國國際廣播出版社, 1990
袁倫渠, 『中國勞動經濟史』, 北京經濟學院出版社, 1992
黎虎, 『夏商周史話』, 北京出版社, 1992

巫寶三, 『管子經濟思想硏究』, 中國社會科學出版社, 1989

何茲全, 『中國古代社會』, 河南人民出版社, 1991

陳恩林, 『先秦軍事制度硏究』, 吉林文史出版社, 1991

左言東, 『中國政治制度史』, 浙江古籍出版社, 1989

錢杭, 『周代宗法制度史硏究』, 學林出版社, 1991

錢宗范, 『周代宗法制度硏究』, 廣西師範大學出版社, 1989

張晉藩, 『中國行政法史』, 中國政法大學出版社, 1991

張晉藩, 『中國古代政治制度』, 北京師範學院出版社, 1989

張晉藩, 『中國法制史』, 群衆出版社, 1982

張晉藩·王志剛, 『變法論』, 法律出版社, 1989

蕭萐父, 『中國辨證法史稿(第一卷)』, 武漢大學出版社, 1990

余也非, 『中國古代經濟史』, 重慶出版社, 1991

王處輝, 『中國社會思想史(上冊)』, 南開大學出版社, 1989

黃中業, 『秦國法制建設』, 遼沈書社, 1991

黃中業, 『戰國變法運動』, 吉林大學出版社, 1990

黃公偉, 『法家哲學體系指歸』, 商務印書館, 1983

張國華, 『中國法律思想史』, 法律出版社, 1982

張國華, 『中國法律思想史新編』, 北京大學出版社, 1991

楊鴻烈, 『中國法律思想史』, 商務印書館, 1986

瞿同祖, 『中國法律與中國社會』, 里仁書局, 1984

余英時, 『士與中國文化』, 上海人民出版社, 1987

顧奎相·陳浣, 『中國古代改革史論』, 遼寧大學出版社, 1992

關增建, 『中國古代物理思想探索』, 湖南敎育出版社, 1991

胡奇窓, 『中國經濟思想史(上)』, 上海人民出版社, 1962

羅思鼎 外, 『論儒法鬪爭』, 上海人民出版社, 1975

樊樹志, 『中國封建土地關係發展史』, 人民出版社, 1988

蔣建平 外, 『中國商業經濟思想史』, 中國財政經濟出版社, 1990

祝慈壽, 『中國古代工業史』, 學林出版社, 1988

劉洪壽, 『中國古代科技史』, 南開大學出版社, 1991

[일본]

大賓浩, 『莊子の哲學』, 勁草書房, 1966

大賓浩, 『老子の哲學』, 勁草書房, 1983

大賓浩, 『中國古代の論理』, 東京大學出版會, 1959

福永光司, 『莊子』, 朝日新聞社, 1959

福永光司, 『莊子』, 中央公論社, 1985

內山俊彦, 『中國古代思想史における自然認識』, 創文社, 昭和62

澤田多喜男, 『莊子のこころ』, 有斐閣, 1983

津田左右吉, 『道家の思想とその展開』, 岩波書店, 1987

松本雅明, 『中國古代における自然思想の展開』, 松本雅明博士還曆記念出版會,
　　　　1973

蜂屋邦夫, 『中國の私有』, 法藏館, 1985

赤塚忠, 『中國古代思想史硏究』, 硏文社, 1987

木村英一, 『中國哲學の探究』, 創文社, 1981

森三樹三郞, 『上古より漢代に至る性命觀の展開』, 創文社, 1987

小島祐馬, 『中國思想史』, 創文社, 1968

小島祐馬, 『中國の社會思想』, 筑摩書房, 1967

小島祐馬, 『古代中國硏究』, 筑摩書房, 1968

上野直明, 『中國古代思想史論』, 成文堂, 1981

平岡武夫, 『經書の成立』, 創文社, 1983

穴澤辰雄, 『中國古代思想論考』, 汲古書院, 1982

加藤常賢, 『中國古代倫理學の發達』, 二松學舍大學出版部, 1983

栗田直躬, 『中國上代思想研究』, 岩波書店, 1986

緖形暢夫, 『春秋時代各地における思想的傾向』, 汲古書院, 1987

東京大學中國哲學硏究室 編, 『中國思想史』, 東京大學出版會, 1958(第7版)

佐野學, 『殷周革命』, 靑山書院, 1951

仁井田陞, 『中國法制史』, 岩波書店, 1979

堀敏一, 『中國古代の身分制』, 汲古書院, 1987

J.Needham, 衫山二郞 外 譯, 『中國の科學と文明』(第1卷~3卷), 思索社, 1983

國谷純一郞, 『自然思想史』, 三和書房, 1977

다. 논문

李雲九, 「老莊의 思考와 知性」, 『敎育開發院硏究論文集』, 1988

李雲九, 「先秦諸子의 戰爭哲學批判」, 『大東文化硏究』 第25輯, 1990

安炳周, 「儒敎의 自然觀과 人間觀」, 『退溪學報』 第75·76輯, 1993

李康洙, 「莊子의 自然論」, 『철학연구』 제8집, 1983

宋榮培, 「장자에서의 이념적 명분논리의 부정과 자유의식의 문제」, 『中國學報』
　　　　第三十一輯, 1991

宋榮培,「孔子의 '仁'사상과 유교적 存在論의 발단」,『오늘의 책』1985년 겨울호, 1985

송영배,「제자백가의 다양한 전쟁론과 그 철학적 문제의식(Ⅰ)」,『시대와철학』제4호, 1992

조윤래,「노장의 인간론에 대한 시론」,『철학연구』제29집, 1991

趙允來,「莊子思想의 淵源考」,『東洋哲學硏究』第5輯, 1984

李海英,「先秦諸子의 批判意識에 관한 硏究」(成大大學院 博士學位論文), 1989

金甲秀,「老莊哲學의 現實意識에 관한 硏究」(成大大學院 碩士學位論文), 1986

金甲秀,「莊子의 自然觀」,『東洋哲學硏究』第12輯, 1991

김갑수,「장자의 인간론」,『시대와철학』제4호, 1992

선우현,「루소의 평등주의적 정치철학」,『시대와철학』제6호, 1993

崔大華,「莊子人生哲學及其在中國文化中的作用」,『哲學硏究』, 1961

傅佩榮,「莊子天論硏究」,『哲學與文化』第十二卷第六期, 1985

傅佩榮,「中國哲學的關鍵槪念—天」『哲學與文化』第13卷第1期, 1986

沈淸松,「莊子的人觀」,『哲學與文化』第十四卷第六期, 1987

孫寶琛,「莊子的死生觀」,『哲學與文化』第五卷第八期, 1978

劉光義,「老莊思想中的化和進化觀念」,『哲學與文化』第十三卷第六期, 1986

室谷邦行,「自然槪念の成立について」,『日本中國學會報』第四十集, 1988

池田知久,「中國思想史における自然の誕生」,『中國—社會と文化』第八號, 1993

찾아보기 · 용어

[ㄱ]

[ㄴ]

찾아보기 · 인명